U0936414

"十二五"国家重点图书
出版规划项目

《东南亚研究》第二辑

缅甸经济社会地理

MIANDIAN JINGJI SHEHUI DILI

廖亚辉 等 编著

中国出版集团
世界图书出版公司

图书在版编目（CIP）数据

缅甸经济社会地理／廖亚辉等编著．—广州：世界图书出版广东有限公司，2017.4

ISBN 978-7-5100-9109-4

Ⅰ．①缅…　Ⅱ．①廖…　Ⅲ．①经济地理—缅甸　Ⅳ.①F133.799

中国版本图书馆CIP数据核字（2014）第288252号

缅甸经济社会地理

项目策划：陈　岩
项目负责：卢家彬　刘正武
责任编辑：程　静　李嘉荟
出版发行：世界图书出版广东有限公司
（广州市新港西路大江冲25号　邮编：510300）
电　　话：020-84459579　84453623
http：//www.gdst.com.cn　E-mail：pub@gdst.com.cn
经　　销：各地新华书店
印　　刷：广东虎彩云印刷有限公司
版　　次：2017年4月第2版
印　　次：2020年9月第3次印刷
开　　本：787mm×1092mm　1/16
字　　数：220千字
印　　张：13
ISBN 978-7-5100-9109-4/K·0273
定　　价：52.00元

《东南亚研究》第二辑

《东南亚经济社会地理》丛书编辑委员会

总　序

东南亚（Southeast Asia）位于亚洲的东南部，分为中南半岛和马来群岛两大部分，包括位于中南半岛的越南、老挝、柬埔寨、泰国、缅甸和位于马来群岛的菲律宾、马来西亚、文莱、新加坡、印度尼西亚、东帝汶共11个国家。东南亚地处亚洲与大洋洲、太平洋与印度洋的"十字路口"。东南亚各国拥有丰富的自然资源和人力资源，为经济发展提供了良好的条件，形成了以季风水田农业和热带种植园为主的农业地域类型，但经济结构比较单一。20世纪60年代以来，东南亚各国大力发展外向型市场经济与国家宏观调控相结合的经济发展模式，一是大力发展制造业，二是扩大农矿产品的生产和出口，三是深化各个层面的区域经济合作，这使得东南亚成为当今世界经济发展最有活力和潜力的地区之一。

东南亚是中国的南邻，自古以来就是中国通向世界的必经之地。在历史上，绝大多数东南亚国家就与中国有友好往来，在政治，经济，文化上关系密切，中国人民和东南亚各国人民结下了深厚的友情。在未来的历史进程中，随着中国和东南亚国家经济建设的飞速发展和社会的进步，以中国—东盟自由贸易区为代表的双边和多边的友好合作关系也将进入一个不断发展，更加密切的历史时期。

作为一个地理范围广袤、地缘位置重要、人口众多、多样性突出的地区，东南亚各国的经济和社会发展也各具特色。在未来新的世界政治、经济格局中，东南亚在政治、经济上的作用和战略地位也将更加重要。而加强对东南亚国别和地区研究，特别是加强对东南亚经济社会的研究与交流，可以帮助中国人民加深对东南亚的理解。为此，云南大学东南亚研究所在相关高校和研究机构同仁的大力支持之下，与世界图书出版广东有限公司成功组织并申报了2014年国家出版基金项目——《东南亚研究》第二辑，本丛书即该项目的最终成果。

本丛书试图从经济地理学的角度，结合社会经济因素、自然因素和技术因素三要素，来研究东南亚国家经济活动在一定地区范围内的时空分布、形成和发展规律。具体而言，就是研究东南亚国家及其境内各地区的农业、工业、交通运输业、旅游业、贸易、投资等的布局规律。本丛书认为，在一定生产力条件下，人类总是把争取以最小的劳动消耗，取得最佳的经济效益，作为发展生产的基本目标。为实现这个目标，除了劳动者和劳动手段的有机结合以外，还必须进行经济布局，即把经济活动的场所选择在生产条件最好的地区或地点进行。但是，经济布局不是凭主观意志来确定的，而是社会经济发展的需要与客观条件相结合的产物。东南亚国家的地理环境及其与周围地区或国家的关系，对该国经济的发展起着不可忽视的作用。优越的地理环境，良好的区位优势能为其经济发展提供便利条件，反之则会制约其经济的发展。

参加本丛书编写的作者主要为云南大学东南亚研究所的专家学者，解放军外国语学院、广西大学、广西社会科学院、华南农业大学的专家学者也参与了本丛书的编写工作。本丛书参编人员长期从事东南亚经济和社会研究，精通英语和东南亚语言，有赴东南亚留学、工作或访学的经验，并与东南亚各国相关专家长期保持交流与合作关系，也掌握了大量资料和数据，这为完成本丛书的编写奠定了坚实的基础。我们希望本丛书的出版有助于国人加深对东南亚经济和社会发展的认识，有助于深化中国—东盟自由贸易区、21世纪海上丝绸之路以及南方丝绸之路的建设，从而为夯实“亲诚惠容”周边外交新理念、打造周边命运共同体添砖加瓦。

由于丛书涉及面广，和资料收集、学术水平诸多因素的限制，书中的分析与论述难免存在疏漏与不足，恳请各位专家和广大读者批评指正。

《东南亚经济社会地理》丛书编辑委员会

2014年11月 于昆明

前　言

缅甸幅员辽阔，在东南亚面积仅次于印度尼西亚，是中南半岛国土面积最大的国家，西临安达曼海，西北与印度和孟加拉国相毗邻，东北靠中国，东南接泰国与老挝，是连接东亚与南亚的桥梁，具有举足轻重的战略地位。

缅甸与中国山水相连、唇齿相依。特殊的地理位置、相同的民族源头和文化底蕴，造就了中缅两国传统“胞波”友谊。早在公元前2世纪，西南丝绸之路就把中国和缅甸联系到了一起，双方政治、经济和文化密切交往从古代绵延到了现在。缅甸独立和新中国成立后，在两国领导人的共同努力下，中缅友好关系又谱写出了新的篇章。作为邻国，缅甸是亚洲最早承认中华人民共和国的国家，是第一个与中国和平解决边界争端和签定《友好和互不侵犯条约》的东南亚国家。长期以来，缅甸在对外交往中一直奉行和平、自主、中立的外交政策，为不同社会制度的国家相互理解和尊重作出了不懈的努力，中缅两国的“胞波”友谊得到了不断巩固和深化。

2011年新政府上台后，实施一系列政治经济改革，推动包括美国在内的西方国家陆续解除对缅制裁。丰富的自然资源、充裕的劳动力资源、极佳的地理位置和广阔的市场前景使缅甸被全球众多的投资者视为亚洲经济增长新星，成为投资热土。中缅双方在经济领域有着密切的合作，2011年中国对缅投资超过泰国，成为缅甸最大的投资国。与此同时，中缅贸易得到飞速发展，中国是缅甸第一大贸易国。在此背景下，越来越多的人希望能更加客观准确地认识了解缅甸。有鉴于此，本书从自然地理、人口发展、三大产业的发展和布局三个方面对缅甸的经济和社会发展进行阐述。一是对缅甸地理条件、自然资源和经济区划进行系统介绍。二是对缅甸的人口结构、劳动力资源和人口发展进行阐述，突出人口红利对缅甸经济发展的促进作用。三是对缅甸的三大产业的发展和布局进行较为详细的介绍，希望能够对读者了解缅甸的经济产业发展有所帮助。

编者

2014年6月

目　录

第一章　自然地理及经济区划……1
　第一节　地理条件……1
　　一、区位与国土……1
　　二、地形地貌……1
　　三、气候条件……3
　第二节　自然资源……7
　　一、水资源及其利用情况……7
　　二、土地资源……11
　　三、生物资源……11
　　四、矿产资源……16
　第三节　经济区划……19
　　一、行政区划……19
　　二、经济区划……28
第二章　人口地理……29
　第一节　人口发展……29
　　一、人口变化……29
　　二、人口密度……30
　　三、出生率和死亡率……31
　第二节　人口结构……33
　　一、年龄结构……33
　　二、民族结构……33
　　三、文化程度构成……35
　　四、宗教信仰构成……38
　第三节　劳动人口……45

一、劳动力资源······45
二、劳动力结构······45
三、劳动力就业······46
第三章 第一产业的发展和布局······47
第一节 农业发展概述······47
一、农业发展历程······47
二、农业发展部门······49
三、农业发展布局······50
第二节 种植业······50
一、粮食作物······51
二、豆类作物······53
三、经济作物······54
第三节 林业······57
一、森林资源······57
二、森林可持续经营······58
三、木材生产······59
四、木材出口······61
第四节 畜牧业······62
一、畜牧业发展情况······62
二、畜牧业的分布······64
三、畜牧业发展措施······65
四、畜牧业发展存在的主要问题······66
第五节 渔业······67
一、渔业分布······67
二、渔业发展情况······68
第四章 第二产业的发展和布局······71
第一节 工业发展概述······71
一、工业发展历程······71
二、工业部门结构······72
三、工业发展布局······72

第二节　能源工业……77
一、煤炭产业……77
二、油气工业……81
三、电力工业……92
第三节　原材料工业……106
一、采矿业……106
二、建筑材料工业……115
第四节　制造工业……117
一、机械制造业……117
二、电子电器制造业……119
三、信息产品制造业……120
第五节　食品加工业……121
第六节　消费品工业……122
一、纺织工业……122
二、珠宝工业……123
第五章　第三产业的发展和布局……126
第一节　第三产业发展概述……126
第二节　交通运输业发展概况……126
一、陆地运输业……127
二、水上运输业……133
三、航空运输业……136
第三节　对外经济合作的发展和布局……137
一、进出口贸易……137
二、外国投资和经济援助……148
三、经济特区建设……160
四、财政与金融……172
第四节　旅游业的发展和布局……179
一、旅游业发展历程……179
二、旅游业发展现状……181
三、主要旅游城市……183

参考文献 ……192
一、中文文献……192
二、英文文献……192
三、缅文文献……193
四、网站……193
后　记……194

第一章　自然地理及经济区划

第一节　地理条件

一、区位与国土

缅甸地处东经92°10′至101°11′、北纬9°32′至28°31′，位于亚洲东南部、中南半岛西部，领土面积为676 581平方千米，大致相当于中国云南、贵州、重庆三省市面积之和，在东南亚11个国家中仅次于印度尼西亚，居第二位。国土轮廓南北狭长，东西突兀。从南到北长约2 052千米，东西最宽处约937千米。缅甸地连三亚，连接了东亚的中国、南亚的印度、孟加拉国和东南亚的泰国、老挝，具有十分重要的战略地位。缅甸西北与印度和孟加拉国接壤，缅印、缅孟国境线分别为1 462千米和72千米；缅甸东北与中国西藏自治区和云南省接界，国境线长约2 185千米，占其陆上边界总长的2/5；缅甸东南与老挝、泰国毗邻，缅泰、缅老的国境线分别为1 462千米和72千米；缅甸南临孟加拉湾和安达曼海，海岸线长2 655千米。

二、地形地貌

缅甸的地形较为复杂，以山地和高原为主，地势北高南低，山脉河流均呈南北走向。在缅甸北部，喜马拉雅山的余脉，从中国西藏延伸入境，在此形成一块高山地区，地形起伏很大，一般海拔在3 000米以上。从这高山地区往南，山脉分为东西两支，东支穿过掸邦高原，直抵南部的德林达依；西支在缅甸西部，自北向南直抵孟加拉湾沿岸。缅甸北、东、西三面被高山和高原所环抱，南面临海。三条平行的山脉，即西部山脉、勃固山脉和东部山脉自北向南纵贯缅甸全境。缅甸中部则主要是伊洛瓦底江（以下简称伊江）和锡唐河冲积而成的平原和三角洲，其中以伊洛瓦底江三角洲最为重要。

（一）西部山地

缅甸西部山地主要由那加山脉、雷塔山脉、钦山和若开山脉等组成，从北向南延伸1 100多千米，北高南低，北部山幅宽阔，向南渐窄。北段的那加山脉位于缅甸与印度的阿萨姆之间，地势较高，海拔在4 000～5 000米之间，位于缅印边境的卡格博亚济峰海拔6 337米，是缅甸境内的第一高峰，也是东南亚海拔最高的山峰。中段为雷塔山脉和钦山山脉，一般海拔2 000～3 000米，最高处为沙拉马地山，海拔3 826米。南段的若开山脉由连绵不断的崇山峻岭构成，山幅变窄，高度变低，除维多利亚山海拔3 053米外，一般高度均在1 000米以下，特别是若开山脉的南端全部在500米以下。这一山系最后在缅甸西南部的纳格雷斯角沉没于海，并向南延伸为安达曼和尼科巴群岛，再延至苏门答腊岛。

西部山地山势高耸，地形崎岖，森林茂密，江河众多，水流湍急，岸壁陡峭，交通十分不便，成为缅印之间陆上交通的障碍。人们多利用若开山体中由于断裂下陷而形成的山口作为主要交通通道，其中著名的通道有：加叻丹河道、安山口通道、洞鸽山口通道和古亚山口通道等。

（二）中部平原

中部平原位于东部高原和西部山地之间，包括伊洛瓦底江和锡唐河两大流域的广大地区，地势低平，以盆地居多，低山和丘陵间有分布。曼德勒以北直到北部高山区南界，是中部平原的顶部，地形以山地为主，海拔200～500米。主要有古蒙山脉、甘高山脉、敏温山脉、当冬隆山脉和芝彬山脉等。曼德勒一带的中部平原，宽度达160 千米，河汊纵横。自第悦茂以下，苗旺以上，伊洛瓦底江由于受到若开山和勃固山紧束，多急流峡谷，平原较窄。苗旺以南为伊洛瓦底江三角洲，自北向南呈扇形展开，南北长约290千米，底部宽约240千米，总面积达3.2万平方千米。三角洲上，地势低平，河道成网，水路交通方便，土地肥沃，以种植水稻为主，是缅甸全国稻米的第一中心，享有“缅甸谷仓”之盛誉，也是缅甸人口最稠密、经济最发达的地区。

在伊洛瓦底江与锡唐河之间，北起敏建，南延至仰光市内大金塔脚下，是一条南北走向的勃固山脉。勃固山脉的平均高度只有600 米，但山坡陡峭，人烟稀少，漫山长满林木，构成东西交通的障碍。其北端，兀立在平原之上，有一座著名的死火山——卜巴山，海拔1 519米，火山口深达600米，是缅甸佛教圣地和旅游胜地之一。

在中部平原上有许多大小河流穿流其间，形成诸多冲积平原：葡萄平原、漠河平原、曼德勒平原、叫栖平原、敏巫平原、东敦枝平原等。中部平原土壤肥沃，雨量丰沛，灌溉方便，交通发达，是缅甸现代工业和农业的中心区域，在缅甸经济和历史文化中都占有重要地位，是缅甸的心脏地区，亦通称为缅甸本部。

（三）东部高原

缅甸东部是一片广阔的高地，称东部高原，或缅东高原。它与中国云贵高原连成一片，是缅甸最古老的陆地。东部高原北起缅北克钦邦中缅边境上的高黎贡山，向南依次包括伊洛瓦底江与萨尔温江之间的山脉、掸邦高原、克耶高原以及南部的德林达依地区。整个高原，南北狭长，中间宽阔，北高南低。

东部高原的北部，为中缅边界一带海拔3 000米的高山。东部高原的中部，为宽广的掸邦高原和克耶高原。它是中南半岛的最大高原，一般海拔1 000～3 000米，地势自西北向东南倾斜。高原西部边缘与中央平原相交处，地势骤落，形成陡峻的峭壁。此峭壁高出平原近1 000米，南北延伸达600～700千米。高原上的山脉多呈南北走向。主要山脉有都纳山脉、董纽山脉，海拔1 000多米。腊戌东南面的莱岭，海拔2 676米，是东部高原上的最高峰。东部高原的南部，排列着成南北走向的、山幅渐小的山脉，主要有登劳山脉、他念他翁山、比劳克东山等，总称为德林达依山脉，这些山脉之间有众多的深谷，其间奔流着许多源短流急的河流。它们在安达曼海沿岸冲积出许多小平原，称为德林达依海岸平原。该地区气温高，雨量特别充沛，盛产橡胶等热带作物。

（四）若开海岸平原

在若开山脉与孟加拉湾之间，有一狭长地带，这就是若开海区。它位于缅甸的最西边，东接中央平原，北与孟加拉国毗连，西濒孟加拉湾，东南与伊江三角洲相连。若开沿海区有一些呈西北—东南走向的山脉，加叻丹河、莱茂河等穿流其间，这些河流冲积成许多狭小的平原，被称为若开海岸平原。若开沿海岛屿众多，帕永嘎岛、延别岛、曼昂岛是缅甸重要的石油产区。海岸沿线有礁石、小海湾和沙滩海岸，额布里海滩和甘达雅海滩就在这一地段。

三、气候条件

在东南亚各国中，缅甸的地理位置最为偏北，位于北纬10°～28°，北回归线穿过国土的大部分地区。国土的大部分在北回归线之南，为热带，小部分在北回归线以北，处于亚热带。环绕缅甸东、北、西三面的群山和高原宛如一道道屏障，阻挡了冬季亚洲大陆寒冷空气的南下，而南部面向海洋，深受潮湿的印度洋西南季风影响，缅甸全境基本上属于热带季风性气候和亚热带季风性气候。沿海地区全年炎热、湿润、多雨，内地则因地势关系，差异很大。

（一）气温

缅甸全年气温变化不大，最冷月（1月）的平均气温为20℃～25℃；最热月（四五月间）的平均气温为25℃～30℃。全国各地年均气温差大致为10℃左右。在缅甸东部，伊洛瓦底江上游以及掸邦高原海拔1 000～2 000多米的地区，是“四季如春”的温带气候，全年有一至二个月降霜雪，其余各月平均气温为10℃～22℃。温度年变化微小，但昼夜及晴雨之间，温度变化较大。缅甸西北海拔3 000～4 000米的高山山地，已是寒带气候，无夏季，全年4个月以上有霜雪；海拔4 000米以上少数高山，至少有6个月积雪不化，全年都是冬天；海拔5 000米以上的个别山峰在雪线以上，终年白雪皑皑。缅甸中部，由于海拔较低，又受到阳光的直接照射，是缅甸最热的地区，如曼德勒最热月时的气温可以高达40℃以上。缅甸南部接近印度洋，受海洋的调节，气温略低于中部。

表1-1　仰光与曼德勒月平均气温比较（单位：摄氏度）

城市	仰光		曼德勒	
月份	最高值	最低值	最高值	最低值
1月	34.5	17.9	32.4	11.8
2月	32.2	19.3	37.4	11.6
3月	36.0	21.6	40.3	14.5
4月	37.0	24.3	42.5	19.0
5月	33.4	25.0	43.5	23.0
6月	30.2	24.5	38.0	23.0
7月	29.7	24.1	38.6	24.5
8月	29.6	24.1	39.2	24.5
9月	30.4	24.2	37.5	23.2
10月	31.5	24.2	36.2	21.9
11月	32.0	22.4	35.2	17.0
12月	31.5	19.0	32.7	13.7
年平均气温	32.33	22.55	33.90	20.11

（二）降雨

缅甸雨量丰沛，降雨主要集中在西南季风盛行的5～10月，期间各地的降雨量占全年降雨量的90%～95%，其余时间降雨量特别少。依据降雨量以及风向等一些因素，缅甸的一年中可以分为较为明显的雨季和旱季两个季节。

降雨量在各地分布极不均匀。纬度低而又迎西南季风的山坡地雨量十分丰富，雨量最大的是若开沿海和德林达依沿海，年降雨量达4 000毫米以上，若开沿海的丹兑平均降雨量达5 672毫米，居全国之首。其次是伊洛瓦底江三角洲地区、掸邦高原和北部山地的边缘地带，年降雨量多在2 000毫米以上。而伊洛瓦底江中游的曼德勒和蒲甘一带由于深居内陆，两侧为山地和高原，西南季风被若开山脉所阻挡，是缅甸的干旱地带，年降雨量不足1 000毫米。

缅甸各地的降雨与西南季风关系密切。每年6～10月，湿润的西南季风到达各地几乎不会降雨。不过，从印度北部或安达曼海不时有旋风吹袭。因此，1月会有少量雨水降落。

表1-2　仰光与曼德勒月降雨量比较（单位：毫米）

月份	1月	2月	3月	4月	5月	6月	7月	8月	9月	10月	11月	12月	年均降雨量
仰光	5	2	7	15	303	547	559	602	368	206	60	7	2 680
曼德勒	3	3	3	4	31	147	160	69	104	137	109	51	810

（三）季节

由于受季风的影响，缅甸全年可分为热季、雨季和凉季三个季节。

1. 热季

每年3月至5月为热季，又称为旱季，是历时最短的一季。凉季盛行的自陆地吹向海洋的东北季风从3月份开始渐渐消失，而印度洋的西南季风尚未到来，境内风力微弱，雨量稀少，加上太阳直射，气温迅速上升，4～5月间即达全年最高峰，月平均温度普遍在25℃以上，伊洛瓦底江中下游一般在30℃以上，最高温度更在40℃以上。

2. 雨季

每年5月中旬至10月为雨季，全年有90%以上的降水集中在这个时期（特别是6～8月）。这一时期虽然地面受太阳的直射，但因经常有倾盆大雨的调节，气温一般要比热季低些。雨季虽然历时半年之久，但并非阴雨连绵，降雨多以暴雨出现，即使雨量最多的6～8月，也是一阵暴雨之后天即放晴，连阴天都很少见到。

缅甸的雨季与西南季风密切相关。雨季通常始于5月中旬，但有些年份，由于西南季风来迟，雨季的到来也随之推迟。同样，当西南季风提早退离时，雨季也随之提前结束。

3. 凉季

每年11月～次年2月是缅甸境内气温最低的时期。各地平均气温都在25℃以下，干燥凉爽，阳光充足，是缅甸一年中最好的季节。气温最低的月份除在德林达依海岸见于12月外，全国都在1月。南部仰光一带平均气温25℃，中部曼德勒附近平均20℃，北部密支那平均17℃左右。只是海拔在1 000～3 000米的北部山地和掸邦高原，气温才会显著偏低，12月及1月的平均气温不到10℃。

（四）气候区域

按照缅甸各地气候所表现的特点，缅甸大体可以划分为6个气候区域：

1. 德林达依海岸区

位于北纬10°～17°之间，气候特点是高温多雨，温差小，5～9月特别湿润，而11月至第二年3月则较为干燥。

2. 若开海岸区

气候特色大体与德林达依海岸区相似，只是纬度稍北（北纬16°～21°），凉季温度略低，温度季差较大，而年降雨量也较小。

3. 莫塔玛海岸区

包括伊洛瓦底江三角洲、锡唐河谷地及勃固山地。这里的气候变化较大，温度介乎德林达依海岸区与阿拉干海岸区之间，降雨量自海岸向内陆逐渐减少。

4. 干燥地带

伊洛瓦底江中游谷地是缅甸异常突出的干燥地带。大致上以等雨线1 000毫米为界，作椭圆形，包括曼德勒、实皆、瑞帽、木谷、敏建、吻外等县大部分地方，年降雨量以萨莱（475.1毫米）及蒲甘（585.0毫米）附近为最低，曼德勒年降雨量845.1毫米，已接近干燥地带的边缘。

5. 伊洛瓦底江上游山地区

气候特色是温暖湿润，气候垂直变化现象显著。

6. 掸邦地区

气候情况与伊江上游山地区相类似，只是地势较高，温度较低（大部分地区在12月及1月有霜雪），雨量较少，而垂直变化现象不显著。

第二节 自然资源

一、水资源及其利用情况

缅甸是拥有丰富水资源的国家，河流密布，主要河流大多发源于我国西藏高原或缅甸北部山地。由于地势北高南低，山脉多呈南北走向，因而大的江河都滚滚南流，注入印度洋。缅甸的主要水系有伊洛瓦底江和萨尔温江两大水系，其次还有锡唐河、德林达依河和加叻丹河等。这些河流联系着南北交通，灌溉着千百万亩良田，同时也蕴藏着丰富的水利资源。10条主要河流流域面积约73.78万平方千米，水资源中地表水约为108.2万立方米、地下水约为49.5万立方米，降雨量因地而异，内陆干燥区500～1 000毫米，山地和沿海多雨区3 000～5 000毫米。作为一个以农业为基础的国家，缅甸农业部门用水占所有用水的90%，仅占缅甸水资源总量的5%左右。显然，缅甸开发和利用水资源方面有相当大的潜力。

（一）水资源情况

1. 伊洛瓦底江水系

（1）伊洛瓦底江

伊洛瓦底江简称伊江，即为我国古书上所称的“大金沙江”、“丽水”，是缅甸境内最主要的河流。缅甸人称伊洛瓦底江为“天惠之河”，以雨神“伊洛瓦底”命名之，对它十分崇敬。

伊洛瓦底江犹如一条大动脉，纵贯缅甸全境。其上游有两大支流：恩梅开江和迈立开江。恩梅开江的最上源独龙江发源于我国西藏察隅境内。这两条河流在密支那以北45千米的密松汇合后始称伊洛瓦底江。伊洛瓦底江沿途又汇合了太平江、瑞丽江、南姆渡河、钦敦江等支流。

伊洛瓦底江在缅甸境内，自北而南穿过众多崇山峻岭、急流峡谷、宽阔平原，在河网交织的三角洲地带从9个入海口，浩浩荡荡地汇入印度洋的莫塔马湾，全长2 400多千米，流域面积43万多平方千米，占缅甸总面积的60%，可耕土地的70%。其长度与流域面积与我国珠江相当。

伊洛瓦底江上游属山地河流性质，滩多水急，水利资源十分丰富。杰沙至第悦茂是中游地带，虽有钦敦江汇入，但由于流经干旱地带，水量增加不多。下游在苗旺以下进入三角洲地带。因受季风影响，江水丰沛，河道交织如网，运输灌溉都很便利。伊洛瓦底江三角洲地区因此而成为缅甸的鱼米之乡。伊洛瓦底江沿岸风景秀丽，物产富饶，是缅甸各民族的摇篮，缅甸灿烂文化的发源地，也是连接上下缅甸的天然交通孔道。沿江两岸有缅甸古都曼德勒、万塔之城蒲甘、石油名城仁安羌。仰光、第二大海港城市勃生也都分布在伊洛瓦底江流域。

伊洛瓦底江最大的支流是钦敦江，其正源是塔奈河，发源于缅北的枯门岭，全长880千米，在敏建附近形成几条分支注入伊江，涨水时有600千米可通航。

伊洛瓦底江是一条侵蚀厉害的河流，每年泄入海洋的泥沙，共有26 100万吨。海岸向外伸展的速度惊人，平均每年向外扩展约50米。

（2）锡唐河

锡唐河位于勃固山脉以东，发源于掸邦高原西缘的克伦山，南流注入莫塔马湾。锡唐河全长560千米。缅甸古代东吁王朝的都城东吁，就在锡唐河的中游。

现在这条河的水源已被伊洛瓦底江所袭夺，因而表现出“无源河”的特点，致使其宽浅的河床与过少的水量形成鲜明的对比。东吁附近，枯水时水深仅半米到一米，涨水时则又常致泛滥。它的河口呈喇叭形，常有来自印度洋3～3.5米的怒潮，以每小时19千米的速度沿河上溯达90千米之远，对航行不利。锡唐河口距仰光约90千米，附近有运河与勃固河相连接，通经仰光。

2. 萨尔温江水系

萨尔温江水系是缅甸的第二大水系。萨尔温江的上游是我国的怒江，发源于西藏高原唐古拉山南坡，流入缅甸境内。它纵贯掸邦高原，经克耶邦、克伦邦、孟邦，在毛淡棉附近注入莫塔马湾，全长3 200千米，为中南半岛上仅次于湄公河的第二大河流。萨尔温江在缅甸境内长约1 660千米，是缅甸第二大河流。萨尔温江在我国境内谷深流急、支流稀少；进入缅甸掸邦后支流渐多，依次有南卡江、南滕河、南邦河等注入。

萨尔温江是一条典型的山地河流，下切强烈，峡谷众多。除在毛淡棉附近有数十千米的冲积平原外，河谷平原一般很小，且不连片。其江流湍急，水利资源丰富，但航运价值不大，仅供运送木材之用。萨尔温江受季风气候影响，有明显的枯水和涨水季节，水位差别可达15～30米。

3. 沿海水系

（1）加叻丹河

加叻丹河是若开沿岸最长、最重要的河流，发源于钦邦的钦山，长约700千米，南流在实兑附近注入孟加拉湾。下游冲积有肥沃的平原，盛产稻米。加叻丹河自巴列瓦到实兑160千米河段可以通航。

（2）德林达依河

缅甸南部最大的河流，发源于米扬莫—雷特卡特山，初向北流，然后折向南流，在丹老附近分两支注入安达曼海，下游德林达依镇至丹老一段约70千米可航行。

此外，狭窄的德林达依沿岸，沿着山脉间的构造线还发育有很多短小的河流。这些热带河流水量变化小，含沙量大，在沿海冲积成许多小平原，成为这一狭长地带的稻米和热带经济作物的主要产区。中南半岛最大的河流湄公河也有将近320千米的河段穿流在缅老边境。但由于它远在掸邦高原最东面，流程又短，在缅甸水系中位置并不突出。

4. 湖泊

缅甸境内较大的湖泊为数不多，以克钦邦的茵道枝湖和掸邦的茵莱湖最为有名。在众多河流的两岸，每到雨季，泛滥的河水流入低地，形成许多季节性的湖泊。这些季节性的湖泊，一年之中存在五六个月之久，可用来灌溉田地，饲养鱼虾，放养鸭鹅，种植菱藕，观光游览，给缅甸人民的生产生活带来种种便利。

缅甸最大的湖泊为密支那以西的茵道枝湖。该湖是经过一次大地震后形成的。湖长25千米，宽11千米，湖中有小岛，湖的三面为森林茂密的丘陵所环绕，水面如镜，风景优美。掸邦高原南部东枝附近还有一个湖叫作茵莱湖。其面积和茵道枝湖差不多，但近来已逐渐缩小。缅甸中部有一人工湖，名叫密铁拉湖，位于上缅甸干旱地区密铁拉市近郊，是900年前水利工程的遗迹。

（二）水资源利用情况

缅甸利用水力发电潜力很大。据缅甸政府提供的数据，缅甸理论蕴藏水力装机容量约5 000万千瓦。水能资源主要集中于伊洛瓦底江（Ayeyawaddy）和萨尔温江（Thanlwin）两大江的干支流。伊洛瓦底江是缅甸最大和最重要的河流，分为东、西两源。伊江入海口平均流量为15 400立方米/秒，是世界第16大流量河流，仅密支那以上不足5万平方千米的流域干流，规划装机就达到了2 000万千瓦，如果计入支流，预计将超过2 500万千瓦，全部开发后，每年可提供约1 300亿度的电力。然而，伊洛瓦底江至今尚无完整的河流水电开发规划，各支流水电开发规划情况尚不清楚。

萨尔温江为缅甸的第二大河流，萨尔温江干流初步规划按6级开发，自上而下分别为：昆龙（Kun long，240万千瓦），塔山（Tasang，711万千瓦），耶瓦提（Yawatit，60万千瓦），上萨尔温（Upper Salween，400万千瓦），下萨尔温（Lower Salween，50万千瓦）和哈吉（Hut Gyi，120万千瓦）水电站，总装机容量1 581万千瓦。萨尔温江支流主要有南定河、南卡江、南登河和邦河等。各支流水电开发规划情况目前尚不清楚。

缅甸水能资源丰富，但电力工业落后，电力短缺问题严重，水电开发程度尚不足2%。截至2006年底，缅甸发电总装机容量为178万千瓦，其中燃气轮机组56万千瓦（占31%）、燃煤机组33万千瓦（占19%）、柴油机组9万千瓦（占5%）、水电80万千瓦（占45%）。年发电量约55亿千瓦时。到2012年，缅甸官方公布全国总装机容量为255.7万千瓦，各类大小水电站4 494个。缅甸尚未形成全国统一电网，电网由国家互联电网（主网）和偏远地区的孤立电网组成。主网最高电压230KV，围绕中部的两大负荷中心——仰光市和曼德勒市向周边延伸，覆盖了中部的多数省份，包括仰光省、伊洛瓦底省、勃固省、马圭省、曼德勒省、克耶邦、实皆省南部、以及北部克钦邦、东部掸邦和南部孟邦、克伦邦的部分地区。沿边、沿海省份的大部分地区依靠孤立电网供电，包括北部克钦邦、东部掸邦、西部钦邦和若开邦以及南部德林达依省。

（三）水资源利用面临的挑战

总的来说，缅甸在利用水资源方面面临着如下挑战：

（1）洪涝、干旱灾害严重；

（2）随着人口增加和经济社会发展，对地表水和地下水的开采利用压力将不断加大；

（3）采砂以及在流域上游森林非法砍伐导致水土流失加剧；

（4）人口的增加以及日益发展的工业导致河流污染与健康风险；

（5）国家政策以及法律法规不健全；

(6)水利基础设施不完善，水资源利用效率低，没有统一规范的管理方法；

(7)水资源项目投入资金短缺。

(四)水资源利用方面政府采取的对策

2011年新民选政府成立以来，推动政治和经济改革，缅甸在水资源利用方面也迎来了一个大发展时期。政府延续了前军政府的一些措施并有所改革：

(1)逐步开展水资源管理的法律框架建设，初步建立有效和协调一体化的水资源管理模式，将开发与保护活动纳入了国家的社会发展进程；

(2)进一步强化和巩固现有的管理系统；

(3)重视能力建设，提高了水资源管理能力和水资源利用效益的协调度；

(4)重视对现有设施运行的监管，提高了可靠性、安全性和效率。

二、土地资源

缅甸土地资源丰富，曾经是亚洲的粮仓，全国适合进行农业生产的土地有4 478.7万英亩，占全国土地面积的37%，绝大部分地区雨量充足，一年可以种植三季水稻。1988年以来，随着缅甸政府对土地政策的调整，鼓励私人开垦空地、闲置地、荒地，农业生产的种植面积成倍扩大，农田水利设施有所发展。1998—2001年，缅甸共开垦荒地2.6万英亩。2001年，缅甸全国可耕地面积达4 503.5万英亩，其中，已利用的耕地面积为2 500.7万英亩，尚待开发的荒地达2 001.6万英亩。缅甸伊洛瓦底省、仰光省、勃固省、马圭省、德林达依省、曼德勒省、掸邦、克钦邦和克伦邦等主要产粮省、邦尚未开发的耕地达1 040.3万英亩，约占全国尚待开发的耕地总面积的52%。2005—2006财年，缅甸可耕地面积约4 500万英亩，其净种植面积为2 800万英亩，总灌溉面积720.3万英亩，水浇地面积占净种植总面积的18.5%，尚有1 600多万英亩的空地、闲地和荒地待开发，农业发展潜力大。

三、生物资源

(一)植物

缅甸是中南半岛生物多样性最为丰富的国家(见附表1-3)。缅甸的植物种类繁多，有显花植物约600种、兰科类800种、攀缘植物900种、棕榈和竹类100多种、草400种、形形色色的树木3 700多种。

表1-3 缅甸的生物多样性

序号	类别	种类/属
1	树木	3 700
2	地区性植物	285
3	兰科植物	800
4	竹子	100
5	攀缘植物	900
6	草	400
7	藤本植物	30
8	哺乳动物	300
9	鸟类	1 000
10	爬行动物	400
11	鱼类	580
12	珊瑚类	65

资料来源：Myanmar，Facts and Figures，2002，Yangon，p.10.

缅甸的植物种类繁多，以下选择一部分作一些简要的介绍。

柚木　缅甸最具有经济价值的木材是柚木。缅甸柚木储量为世界总储量的85%～90%。柚木是世界上最贵重的木材之一，属热带阔叶林马鞭草科，生长较为缓慢，成材时间为一般树的四倍。柚木具有特殊的抗腐蚀性能，其坚固性可与金属媲美。柚木作为具有高耐久性和稳定性的上等木材，广泛应用于建筑、造船、家具制作、室内装饰等。

橡胶　缅甸种植橡胶始于19世纪末。20世纪60年代以后，引来一些马来西亚的胶种。胶园主要在南部地区。

藤、竹　缅甸藤类植物丰富，北部的克钦邦、掸邦等地，产藤尤多，主要有水藤、红藤等，品质优良，坚韧结实，有的水藤长达5～6米。竹林分布广泛，有30多种。主要有：汉密尔顿苏麻竹，是一种粗大的竹子，根部粗0.45～0.6米，生长在崇山峻岭中。笋可食，笋叶可卷缅甸朱律烟和制斗笠。竹可编箩筐、席子，也用于建盖房屋。象竹野外山林中少见，主要种在庭院和园圃里。大小、形状及其用途和汉密尔顿竹相似，此外，还可做船桅。苏麻竹皮厚，尖细，根部粗18～20厘米，缅甸各地都有。苏麻竹质地坚硬，可作刀斧把和船桅，建盖房屋，制成桌、椅、凳子、席子、箩筐、手杖和篾片，笋可食。薄皮竹数量较少，主要生长在下缅甸江河沿岸，是昆虫喜欢吃的一种竹子。劳笔竹生长在较为寒冷的山区，数量不多，形状、用途与苏麻竹相似。金氏勒竹生长在石灰岩丰富的萨尔温江和锡唐河沿岸的峡谷中，数量少，可建盖房屋。高兰竹生长在森林中，竹节长、皮薄，质地柔软。在所有竹类中用途最广，除可建盖房屋、做家具外，还用来扎孔明灯、风筝等。此外，烤糯米饭时只用高兰竹，所以有竹筒糯米饭竹之称。由于用途广，大量栽种于庭院、园圃中。凤凰竹根部粗25～30厘米，若开邦和伊洛瓦底江三角洲产得最多。多型刺竹生长在柚木林中，大部分用来建盖房屋。刺竹数量不多，缅甸各地均有，大多栽种作围栏用。斯勒竹生长在干燥的山冈上，皮厚，用途与苏麻竹相同，东吁和杰沙地区多有此竹。暹罗竹是一种观赏竹，也是做伞柄和钓鱼竿的上等材料，所以每年都有大量暹罗竹出口。

木柴　是缅甸人民生活中不可缺少的东西。在山区，它被用来生火取暖，平原地带被用来煮饭做菜。生长在干燥林中的马桂榄、哈密麻栗和三角洲海潮滩涂林中的银叶树等都被用来当柴烧。

果树　缅甸的水果，以热带水果为主，但也有温带水果。水果品种很多，主要水果及其主要产区如下：

(1)甘蔗：甘蔗是缅甸产量最大的水果。甘蔗主要产区是密支那、任尾申、皎克西、东吁、直通等地区。

(2)香蕉：缅甸南部许多地区都产香蕉。种类有香蕉、奶油蕉等。

(3)芒果：缅甸各地都出产芒果，南部毛淡棉一带的芒果最为有名。

(4)荔枝：产于缅甸八莫、密支那等地，若开邦尤多。

(5)橙子：可分为甜橙和酸橙。缅甸热带和亚热带低海拔地区都有出产。

(6)杜印(榴莲)：主要产于南部沿海地区，果实有足球大小，味极香甜，品尝后令人不忘其美味，缅甸华侨因此称之为“榴莲”。

(7)椰子：主要产于缅甸南部，其他低海拔沿江河地区和池塘周围，也常有椰树生长。

(8)菠萝蜜：也称树菠萝(俗称牛肚子果)，各地低海拔地区都有生长。

(9)苹果：缅甸北部地区产苹果。

(10)柑子：主要产于掸邦、克钦邦，皮薄汁甜，质量很好。

(11)龙眼：产于缅甸雨量较充沛的地区和红土地区。

(12)槟榔：产于德林达依(丹那沙林)、毛淡棉、土瓦、实兑、东吁、渺弥亚等地。

(13)柚子：各地都有出产。

(14)菠萝：主要产于下缅甸。

此外，缅甸的热带水果还有柿子、鸡腰果、木瓜、番石榴、杨桃、酸角等，温带水果还有石榴、葡萄、柠檬等(产于掸邦、克钦邦)。

植物药材　在缅甸，有“食品(植物食品)即药，药即食品”之说。已知能入药的植物成千种，许多药材在中国也有。著名的植物药材有：治癌药材：黄蜞游水、厚果鸡血藤。治神经病药材：罂粟、平文殊兰籽。治热病药材：龙珠果、水柳。治疟疾药材：金鸡纳霜、野艾。治心脏病药材：掸邦羊角扭(籽)、夹竹桃叶、黄花夹竹桃叶、海葱头。壮肝药材：余甘子。降压药材：蛇萝芙。升压药材：忽布。减肥药材：霍蓼榆。治糖尿病药材：长春花、鸡腰果、香芹、芫荽、胡萝卜、蛇萝芙、椰果、野艾、泽兰、甜薯、番泻、大花紫薇、甘蕉、石茅、辣椒、姜、葱等。洁齿药材：五味子、余甘子、番樱桃、马骝橙、苦楝等。治牙痛药材：锡兰桂油、芒果、菖蒲、丁香蓼根、土茯苓、山辣等。驱蛔虫药材：槟榔、椰乳、椰根、野艾、南瓜子、香檀、印度无花果等。治痔病药材：蟹螯果、土茴香、菖蒲、芫荽等兰、高良姜、掌窝等。解胸闷药材：松树杆、菖蒲根等。润肺药材：甘草、平文殊兰、高良姜、掌窝等。治咳嗽药材：菖蒲根、苦楝树皮等。治气管炎及肺病药材：菖蒲、苦瓜、甜薯、鹰叶刺籽、华南云宝、克钦明眠桃、金鸡纳霜等。妇女行经用药：番红花等。有毒药材：月下香果、嘉兰果、变形文殊兰等。

其他比较著名的植物药材有：印度大麻、各樱枝、狗爪豆、吉贝、番揽、芦荟、盾柱木、鸡冠、羊角豆、樱决明、海松等。

克钦邦还出产黄连、虫草、知母、贝母等名贵药材。

香料植物　缅甸的香料植物资源也很丰富，但是较为分散。重要的香料植物有：樟科樟属植物天然樟脑，产于缅甸北部；龙脑香，产于缅甸中、南部森林中；沉香、丁香、月桂、肉豆蔻、素馨、锡兰肉桂、茴香、假茴香等，各地都有一些，但以南部地区最多。

油料植物　缅甸的油料作物，主要有花生、芝麻、向日葵、油椰，其中花生产油最多，芝麻次之。花生和芝麻的主要产区在中部干燥地区的曼德勒省、实皆省、马圭省和掸邦。现在已推广到伊洛瓦底省、勃固省、仰光省等南方各省。

豆类　缅甸豆类的品种很多，至少有17种，产量较大的有麦豆、奶油豆、马豆、绿豆、扁豆，其他品种有豇豆、豌豆、花豆、柳豆、赤小豆、幅格豆等。

豆类产品在农产品输出中的地位，现已超过大米。

（二）动物

缅甸地形和气候复杂多样，因此，动物资源也非常丰富，种类繁多。根据国际自然保护联盟（IUCN）2007年公布的资料，缅甸有257种哺乳动物，1 062种鸟类。

陆地动物　动物区域共分两大类：第一类，包括森林密布的缅甸北部到南部墨吉一带；第二类，包括属于马来半岛一部分的德林达依南部地区。

大象是缅甸重要的动物。在缅甸北部和下缅甸某些原始森林里，还可以发现一些野象，但大部分象群已被饲养起来。

虎在缅甸干燥地带和克钦邦缅印边境一带的山林中都有发现。

熊有喜马拉雅熊、印度黑熊和马来熊。马来熊主要在德林达依地区，印度黑熊主要在东吁附近。

缅甸有多种鹿和野牛。家鹿生活在德林达依、锡唐河平原地带，叉角鹿生活在勃固、德林达依和墨吉一带。羌鹿、羚羊、野牛分布于全国各地。爪哇牛生活在勃固、若开一带。羚牛分布于缅北釉中缅边境及克钦邦高寒山区。

犀牛有3种，其中两种为双角犀，一种为独角犀。独角犀生活在德林达依人烟稀少的江河两岸和山上。耳朵有褶皱的双角犀生活在若开山脉和上缅甸一带；耳朵无褶皱的双角犀生活在德林达依，后者比前者略小。

猿猴的种类也不少。猫猴分布于德林达依、勃固和若开一带，行动迟缓的长鼻懒猴在缅甸数量不多，大部分生活在邻近印度阿萨姆邦的地区。无尾长臂猿有两种：一种是生活在伊洛瓦底江流域的白眼圈长臂猿，另一种是生活在德林达依的白手长臂猿。狐猴有6种。

在猫科动物中，斑灵猫有7种，其中最常见的是灰色香猫，它们身上分泌的液体是制药的原料。缅甸常见的另一种猫是麝香猫。三纹狸猫和白耳猫生活在若开和德林达依两地。猫鼬有3种，分布在缅甸各地。

在爬行动物中，蛇的种类繁多，从盲蛇到大蟒都有。据缅甸有关部门统计，蛇分11个科、90个属、388种，其中毒蛇有3科22属81种，蚺蛇是蟒蛇的一种，常常盘踞在树干上伺机捕食到树阴下乘凉的小动物。常见的毒蛇有眼镜蛇、蝰蛇、竹叶青蛇、金环蛇等。

在缅甸有记载的不同种类的鸟大约有1 240种。主要的鸟有孔雀、山雀、喜鹊、杜鹃、黄鹂、燕子、鹦鹉、夜莺、鱼魔、山鹧鸪、鹤、海鸥、鹈鹕、白鹭、鸳鸯等。

缅甸鸟类中最受人欢迎的是孔雀和鹦鹉。缅甸人把孔雀当作吉祥的象征。缅王时代的国家标志上就画着一只开屏的孔雀。缅王时代的银币和缅甸独立后发行的纸币上都印有孔雀的标志。缅甸的鹦鹉头大，有宽厚而弯曲的红嘴，绿色而鲜艳的羽毛。

水生动物　缅甸濒临印度洋，境内河流众多，虽无面积非常大的湖泊，但从北到南，小湖泊和人工湖泊很多。因此，缅甸的水生动物也是很丰富的。

水生动物分为无脊椎动物和脊椎动物两种。无脊椎动物包括海绵、蛤蜊、珊瑚、海葵、水母、海蜇、蛞蝓、带虫、海星、海胆、海参、田螺、榧螺、贻贝、墨鱼等。

在脊椎动物中，生活在淡水和海水中的鱼种类繁多，特别是咸水鱼种类大大超过淡水鱼，而且体形也大得多。沿海咸水鱼主要有春参鱼、龙头鱼、鲳鱼、鲨鱼、腰刀鱼、褐须鱼、飞鱼、海鲇等。淡水鱼主要有鲤鱼、鲇鱼、鲮鱼、鲭鱼、鲶鱼、白鱼和黄鳝（鳝鱼）等，在市场上出售的淡水鱼有囊鳃鲇、胡子鲇、斑鳢、攀鲈、鲮、鳊鱼祟、扁嘴野鲮、大头鱼祟、短头鲇、叉尾鲇、三黎鱼等。咸水鱼有鲳、腰刀鱼、鱼春、鱼参、斯氏鳚、鲫鱼、四指马鲅、大鳍鱼、鲨鱼、蟠鳐等。

此外，缅甸沿海有大量的各种各样的虾。

生活在水中的哺乳动物有3种：水獭、海豚和鲸鱼。在江河湖泊中生活的水獭有两种，大水獭背部呈暗黑色，腹部呈白色。小水獭根据不同的地域有着不同的颜色，它们大多十数只为一群。

海豚有两种，一种只在海水中生活，另一种会从海中游到有淡水的地方觅食。这种海豚长约2米，背部黑色，腹部颜色稍浅。

在缅甸海域中还生活着两种鲸鱼。

在两栖类动物中，缅甸有鬣蜥、巨蜥、鳄鱼和龟。鬣蜥呈灰白色，体形中等。巨蜥长2米左右，成年巨蜥全身呈暗黑色，背部有黄斑。缅甸有两种鳄鱼，一种颈短，生活在达耶附近伊洛瓦底江上游地区。另一种脖颈细长，体形巨大，有的长达9米。淡水里的水龟体形不大，海龟体形巨大，有的身长达1.8米。

四、矿产资源

缅甸中生代褶皱地带，其地质结构主要是三叠纪至侏系地层。这一区域曾经是海底，中央部分几乎全部都是由三叠纪的巨量海洋沉积物质所构成的。发生在三叠纪的猛烈的造山运动使水平岩层受到挤压而形成许多山系，形成多种与三叠纪沉积物的褶皱、熔岩侵入以及火山活动相关联的岩层。缅甸丰富的矿藏是与其地质构造密切相关的，三叠纪的沉积岩是石油、天然气潜在的储积场所，而在火成岩浆侵入的地方，热液岩体在交替进入邻近地区的围岩的复杂过程中，产生了原生形态的锡、铜、锌镍以及金银等矿物。

缅甸矿藏资源种类繁多，储量丰富，现已探明的矿产资源包括锡、钨、铜、锌、铅、锑、镍、金、银、锰、铁以及玉石、宝石等。能源包括石油、天然气、煤炭和电力。缅甸矿藏资源的分布，根据其形成时代、地理及地质构造环境，从西部到东部大致可分为4大区域：若开沿海区、若开山脉区、中部平原区、掸邦高原区，并形成了6个成矿带：克耶邦西南部、德林达依省和掸邦西缘带的锡—钨矿带、掸邦、克耶邦和孟邦部分地区的锑矿带、掸邦西部的铅—锌—银—重晶石矿带、蒙育瓦和温都地区的铜矿带、钦邦北部地区的镍—铬矿带、中部和伊洛瓦底江三角洲的油气带。

缅甸已知的各矿种分布如下：

铜　已知铜矿床和矿点约50处。主要矿床位于曼德勒以西105千米的望濑，已探明矿石总储量为1.33亿吨，平均品位为0.72%。另外，望濑以东11千米的礼勃东矿也是一个较大的矿床，矿石储量估计为1.6亿～1.8亿吨，品位为0.66%。

铅—锌—银　分布在东部掸邦高原西侧的铅—锌—银矿带中。该矿带向北延伸到中国云南省，向南延伸到泰国，全长2 000多千米，最大的矿床是掸邦北部的包德温矿，储量为1 000万吨。其中，铅含量5.1%，锌含量为4%，银含量为93克/吨。铅—锌—银的大矿还有位于德林达依省东南部的亚德那基矿，位于东枝的包塞矿，以及位于掸邦的南木都矿。

钨—锡　缅甸钨、锡储量比较丰富。矿床主要分布在德林达依省、孟邦、克伦邦、克耶邦、掸邦。已知矿点120多个，主要矿床有：茂奇、赫米英吉、亨达、巴达吉亚等。

金　金矿在缅甸分布比较广，原生金和沙金在缅甸各地均有发现，已经发现的主要金矿有：掸邦南部高老镇区（该矿点原生矿估计储量105 727吨，含金量为2.59克/吨）。曼德勒省德贝金镇区的滚东赛地区（该矿点储量为24万吨，含金量为2.64克/吨）、曼德勒省巴定基镇区蜡烛山地区（该矿区2级矿储量为264万吨，含金量为4.8克/吨，3级矿储量为59万吨）、曼德勒省彬文那德耶孔地区（含金水晶矿，含量为1.36克/吨，3级矿矿石储量为5 150吨）和曼德勒以北培昂墉大型金矿，已探明储量为318万吨，平均含金量为4.8克/吨。

铁　铁在缅甸储藏量不多，主要是赤铁矿和褐铁矿，分布在掸邦高原。

锑　已知31个锑矿点，主要分布在东部高原的中南部。主要成矿区有北部的掸邦成矿区和南部的毛淡棉成矿区。主要矿床有掸邦的里平、孟山，毛淡棉的德漂和拉蒙巴。

镍—铬　镍—铬矿主要分布在缅甸西部若开山脉东侧，储量为1.5万吨和2.32万吨。在葛礼瓦附近也发现了镍矿点。

铂　铂与镍、铬矿伴生，主要分布在缅甸西部若开山脉一带。在缅甸北部克钦邦的莫达乌伊也发现了铂矿。

锰　掸邦孟阳镇区温索—温泉地区有锰矿，据初步测量，含锰矿层约1.6米，估计总储量为260万吨。

煤　缅甸的煤主要是褐煤，主要分布在北部克钦邦、掸邦和南部缅泰边境一带。近年来，在掸邦发现了一些较大的煤矿，在掸邦平朗镇区新发现的一个煤矿，估计储量约2 000万吨，掸邦卡西地区发展的煤矿储量也在1 500万吨左右。位于缅甸实皆省的加力瓦也是缅甸规模较大煤矿床，储存有总厚度为7～15米的煤层。在缅甸中部也有少量硬煤储藏。

石油与天然气　缅甸石油与天然气较为丰富，主要分布在缅甸中央盆地伊洛瓦底江两岸和沿海大陆架地区，从背部钦敦江上游，向南一直延伸到安达曼海大陆架，长约1 100千米，总面积为25.2万平方千米（沿海大陆架面积为9.5万平方千米）。陆上主要油气田有：仁安羌、稍埠、卑谬、苗旺、阿耶道等。1988年以后，缅甸加紧了对沿海大陆架的石油与天然气的勘探，已经发现和开发了耶德那油气田和耶德贡油气田。根据《BP世界能源统计》的数据，截至2012年底，缅甸已探明天然气储量为7.8万亿立方英尺，占世界总量的0.1%，石油储量达到21亿桶。

宝石与玉石　缅甸盛产宝石和玉石，品种多，质地好，储量极为丰富。宝石有红宝石、蓝宝石、水晶石、金刚石、钻石等近40个品种。红宝石最著名的产地是位于曼德勒市东北的抹谷（莫谷），该地素有“缅甸宝地”之美称。抹谷矿区面积约400平方千米，主要产红宝石和蓝宝石。其在大理石岩带附近形成的残积—坡积型和冲积型红宝石矿床是世界上最优质红宝石“鸽血红”品种的最重要来

源。抹谷之外，主要产红宝石的地区还有掸邦孟休镇区和彬龙那瓦宝石矿区。

缅甸玉石的主要产地在克钦邦雾露河上游一带，如帕敢、隆钦、孟拱、陶茂、杭巴、坎锦茂、玛仰甘茂、敏茂、山克茂、瑞克茂、帕甘基茂、叫尼茂，以及摩宁镇区的茂罕地区和实皆省坎底镇区的南思崩地区等。

表1-4　缅甸成矿单元划分

<table>
<tr><th colspan="2">成矿区带</th><th>三、四级构造单元</th><th>主要矿产</th><th>次要矿产</th></tr>
<tr><td colspan="2">腾冲—南坎成矿带</td><td>腾冲—南坎陆缘山弧带</td><td>锡矿</td><td>石墨、绿柱石、云母、独居石等</td></tr>
<tr><td rowspan="3">掸邦成矿区</td><td>腊戌、抹谷亚区</td><td rowspan="3">掸邦断块</td><td>宝石、铅锌银、煤</td><td>铜、锑、砷、岩盐、石膏</td></tr>
<tr><td>掸邦亚区</td><td>铁、金、铅锌</td><td>重晶石、萤石</td></tr>
<tr><td>德林达依成矿亚带</td><td>锡、钨、石英砂</td><td>粘土</td></tr>
<tr><td colspan="2">东吁—毛淡棉成矿带</td><td>毛淡棉陆缘山弧带</td><td>锡、油页岩</td><td>煤、锑</td></tr>
<tr><td colspan="2">密支那—道茂成矿带</td><td>密支那—道茂缝合带</td><td>翡翠、铬、镍</td><td>铂、蓝晶石、滑石、球粘土、菱镁矿</td></tr>
<tr><td colspan="2">抗巴—勃固成矿带</td><td>抗巴—勃固弧后盆地</td><td>主要油气远景区
主要金矿带</td><td>耐火粘土</td></tr>
<tr><td colspan="2">望濑—勃生成矿带</td><td>望濑—勃生内岛弧带</td><td>主要油气区、铜</td><td>膨润土、陶土、高岭土
石膏</td></tr>
<tr><td colspan="2">那加—若开成矿带</td><td>那加—若开缝合带</td><td>主要油气区、镍</td><td>铂、铬、锰</td></tr>
</table>

第三节　经济区划

一、行政区划

缅甸实行联邦制。中央以下的地方政权，分别为省、邦、联邦直辖区，下设县、镇区、村组（街区或镇）、村庄（街区）四级。缅甸全国有7个省、7个少数民族邦和1个联邦直辖区（内比都），邦、省为同级，邦是居民以少数民族为主体的行政区，省是居民以缅族为主体的行政区。邦、省以下设有县、镇区、村组和村庄。据缅甸内政部2012年8月统计，缅甸共有70个县、330个镇区和398个镇、3 063个街区、13 618个村组、66 777个村庄。依照2008年宪法，在实皆省、掸邦新设置5个少数民族自治县和一个佤族自治州。主要是：

（1）实皆省的莱西镇区、勒黑镇区及楠荣镇区组成那伽族自治县。

（2）掸邦的育岸镇区和彬德亚镇区组成德努族自治县。

（3）掸邦的和榜镇区、锡森镇区及彬朗镇区组成勃欧族自治县。

（4）掸邦的楠散镇区和曼栋镇区组成崩龙族自治县。

（5）掸邦的贡江镇区和老街镇区组成果敢族自治县。

（6）掸邦的霍班、勐冒、班歪、那坊、万曼、班桑（邦康）等六个镇区组成二个县，这二个县组成佤族自治州。

（一）克钦邦

克钦邦位于缅甸北部，在东经95°45′～98°45′、北纬23°45′～28°31′，其东部、北部分别与我国的云南省和西藏自治区交界，西与实皆省接壤，西北与印度相连，南与掸邦相依。面积89 041平方千米。下辖密支那、八莫、莫因和葡萄4个县，有18个镇区。

密支那县：是克钦邦的首府所在地，2006年人口约15万，位于伊洛瓦底江的西岸，是仰光—曼德勒—密支那铁路线的终点站，与缅甸的中部和南部有公路和航空运输线路相通，是缅甸北部的一个重要商业中心城镇。八莫：位于伊瓦洛底江以东，是一个连接公路、水陆和空中航线的交通要地，也是一个农产品和林产品的集散地。葡萄县：位于葡萄盆地，盛产柑橘和苹果等水果，所产的时鲜水果均通过飞机运往密支那和缅甸其他地区。抹谷镇：位于抹谷河和南洋河交汇处，通铁路和公路。莫宁镇、楠木迪镇和沙莫镇：位于南银河流域，有铁路和公路相通。其余的小镇及镇区行政机关所在地有：孙布拉蚌、噶卖、德奈、脑孟和漆劈镇。

居住在克钦邦的民族，主要是克钦族及其支系、掸族、水泰族和缅族等。大部分克钦族聚居在克钦邦以北地区，缅族和掸族及其支系大部分聚居在曼德勒和密支那的铁路沿线，伊洛瓦底江流域及葡萄盆地也有部分掸族及其支系聚居。克钦邦的最北边有为数不多的藏族居住。

（二）掸邦

掸邦位于缅甸东部，在东经96°10′～101°11′、北纬19°17′～24°13′。北与东北部与中国接壤，东部与老挝交界，东南部毗邻泰国，南部与克伦邦、克耶邦相连，西部与曼德勒省，西北与克钦邦、实皆省相邻。面积155 801平方千米，是缅甸面积最大的一个邦，约占全国总面积的1/4。下辖东枝、莱林、腊戎、木姐、皎脉、滚弄、老街、景栋、孟萨、孟别、大其力11个县、有55个镇区，首府为东枝市。为了管理方便，缅甸政府将掸邦分为东掸邦、北掸邦、掸邦本部3部分。东掸邦治所景栋，下辖景栋、大其力、孟别、孟萨4个县，有11个镇区。北掸邦治所腊戌，下辖腊戌、木姐、皎脉、滚弄、老街5个县，有23个镇区。掸邦本部治所东枝，下辖东枝、莱林2个县，有21个镇区。

东枝县：是掸邦的首府，2012年人口为16万，通铁路和公路，有黑河机场，可与各地通航空线路。格罗镇：位于达西—瑞良铁路和公路线上，是一个美丽的山城。景栋县：位于萨尔温江以东，是一个公路和航空线路运输的重要镇区。大其力县：是一个靠近泰国边界的边境小镇，在边境贸易中发挥着重要的作用。腊戎县：是掸邦北部的一个重要的铁路运输枢纽和商业中心，航空线路可通往各地。楠木都镇：因有冶炼厂而出名。其他较有名的镇区有：南部的瑞良、良瑞、彬德亚、雅邵、布突、霍崩、莱林、彬龙、茂迈、卖孟等镇和北部的南伞、锡波、莫姝、登尼和霍班等镇。

掸邦是一个少数民族众多的邦。其中有掸族（38.58%）、勃欧族（10.58%）、缅族（9.65%）、勃劳族（7.06%）、达努族（5.18%）、拉祜族（4%）、茵达族（3.06%）、克钦族（2.35%）、佤族（2.12%）、果敢族（1.65%）、傈僳族（1.18%）等。掸族在全邦各地均有分布，达努族、茵达族和部分缅族居住在掸邦西部，崩龙族（与中国的德昂族为同一民族）大部分居住在南伞镇区，南部的彬德亚、雅邵和孟街镇也散居着一小部分崩龙族。勃欧族大部分居住在掸邦南部，克钦族和傈僳族居住在掸邦的北部，果敢族聚居在果敢地区，佤族居住在萨尔温以东的霍班镇区，依果族和拉祜族主要居住在景栋地区。

（三）克耶邦

克耶邦位于缅甸东部，在东经96°50′～97°50′、北纬18°30′～20°01′。北接掸邦，东与东南部毗邻泰国，西南与克伦邦相连。面积11 753平方千米。全邦下辖垒固和波勒克2个县，有7个镇区。

垒固（乐哥）县：是克耶邦的首府所在地，2012年的人口约为1.7万人。通公路、水路、航通线路，是当地产品的集散地，并有石板材厂和碾米厂等工厂。迪莫苏镇：位于乐哥镇南面，与邦内其他镇区有公路相通。巴罗索、帕桑、波勒克和暇都镇均为镇区行政机关所在地，莫奇镇是个矿区镇。

居住在克耶邦的民族为克耶族及其支系克洋、茵德勒、固克伦和人口较少的莫努莫诺人、格苦人和格巴人等。此外，沿比鲁河沿岸还有少数掸族、缅族和山地民族勃欧族等。其中克耶族占42.86%、掸族占9.52%、克钦族占9.52%、缅族占14.29%、克伦族占4.76%。本邦原称克伦尼邦，1951年10月改为现名。

（四）克伦邦

克伦邦位于缅甸东南部，在东经96°26′～98°55′、北纬15°15′～19°30′，面积30 383平方千米。东接泰国，北连克耶邦，南和西南部与孟邦相接，西北与曼德勒省、掸邦交界，西与勃固省接壤。下辖巴安、妙瓦底和高加力3个县及7个镇区。

巴安县：为克伦邦的首府所在地，2010年的人口约5万，位于萨尔温江东岸，与克伦邦内的各城镇、孟邦的毛淡棉、直通镇联系便利。高加力县：位于中夺至妙瓦底的公路线上，是霍德约江流域平原附近农产品和外地商品的集散地。帕崩镇：位于克伦邦中部永斯林江东岸，与南面的瑞贡、巴安等镇和孟邦的比林、直通等镇公路相通，与仰光和毛淡棉通空中航线。丹洞镇：位于克伦邦的北面，附近为茶叶加工厂，与东吁镇联系方便。其余较有名的有恰因赛基和泰缅边境附近的妙瓦底等镇。妙瓦底是泰缅贸易中一个重要的边境城镇。

克伦邦大部分为克伦族，南部地区为平原克伦，北部地区为山区克伦，其他民族还有孟族、缅族、掸族和勃欧族。其中克伦族占50.04%、孟族占17.46%、缅族占13.49%、勃欧族占5.55%、掸族占2.38%、克耶族占0.08%。

（五）孟邦

孟邦位于缅甸东南部，在东经96°50′～98°15′、北纬14°55′～17°50′。北连勃固省，东接克伦邦，南与德林达依省相连，西临莫塔马湾，东南角与泰国交界。面积12 297平方千米，人口260万。全邦下辖毛淡棉和直通2个县及10个镇区。

毛淡棉县：是孟邦的首府所在地，也是缅甸的第三大城市，2012年的人口为43.8万，是一个远洋轮船可以靠岸的港口城市，工业和贸易均较发达，有公路、水路和航空线路相通。直通县：是一个古城，通铁路和公路，周围平原盛产大米。比里、吉桃、榜、丹彪西驿、昌宋、穆洞和耶城均为镇区行政机关所在地，也是当地农产品、矿产品和工业产品的集散地。

孟邦的民族大部分为缅族和孟族，其余为克伦族和勃欧族。其中孟族占37.86%、缅族占36.89%、克伦族占12.62%、勃欧族占2.91%、掸族占0.05%。

（六）钦邦

钦邦位于缅甸西部，在东经92°20′～94°05′、北纬20°35′～24°05′。东与实皆、马圭两省相接，南部与若开邦相邻，北和西北部与印度接壤，西部与孟加拉国交界。面积36 019平方千米。下辖法兰和敏达两个县、9个镇区，505个街区（村组），首府为哈卡市。

哈卡市：是钦邦的首府所在地，2012年的人口为2万多人，有公路通往实皆省的吉灵镇。法兰县：位于钦邦北部，是当地农产品的集散地。甘白力镇：位于钦邦西南部的格勒丹河上，与若开邦可通过格勒丹河的水路及公路进行联系。其余的镇为镇区行政机关所在地顿尚、潭得兰、马都比和敏达镇。

钦邦的主体民族为钦族，南部和西部有若开族、那加族、缅族。

（七）若开邦

若开邦位于缅甸西部，在东经92°10′～94°50′、北纬17°30′～21°30′。东与东南部与马圭省、勃固省、伊洛瓦底省相连，西濒孟加拉湾，北接钦邦，西北部与孟加拉国毗邻。面积36 778平方千米。下辖实兑、孟都、皎漂和山多威4个县，有17个镇区。

实兑县：位于格勒丹河口的西海岸上，是若开邦的首府所在地，2012年人口为17.8万，是一个港口城市，有机场。碾米加工业、纺织业和海洋捕鱼业均较发达。妙乌镇：位于格勒丹河和雷苗河之间，曾是固若开王国的皇城。皎漂县：是洋别岛最北部的一个港口城镇。山多威县：位于山多威河上。远洋轮船可在德彪前港靠岸后，通过公路线与山多威联系，山多威镇南部的额布里海滩是缅甸一个十分美丽的著名度假胜地。北部的其他镇有皎都、孟都、布帝洞、崩那岛、耶德岛、包渡、民壁镇等，南部有曼昂、弥蓬、洋别、洞够和瓜镇等。

居住在若开邦的民族主要是若开族和缅族，主要聚居在江河流域、伊江三角洲冲积土壤岛和洋别、曼昂等大岛上，北部山区和若开山脉还居住着钦族，实兑平原的西面和北面山区还居住着苗族、德族、克米人和贷尼人等。

（八）实皆省

实皆省位于缅甸西北部，在东经94°～97°、北纬21°30′～27°30′。东邻克钦邦、掸邦，南、东南接曼德勒省，西南连马圭省，西邻印度和钦邦。面积94 625平方千米，是最大的一个省。下辖实皆、瑞波、望濑、杰沙、格礼、达武、莫莱和坎迪8个县，有38个镇区，198个街区（村组）。

实皆县：实皆省的首府所在地，2010年的人口约7.8万。望濑县：位于亲敦江东岸，是亲敦江地区的一个重要城镇，有铁路、公路和水路相通，是贸易和工业发达的一个大城镇，也是实皆省最大的城镇。瑞波县：位于木河和伊洛瓦底江之间，曼德勒—密支那铁路线上，该镇农业和贸易业都比较发达。杰沙县：位于伊洛瓦底江西岸，杰沙县的木材加工业和水产业都较发达。其他著名的城镇还有：加列瓦、莫莱、霍马林、坎迪、耶乌、甘布鲁、遵纳、温托和果林等镇。

全省主要民族有缅族（90.11%）、掸族（3.87%）、钦族（3.22%）、那加族（1.5%）等。在雨量偏少的地区，杰沙镇区和曼德勒—密支那铁路沿线地区为缅族聚居区，掸族主要居住在亲敦江上段流域、果林、旺都和彬勒布镇区。西北山区北部聚居着那加族，南部聚居着钦族，莫河上游流域和梅沙河流域居住着噶都族和噶楠族。

（九）曼德勒省

曼德勒省位于缅甸中部，在东经94°50′～96°50′、北纬19°30′～23°45′。东接掸邦，南连克伦邦、勃固省，北与西北部实皆省相邻，西与马圭省交界。面积37 024平方千米。下辖曼德勒、彬乌伦、皎色、敏建、央米丁、密铁拉和良宇7个县，有31个镇区。

曼德勒市：是缅甸中部偏北的一个重要城市，也是缅甸的第二大城市，2010年的人口约120万。曼德勒市位于伊洛瓦底江东岸，通铁路、公路、水路和航空线路，是上缅甸的一个主要的贸易与工业城市。阿麻罗布罗镇：位于伊洛瓦底江东岸，有织布厂和弗吉尼亚烟叶烘烟厂，也是缅甸名牌丝混沙笼的产地。省内其他有名的镇还有：梅铁拉、敏建、皎色、米达、皎班丹、那突基、彪白、央米丁、彬马那、德贡和累韦等。2005年11月，缅甸政府将首都从仰光迁至内比都，内比都就在原彬马那境内。现内比都已正式成为缅甸首都。

曼德勒省人口最多的民族为缅族，约占曼德勒省人口的95.13%，除缅族外，还有掸族和少部分德努族，莫谷和德贝金镇区还有掸族、傈僳族和布朗族。

（十）马圭省

马圭省位于缅甸中部，在东经93°55′～95°50′、北纬18°55′～22°30′。东接曼德勒省，南连勃固省，北邻实皆省，西靠钦邦、若开邦，面积44 820平方千米。下辖马圭、敏布、德耶、木各具和甘高5个县，有25个镇区。

马圭县：是马圭省的首府所在地，2010年的人口统计数约1.3万。位于伊洛瓦底江东岸，通水路和公路，是一个商品集散的大城镇。木各具县：位于马圭省以北伊洛瓦底江的西岸，靠近亲敦江口附近，由于背靠广阔的地区，是一个贸易和工业较发达的城镇。敏巫镇：位于伊洛瓦底江以西马圭镇的对面，是敏布平原的商品集散地。其他著名的城镇还有：东敦基、德耶、昂兰、那貌、本漂、稍埠、仁安羌、包、甘果和耶色觉等。

马圭省的居民大部分为缅族，约占马圭省人口的96.65%，与马圭省西南山区相连的地区有部分钦族人居住，约占人口的2.32%。

（十一）勃固省

勃固省位于缅甸中南部，在东经94°45′～97°15′、北纬16°50′～19°30′。东接克伦邦，东南连孟邦，南、西南部与仰光省、伊洛瓦底省相邻，西北部、北部与马圭省、曼德勒省毗连，西与若开邦接壤，东南部濒临莫塔马湾，面积39 404平方千米。下辖勃固、卑谬、沙耶瓦底和东吁4个县，有28个镇区。

勃固县：是勃固省的首府所在地，2010年的人口约24.4万，是缅甸第四大城市。勃固城位于仰光—曼德勒铁路和公路线的勃固河上，贸易业和工业较发达。东吁县：位于仰光—曼德勒铁路公路线和锡唐河上，是上缅甸与下缅甸产品的贸易地区，是上缅甸和下缅甸产品的贸易中心城镇。卑谬县：位于伊洛瓦底东岸，为铁路和公路交汇的地区，是上缅甸和下缅甸产品贸易的重要城镇。其他较有名的镇区有沙耶瓦底、皎彬高、榜地、瑞同、岱乌、崩德萨、良礼彬等。

勃固省的主体民族为缅族，也有少量的克伦族、孟族、掸族和勃欧族，其中缅族占88.88%、克伦族占4.76%、孟族占1.23%、钦族占0.68%、掸族占0.45%、勃欧族占0.45%。

（十二）仰光省

仰光省位于缅甸南部，在东经95°45′～96°50′、北纬16°20′～17°50′。北部与东部紧靠勃固省，西与伊洛瓦底省相连，南濒莫塔马湾。面积10 171平方千米，是全国面积最小的省邦，2010年人口为580万。下辖仰光东部县、仰光西部县、仰光南部县和仰光北部县4个县。有45个镇区，其中33个镇区设在仰光市内。

可可岛镇区包括大可可岛、小可可岛、色白岛和其北面的巴以巴以岛。

仰光市是仰光省首府所在地和缅甸的前首都，是缅甸最大的城市，2010年的人口约430万。它位于仰光河和布松丹河之间，是交通枢纽，有空港和海港，是进入缅甸的门户。它也是政府机构、大学院校、工业企业集中的城市。

仰光市较有名的城镇还有：岱基、毛比、勒古、端底、果木、汞祥贡、丁茵、皎丹、宋割、克洋、唐德彬等。

仰光省为多民族聚居的一个省，其中人口最多的是缅族（83.5%），其余为克伦族（4.8%）、若开族（1.04%）、孟族（0.63%）、掸族（0.42%）等。仰光市还有许多外裔人员，其中华人和印度人最多。

（十三）伊洛瓦底省

伊洛瓦底省位于缅甸南部伊洛瓦底江三角洲地区，在东经94°15′～96°05′、北纬15°40′～18°30′。北部、东部与勃固省、仰光省相接，西北部与若开邦接壤，西部、南部临孟加拉湾和安达曼海，面积35 138平方千米。下辖勃生、兴实塔、苗妙、马乌彬和壁磅5个县、有26个镇区。

勃生县：是伊洛瓦底省的首府所在地，为缅甸的第五大城市，2010年的人口统计约23.7万。勃生县位于额温河上，通铁路、公路、水路和航空线路。部分远洋轮船可停靠勃生港，并通过勃生港向国外出口大米、木材和水泥等。兴实塔县：位于伊洛瓦底江的西岸，通铁路和公路，是农业主产地区的一个商品集散地。苗妙县：位于伊洛瓦底江省南部的仰光—勃生主要水运线路上，苗妙县有黄麻厂和碾米厂。马乌彬县：位于都河上，是水产品和农产品的商品集散地。其他比较有名的城镇还有：漳景、敏翁、达努彪、宫漂、南部的壁磅、博加礼、毛淡棉岛和拉巴达等。

伊洛瓦底省的居民大部分为缅族和克伦族，在平原上西部沿海海岸地区有少量的若开族居住。其中缅族占75.9%、克伦族占20.37%、若开族占1.03%。

（十四）德林达依省

德林达依省位于缅甸东南部，在东经97°40′～99°40′、北纬9°32′～15°05′。东部和南部与泰国接壤，北部与孟邦相连，西临安达曼海。海岸沿线共有800多个近海岛屿，西部近海的岛屿称为丹老群岛。德林达依省面积43 343平方千米。下辖土瓦、丹老和高东3个县，有10个镇区。

土瓦县：是德林达依省的首府所在地，2010年的人口约为13.6万，是周围地区出产的大米、橡胶、水果、木材、锡、钨的集散地。丹老县：位于德林达依江口，是周围地区出产的橡胶、矿产、水产品和农产品的集散地。高东县：是缅甸最南面的一个镇，位于与泰国交界的巴祥河口附近的高东（布银楠）岬角，是一个边境城镇。

德林达依省的民族主要有缅族、克伦族、孟族、白秀族（又称木雷族）和大部分居住在丹老群岛上的斯龙族，其中缅族占83.93%、克伦族占6.25%、孟族占1.78%。

（十五）内比都联邦直辖区

内比都原称彬马那，位于缅甸中部的山区，距离仰光以北400千米。内比都坐落在勃固山脉与本弄山脉之间锡塘河谷的狭长地带，北依山势，南望平川，战略地位重要。2005年11月6日缅甸首都从仰光迁到内比都，包括下辖彬马那县、达贡镇和雷威镇3镇72村，人口92万人。主要居民为缅族，另有掸族、克钦族、克伦族、克耶族、德努族、勃朗族、勃欧族等少数民族杂居于此。农业和林业为支柱产业，主要作物有稻米、黄麻、柚木、蔬菜、水果等。

缅甸15个邦、省和联邦直辖区的首府、面积和人口，见表1-5。由于缅甸最后一次人口普查是1983年，此后缺乏准确的人口统计数据，基本上按照2%的增长率来测算。

表1-5　缅甸15个邦、省的首府、面积和人口

邦、省	首府	面积（平方千米）	人口（2000—2001财年）
克钦邦	密支那	89 041	1 224 866
克耶邦	垒固	11 753	252 795
克伦邦	巴安	30 383	141 377
钦邦	哈卡	36 019	465 361
孟邦	毛淡棉	12 297	2 390 681
若开邦	实兑	36 778	2 653 529
掸邦	东枝	155 801	4 701 669
实皆省	实皆	94 625	5 280 362
德林达依省	土瓦	43 343	1 297 518
勃固省	勃固	39 404	4 930 146
马圭省	马圭	44 820	4 328 182

续表

邦、省	首府	面积（平方千米）	人口（2000—2001财年）
曼德勒省	曼德勒	37 024	6 313 918
仰光省	仰光	10 171	5 382 051
伊洛瓦底省	勃生	35 138	6 548 241
内比都直辖区	内比都	7 054	925 000（2009年数据）
合计		683 651	46 835 696

资料来源：Myanmar, Facts and Figures, 2003. Ministry of Information, Union of Myanmar, Yangon2002, p.5;《世界行政区划地图》，中国地图出版社，1993年，第27页。

二、经济区划

农业是缅甸经济的主导产业，缅甸的工业发展水平低且发展缓慢。2011新政府上台后实行经济改革，工业发展步伐有所加快，但整个国家的工业化水平仍很低。2003—2004财年，缅工业产值约占国内生产总值（GDP）的14.3%，到2007—2008财年，缅工业产值约占国内生产总值（GDP）的18.9%。2011—2012财年工业产值占国内生产总值（GDP）比重提升到26%。缅甸的工业主要集中在缅族聚居的仰光和曼德勒为中心的下缅甸和缅甸中部地区，少数民族地区基本没有像样的工业。

受经济发展的制约，缅甸的城市化程度较低，人口在20万以上的城市只有仰光、曼德勒、内比都、勃生、勃固、毛淡棉等。仰光是全国最大的城市，也是缅甸的经济中心，是缅甸主要工业城市，曼德勒是第二大城市和第二大工业城市。1990年缅甸的城市人口为1 010万，2010年已达1 626万，从1990年占总人口的25%提高到2010年占总人口的30%，增长了5%；农村人口则从1990年占总人口的75%减少到2010年的70%，减少了将近5%。

缅甸的经济格局为三个相对独立的经济区：曼德勒以南、以仰光为中心的政府控制经济区；缅北地区由几个特区组成的与中国云南省经济相互交融的经济区；缅东北部以大其力为中心的与泰国经济紧密相连的经济区。随着中泰经济的快速发展，后两个经济区对中泰边境地区经济产生了越来越强的依赖性。

第二章　人口地理

第一节　人口发展

缅甸是一个多民族的国家，共有50多个民族，135个支系（现在缅甸政府把他们作为135个民族），其中缅族约占总人口的69%，少数民族占总人口的31%。外来移民以及他们的后裔在缅甸人口中所占比例不大，主要来自中国、印度、巴基斯坦和孟加拉国。

一、人口变化

英国殖民统治时期，1872年以后在下缅甸，1891年以后在全缅甸每10年做一次人口普查。据1931年的人口普查，当时的人口为14 667 593人。

缅甸自1948年独立以来，人口增长非常迅速，已从1948年的大约1 800万增长至2004年的5 200余万，增长了将近200%。但是，缅甸独立以来，仅进行过两次全国范围内的人口普查。一次是1973年4月1～5日，普查的结果是全国共有人口28 885 867人。另一次是截止到1983年8月31日，全国共有人口35 313 905人，其中男性17 513 541人，女性17 800 364人。根据这两次人口统计的结果，人口的年增长率为2.02%。由于缅甸内战的影响，当时反政府武装控制的地区尚无法进行普查。因此，缅甸的人口统计还不是全面的。1983年以后的数字，也只是根据每年增长2%左右的估计数。据缅甸政府估计，近几年的缅甸人口增长率降为1.84%，2003年总人口达到了5 240万。根据美国中央情报局（CIA）的World Factbook推测数据，2012年缅甸总人口已达6 058万。2014年3月30日，缅甸政府在全国范围内进行人口普查，据此次普查公布结果，缅甸总人口53 718 958人，其中男性26 081 091人，女性27 637 867人。

表2-1　缅甸的人口增长

序号	人口普查年度	普查区域面积（平方英里）	人口（百万人）	每平方英里的人口密度	增长率（%）
12	1872*	88 566	2.727	31	

续表

序号	人口普查年度	普查区域面积（平方英里）	人口（百万人）	每平方英里的人口密度	增长率（%）
2	1881*	87 220	3.737	43	
3	1891	171 430	7.722	45	
4	1901	226 209	10.491	46	
5	1911	230 839	12.115	52	
6	1921	233 707	13.212	57	
7	1931	233 492	14.667	63	
8	1941	261 057	16.824	64	
9	1973	261 228	28.921	111	2.02
10	1983	261 228	35.308	135	1.87
11	1993**	261 228	43.116	165	1.84
12	1996**	261 228	45.565	174	1.84
13	1997**	261 228	46.40.	178	1.84
14	2000**	261 228	49.008	188	1.84
15	2003**	261 228	51.660	198	1.84
16	2012**		60.58		

说明：* 只是对英国统治下的缅甸进行人口普查

** 分析预测

资料来源：Mynamar，Facts and Figures，2002，Yangon，p.8；CIA，World Factbook.

二、人口密度

按2011年的人口估测，缅甸人口密度平均每平方千米88.6人，但实际人口分布极不平衡，仰光省密度最高，每平方千米达420人。其次为伊洛瓦底江三角洲地区，每平方千米为152人。余下依次为孟邦每平方千米146人；曼德勒省每平方千米140人；勃固省每平方千米110人；马圭省每平方千米80人；若开邦每平方千米71人；实皆省每平方千米55人；克伦邦每平方千米44人。每平方千米人口不足30人的省邦有克钦邦、克耶邦、钦邦、丹那沙林省、掸邦。其中克钦邦和钦邦人口密度最低，每平方千米不足15人。按CIA World Factbook估测，缅甸2012年人口密度已达每平方千米约89人。

表2-2　2011年缅甸各城市人口密度（每平方千米）

地区	人数
全国	88.6人

续表

地区	人数
仰光省	420人
伊洛瓦底江三角洲地区	152人
孟邦	146人
曼德勒省	140人
勃固省	110人
马圭省	80人
若开邦	71人
实皆省	55人
克伦邦	44人
克耶邦、丹那沙林省、掸邦	不足30人
克钦邦、钦邦	不足15人

资料来源：根据《缅甸发展报告（2011—2012年）》内容整理。

三、出生率和死亡率

缅甸生育率较低，1983年为4.7%，2001年降为2.4%，2011年仅为2.23%，相比东南亚其他国家如柬埔寨（3.18%）和老挝（4.41%）要低很多，农村比城市生育率低。这主要是由于缅甸经济落后，青年普遍晚婚，单身率较高，以及小乘佛教使缅甸社会对单身有较高容忍度。缅甸男青年结婚年龄为27.5岁，女青年结婚年龄为26.4岁。

表2-3 1950—2010年缅甸出生率和死亡率

时间	每年出生（人）	每年死亡（人）	每年人口自然变动（人）	出生率（‰）	死亡率（‰）	自然变动率（‰）	总生育率	婴儿死亡率（‰）
1950—1955	856 000	515 000	341 000	47.5	28.6	18.9	6.00	212.8
1955—1960	885 000	466 000	419 000	44.4	23.4	21.0	6.00	175.2
1960—1965	928 000	454 000	475 000	41.9	20.5	21.4	6.10	155.7
1965—1970	993 000	426 000	567 000	40.1	17.2	22.9	6.10	131.1
1970—1975	1092 000	418 000	674 000	39.2	15.0	24.2	5.90	112.7

续表

时间	每年出生（人）	每年死亡（人）	每年人口自然变动（人）	出生率（‰）	死亡率（‰）	自然变动率（‰）	总生育率	婴儿死亡率（‰）
1975—1980	1068 000	402 000	666 000	34.2	12.9	21.3	4.90	97.5
1980—1985	1085 000	421 000	664 000	31.5	12.2	19.3	4.30	93.0
1985—1990	1100 000	445 000	655 000	29.2	11.8	17.4	3.80	89.7
1990—1995	1017 000	418 000	599 000	25.0	10.3	14.7	3.10	76.1
1995—2000	969 000	405 000	564 000	22.3	9.3	13.0	2.65	65.4
2000—2005	881 000	408 000	473 000	19.3	8.9	10.4	2.25	59.8
2005—2010	846 000	417 000	429 000	17.9	8.9	9.0	2.08	55.0

资料来源：维基百科“缅甸”，2013年。

表2-4　缅甸人口发展各项指标

缅甸总人口	6 112万（2012年）
人口增长率	1.1%（2010—2012年）
识字率，成人总体（占15岁以上人口的百分比）	102.3%（2011年）
城市人口比例	32.7%（2011年）
男女比例	49.7：50.3
低于国家贫困线水平以下的人口比例	25.6%（2010年）
女性失业人数（占女性劳动力比例）	94.5%（2010年）
男性失业人数（占男性劳动力比例）	13.7%（2010年）
粗出生率（每千人）[1]	25.2‰（2011年）
粗死亡率（每千人）[2]	69.6‰（2011年）
死亡率，五岁以下儿童（每千例活产儿）[3]	88‰
出生的预期寿命（总体）	65岁
采用一种改进的饮用水源的人口	83%（2010年）
贫困人口比例，按国家贫困线衡量的（占人口的百分比）	53.1%

资料来源：ADB. 2 013. Basic Statistics 2013. Manila；United Nations Educational，Scientific and Cultural Organization（UNESCO）. 2013. Institute for Statistics Data Centre；World Bank. 2013. World Development Indicators Online.

① 粗出生率表示年中时估计的一年内平均每千人中的活产婴儿数。

② 粗死亡率表示年中时估计的一年内平均每千人中的死亡人数。用粗出生率减去粗死亡率就得出人口的自然增长率，即相当于不包括移民的人口变动率。

③ 五岁以下儿童死亡率是在以当前分年龄死亡率为依据的情况下，每千名新生儿在年满五岁之前死亡的概率。

第二节 人口结构

一、年龄结构

缅甸人口的年龄结构相对年轻，在2002—2003财年，0～14岁年龄段人数为1 764万，占总人口的32.53%；15～59岁年龄段人数为3 200万，占59%；60岁以上年龄段人数为459万，占8.47%。根据2012年CIA World Factbook数据，0～14岁年龄段人数为1 747万，占总人口的26.7%；15～64岁年龄段人数为3 757万，占68.1%；65岁以上年龄段人数为286万，占5.2%。

二、民族结构

缅甸是一个多民族的国家。1931年英国殖民统治时期的人口调查，把缅甸居民分为13个民族，135个支系。1983年，缅甸政府宣布，缅甸境内共有135个民族，主要有8大族群，每个族群又有多个民族，即缅族族群（9个民族）、克伦族族群（11个民族）、掸族族群（33个民族）、若开族族群（7个民族）、孟族族群（1个民族）、克钦族族群（12个民族）、钦族族群（53个民族）和克耶族族群（9个民族）。

按语言的谱系分类，缅甸民族可以分为三类：（1）汉藏语系的民族集团，它包括操藏缅语、壮侗语、苗瑶语的各个民族；（2）南亚语系孟高棉语的民族；（3）南岛语系马来语的民族。汉藏语系民族中讲藏缅语的民族有缅、若开、钦、克钦、克伦、克耶、刀都、达努、刀尤、土瓦、茵莱、阿昌、傈僳、拉祜、依喔、马努（浪速）、勒西、阿济（载瓦）、倮倮（彝）、独龙、那加等族，占全国总人口的90%以上；壮侗语族的民族有掸族，包括大掸、小掸、汉掸（傣）、坎底掸、缅掸、木掸、桂掸、泰三防、普通掸等支系，占总人口的7%；讲苗瑶语的民族有苗族和瑶族，占总人口的0.05%；孟高棉语族的民族有孟、佤、布朗、崩龙（德昂）、克木等族，占总人口的2.8%；讲南岛语系马来语的有马来族、塞隆族、摩钦族，约占总人口的0.05%。

缅族是缅甸的主体民族，也是缅甸的第一大民族，人口约4 000万，占全国总人口的69%。缅族主要集居在伊洛瓦底江中下游及三角洲，在缅甸7个省和内比都联邦直辖区的人口比重中占绝大多数，在7个少数民族邦中也有广泛分布。

少数民族人口总数虽然仅占缅甸总人口的31%，但居地区域超过了缅甸国土面积的一半。

掸族是缅甸的第二大民族，人口约510万，占缅甸总人口的8.5%，其中200多万人聚居在缅甸北部的掸邦境内，其余则散居和杂居在克钦邦、克耶邦、实皆省、克伦邦境内，多数沿河居住。

克伦族是缅甸第三大民族，人口372多万，占缅甸总人口的6.2%。克伦族主要分布在克伦邦和伊洛瓦底江三角洲地区，在孟邦、德林达依省、仰光省、勃固省、克耶邦等也有分布。

若开族是缅甸第四大民族，人口约260万，约占全国总人口的5%。若开是自称。若开族支系众多，主要有马诺马基、羌达、谬、担邦、栽等支系。若开族主要聚居在若开邦境内西南部的实兑、苗洪、敏比亚、皎托、皎漂和丹兑（仙道卫）等地。

孟族是缅甸的第五大民族。孟族人口约180万，约占全国人口总数的3%。孟族多数居住在下缅甸平原地区的孟邦、克伦邦、德林达依省、勃固省、仰光省以及在伊洛瓦底江三角洲与缅族杂居。

克钦族是缅甸第六大民族，人口约130万，约占全国人口总数的2.5%。缅甸克钦族主要分布在钦敦江上游和伊洛瓦底江上游，以缅北克钦邦为聚居中心。掸邦、实皆省也有分布。

钦族是缅甸的第七大世居民族，人口约132万，约占全国人口总数的2.2%，钦族是一个横跨缅、印、孟三国国境的民族。缅甸钦族主要分布在西部钦山区，大部分聚居在山高林密、交通不便的西部钦山山脉一带；还散居于实皆省、马圭省、勃固省、若开邦等。

克耶族是缅甸的第八大当地世居民族，人口约24万，占缅甸总人口的0.4%。克耶族主要分布在缅甸东部和东北部的克耶邦、克伦邦境内，有克耶、嘎巴、盖可、克洋、勃耶、马努马诺、因勃、因德莱等支系。

除了上述8个较大的世居民族，缅甸还有崩龙、佤、那加等几十个少数民族。其中崩龙族人口近13万，约占缅甸总人口的0.25%，分布在克钦邦的密支那、昔董、八莫，实皆省的抹谷和掸邦的孟密、果塘、当拜、西保、腊戌、登尼、葛鲁、滚弄、果敢等地。佤族人口约10万，较为集中地聚居于掸邦东北部的佤区。那加族人口约10万，占缅甸总人口约0.2%，散居在钦敦江上游北部印缅边境的那加山区。伊高族人口约5万，占全缅总人口的0.11%，分布于景栋中缅边境山区。拉祜族人口约5万，占全缅总人口的0. 11%，分布于景栋西南部。傈僳族人口约5万，占全缅总人口的0.11%，分布于恩梅开江东岸高黎贡山山区。苗族人口约3.2万，占全缅总人口的0.08%，分布于果敢、东枝、景栋、八莫等地。布朗族人口约3万，占全缅总人口的0.08%，分布于景栋中缅边境山区。

三、文化程度构成

（一）缅甸文化教育历程

缅甸古代的教育与佛教有着密切的关系。公元11世纪蒲甘王朝建立后，随着南传上座部佛教（即小乘佛教）牢固地确立了它在缅甸的统治地位，缅甸形成了以寺院为学校、教育从属于佛教的制度。按照小乘佛教的传统，每个男子在一生中至少要进一次寺院当和尚。在缅语中，学校和寺庙是同一个词。当小和尚的青少年在寺院里除了拜佛诵经、持戒寺律外，还要学习缅语、简单的数学等课程。

1826年第一次英缅战争后，英国殖民当局分别于1835年在毛淡棉、1837年在皎漂、1844年在实兑，开设了用英、缅两种语言进行教学的学校。1852年英国侵占下缅甸以后，在仰光、勃固、东吁、卑谬等地开设了一些用英语或英、缅两种语言进行教育的中学。这些学校还开设了一些近代自然科学的课程。1885年英国吞并整个缅甸后，这种殖民地的近代教育推广到全缅甸。1885年，在仰光高级中学内，设立了仰光学院，1904年正式成立仰光学院。1920年，殖民地政府将仰光学院与原教会学校贾德逊学院合并，于该年12月1日成立了仰光大学。仰光大学于1925年在曼德勒开设了专科学校，1930年增设师范学院和医学院。1936年又开设了农学院。到1941年日本入侵缅甸前，仰光大学已成为当时中南半岛上较为著名的大学。

在广大农村中，仍然以寺院为学校。在广大少数民族居住的地区，除了教会开办的少数以传播基督教为主要目的的学校，基本上没有近代教育。

1948年1月缅甸独立后，缅甸教育获得了新的发展。缅甸政府规定使用缅语进行教学，并开始试行初小义务教育。1957年，缅甸政府设立了教育重建委员会，1958年，曼德勒学院升格为曼德勒大学，1960年又开办了东枝学院。仰光大学增设了许多系科，尤其是自然科学方面的课程。缅甸的教育有较大的发展，高等教育的发展尤为迅速。

1962年3月缅甸军队接管政权后，缅甸政府先后制定并通过《缅甸联邦大学教育法》、《缅甸联邦基础教育法》和《缅甸联邦教育政策》等法律法规，强调教育以提高道德为基础，高度重视普及教育，加强实际应用科学的教学。但是，在1962—1988年的20多年里，缅甸基本上是关起国门来办教育，这就使得教育质量的提高受到很大的影响。例如，在外语教学方面。1964年以后，缅甸取消了在小学校中的英语课，导致了英语教育水平的下降，直到1979年以后，才重新开始重视英语教育。

1988年以来，缅甸政府经济上逐步推行改革开放政策，对教育政策也适时作了调整，在普及基础教育、扩大中等教育和高等教育的同时，注意职业技术教育和成人教育的发展；培养熟练劳动者和能够参加实际工作的学术人才。缅甸政府于1992年10月1日正式决定在全国范围内恢复寺庙教育。1991年9月2日，缅甸政府成立了缅甸教育委员会。

缅甸最高教育行政机构为教育部，下设部长办公室、基础教育局、教育计划与培训局、下缅甸高等教育局、上缅甸高等教育局、缅甸文字委员会、缅甸教育研究所、缅甸考试委员会等司局级部门和缅甸历史研究委员会。为发挥学术研究人员和技术专家的作用，缅甸在1999年8月16日成立了缅甸艺术和科学学院，共有717位成员，其中24人是执行委员会委员。

（二）缅甸文化教育现状

缅甸的各类教育，分属不同的政府部门管理。基础教育、高等教育、一般职业技术教育、师范教育都属教育部统管。学前教育和残疾人的特殊教育由社会福利部负责。成人教育和部分职业技术教育则分属内政部、科技部、卫生部等政府有关各部门管理。

缅甸学前教育包括幼儿园和学前学校，招收3～5岁儿童，由缅甸政府社会福利部主管。各省、邦的村或乡也在民众的协助下开办了一些义务学前学校和幼儿园。社会福利部对上述符合条件的校、园给予资助。

缅甸基础教育制为10年制。1～4年级为小学，正常入读年龄为6～9岁；5～8年级为普通初级中学，入读年龄为10～13岁；9～10年级为普通高级中学，入读年龄为14～17岁。初中业后也可升入职业高级中学，学制为3年。除政府办学外，还大力发展寺庙教育和民办公助学校。

缅甸高等院校的学制分别为4年制、5年制、6年制。综合性大学和经济大学的学制普通生为4年制，优等生为5年制；计算机大学、农业大学等为5年制；医药大学、畜牧大学、林业大学、工业大学等为6年制。文、理科综合大学硕士生为1～2年，其他学科硕士生为2年。

在学校机构的设置方面，缅甸大学中设教务长1人、副教务长1人，下设行政财务部部长和教学与学生事务部部长各1人。行政财务部部长之下设有注册官，教学与学生事务部负责管理各学科系，系下再设专业。各系设系主任、副系主任各1人。教师职称分别为教授、副教授、讲师、助理讲师、助教。

根据缅甸教育部2012年的报告，1886年以前，由于寺院承担了基础教育的职能，缅甸的识字率一度达到了85%。在英国殖民时期，识字率降为35%。1973年，缅甸政府发起了三R运动，即读、写和算(Read，Write，Arithmetic)，开办了扫盲班。缅甸的识字率又逐渐上升。据联合国亚太经社组织的资料显示，2011年，缅甸成年人的识字率为92.3%。联合国教科文组织曾于1971年授予缅甸“穆罕默德·礼萨·巴列维奖”，1983年又授予该国“野间扫盲奖”。但根据联合国教科文组织驻缅办公室的一份报告显示，缅甸实际取得的成绩很有限。由于一般缅甸家庭经济压力较大，导致许多家长对于子女的教育不够重视，而学校教育质量低，使实际识字率更低。2001年联合国教科文组织一项调查表明，25%的缅甸儿童在5年级以前就辍学，因此缅甸存在大量的半文盲。以下是缅甸教育部公布的成人识字率表：

表2-5　缅甸的识字率

年代	识字率(%)
1886年以前	85.0
殖民时期	35.0
1954	63.3
1973	71.0
1983	78.0
1996	83.0
2000	91.0
2001	91.4
2002	91.8

续表

年代	识字率(%)
2003	92.2
2004	93.3
2005	94.1
2006	94.35
2007	94.75
2008	94.83
2009	94.89
2010	94.95
2011	95.01

资料来源：Education for All: Access to and Quality of Education in Myanmar, Ministry of Education of Myanmar, February, 2012.

2011年缅甸新政府上台后，计划向教育投入更多经费，提升教育国际化水平，将基础教育学制提升到12年，从而提高国民识字率。在2012—2013财年，缅甸用于教育的支出为6 170亿缅币，比上一财年增长了0.78%。相比东南亚其他国家，缅甸的教育投入和教育水平仍十分薄弱。

另外，全缅甸约有150万华人，上缅甸多是从中国边境进入的云南人，下缅甸则是从水路进入的福建、广东人。缅甸的7个省生活的华人，大多在缅语学校学习，7个邦的华人则多在华文学校学习。缅甸的中小学超过5万所，大概有9所华文高中。在华文学校教书的多是热心华文教育的华侨。密支那有两所华文学校，约有1 500名学生，70名教师负责从小学到高中的各年级学生的课程，每月工资约8万缅币。学校的教材使用的都是繁体字，但是华文学校的学生毕业后如果想到政府办的大学深造，还需另外补习1～2年的缅文课程。

四、宗教信仰构成

缅甸是一个多宗教的国家。缅甸人信仰的宗教主要有佛教、原始拜物教、神灵崇拜、伊斯兰教、印度教和基督教。影响最为广泛、深入并为绝大多数缅甸人信仰的宗教是南传上座部佛教，俗称小乘佛教。缅甸文化带有很深的佛教文化的印痕。而原始拜物教、神灵崇拜在缅甸少数民族和缅族中仍有不小的影响。印度教、伊斯兰教、基督教在缅甸不同的地区和不同的民族（主要是少数民族）中也有不同程度的影响。

（一）佛教

缅甸是个“佛光普照的国度”。缅甸的佛教主要是小乘佛教，小乘佛教在缅族、孟族、掸族等许多民族中几乎是全民性的信仰，佛教徒约占总人口的88%，占缅族人口的98%，掸族、孟族人口95%以上。截至2001年的统计数据，缅甸全国有僧侣30多万人，尼姑2万余人，寺庙51 554座。寺庙最多的是曼德勒省，有8 624座，其次为实皆省（7 720座）、伊洛瓦底省（6 257座）、马圭省（5 887座）、勃固省（5 727座）。寺院较多的省、邦还有掸邦（4 624座）、仰光省（4 136座）、若开邦（2 756座）、孟邦（2 474座）、克伦邦（1 015座）。寺院较少的是克钦邦（658座）、克耶邦（148座）、钦邦（108座）。由于佛教历史悠久，佛教传统深入人心，佛教文化的巨大影响已深入到缅甸的哲学、伦理、教育、文化、艺术、建筑、医学等各个方面。

上座部佛教于公元前3世纪由水路传入缅甸南部孟族地区。3～4世纪时上座部佛教沿伊洛瓦底江北上，传入骠国室利差呾罗、掸邦、若开等地。之后，大乘佛教和密宗也相继由水陆两路从印度传入中部地区。11世纪中期以前，大乘阿利僧教派还曾在蒲甘流行。1044年以前，缅甸境内存在着许多独立小国。阿奴律陀登上王位后征服了各路诸侯，统一了缅甸。1056年阿奴律陀王采纳阿罗汉的建议扫平了阿利教势力，废除了大乘、密宗、婆罗门等教派，定佛教为国教。阿奴律陀征服直通后又与锡兰通好，派遣僧团前往锡兰迎请完备的三藏经典。江喜陀王继位后，仍大力推崇佛教，在各地广建寺塔，保持了佛教繁荣的局面。1173年那罗波帝悉都登位后，大寺派在缅甸获得了较快的发展。11～13世纪的蒲甘王朝是缅甸佛教发展的黄金时期。蒲甘的壁画、雕刻、建筑艺术在繁荣的佛教推动下有了长足的进步。蒲甘成为当时东南亚名副其实的佛教艺术中心。1287年元朝蒙古军队南下，推翻了蒲甘王朝。缅北的掸族乘机南下，把势力扩展到中部和南部地区。1540年阿瓦国王思洪发感到佛教太盛，危及其统治。他设计杀死了360位比丘，史称“思洪发灭佛运动”。16世纪以后，缅甸历代君王都热心护法，佛教一直繁荣兴盛。特别是东吁王朝的莽应龙王，广建寺塔，要求境内的掸族和穆斯林全部皈依佛教，把上座部佛教推广到缅北边境地区。贡榜王朝敏东王曾于1871年召集2 400名僧侣在曼德勒结集，史称“第五结集”。1885年英国通过3次英缅战争吞并了整个缅甸。缅甸从此沦为英属印度的一个省。在英国的殖民统治下，缅甸社会中的许多制度遭到了破坏。佛教僧侣没有统一的中央组织，佛教的影响和作用大为减弱。僧侣们也丧失了过去受国王和官员尊崇的地位。1947年缅甸制宪会议通过的《缅甸联邦宪法》规定，“国家承认佛教为联邦大多数公民信仰之宗教的特殊地位”。1948年1月4日缅甸独立后，佛教成为全体国民的精神寄托和传统文化核心的标志。1950年缅甸政府设立了宗教部，负责制定了有关僧侣的法规、关于佛教大学和培养佛学指导者的条例法则。在吴努总理的领导和推动下，1954年5月至1956年5月，佛教评议会和宗教部联合组织了佛教第六结集，对巴利文三藏经典进行校订。1961年8月26日议会通过了宪法第三次修正案：联邦大多数公民信奉的宗教佛教为国教，引起了非佛教徒的强烈不满，导致国内政局动荡不安。以奈温为首的国防军感到国家有分裂的危险，遂于1962年3月2日发动军事政变，奈温上台后采取了严格的政教分离措施。1970年代末，缅甸政府对佛教的限制有所放松。1981年政府根据僧侣代表大会的决议对僧侣、寺院进行了整顿。1988年9月18日由军人组成的恢复法律和秩序委员会上台以后，以昂山素季为首的全国民主同盟在1990年5月27日举行的大选中取得了压倒性的胜利，但军队拒不交权，引起了包括僧侣在内的社会各界的强烈不满。于是僧侣们在全国范围内发起了一场宗教抵制运动。军政府领导人开始重视佛教，积极组织和参加佛事活动，拜见高僧、布施物品，还分别在仰光和曼德勒建立了两所条件优越的国家三藏经佛教大学，派遣部分高僧去国外考察佛教教学方法，维修和新建佛教建筑，在边远地区推广佛教。另一方面，军政府加强对僧侣的管理，于1990年颁布了《僧侣组织法》，加强对僧侣和寺院的控制，限制佛教干扰政治。2007年8月19日起，缅甸爆发了多起民众抗议政府大幅提高燃油价格的示威活动，包括大批僧侣在内的近10万人走上街头，要求政府实施改革，释放包括反对党全国民主联盟领导人昂山素季在内的众多政治犯，而缅甸军政府最终采取了武力镇压措施，此次事件也被外界称之为“袈裟革命”。

缅甸佛教宗派众多，1980年代正式登记注册的佛教教团分为9个派别，它们是：善法派、瑞京派、大门派、根门派、西河门派、竹林派、捏顿派、目古多派和摩诃英派。各派在宗教思想上并无差别，都以巴利文三藏为经典，遵循小乘佛教的制度、教义。它们的主要区别是在戒律方面，特别是关于携带物品和穿着的规定。佛教寺院对缅甸的教育有很大影响。在古代，无论乡村或城镇，佛教寺庙既是人们礼佛的地方，同时又是他们接受文化教育的中心。寺院教育以佛教经典为教材，宗教教育和语文教育并行。到了现代，佛教寺庙对乡村和城镇的文化教育事业仍有相当的影响。同时，佛教对缅甸的社会生活方面有着广泛而深刻的影响。佛教活动贯穿于广大信徒的一生，影响他们的社会生活的各个方面。当代缅甸社会仍有着浓厚的佛教色彩，在信仰佛教的家庭中，几乎家家供佛龛，佛龛的档次依家庭条件而定。拜佛是一项重要的生活内容，在家里，早上要诵经早拜，晚上睡觉前，还要进行晚拜。按照缅甸佛教传统，男孩只有经过出家为僧方算成人。信奉佛教家庭的男孩在5～15岁间举行隆重的剃度出家仪式。做父母的给儿子举行剃度仪式，是缅甸盛行的宗教习俗。举行剃度仪式要选良辰吉日，发请帖请亲朋好友或社会上有名望的人士参加。在举行剃度仪式的当天下午，要举行盛大的游行仪式。男孩入寺院当沙弥，出家一段时间后可以还俗，然后可以照样喝酒、吃肉、结婚。但女性一旦出家当了尼姑，则终生不能还俗。

（二）基督教

在各大宗教中，基督教（包括天主教和新教）是最后传入缅甸的。1511年葡萄牙人攻占了马六甲之后来到缅甸。他们建立村庄，定居了下来。在村庄中有天主教神甫常驻，他们也与当地土著通婚。17世纪中叶法国人也开始了在缅甸的传教活动。贡榜王朝初期，罗马天主教廷又派遣传教士前往缅甸布道。他们的活动范围主要集中在仰光一带，出版了一本缅语语法书和圣经个别章节的缅译本。当时还有不少西方基督徒聚居于瑞波县的佛郎机（葡萄牙人）村庄。19世纪初，为了配合英国对缅甸的殖民扩张，英国传教士开始到缅甸活动。1807年英国浸礼教会派马同和查特两位传教士前往缅甸传教。1801—1812年间，伦敦英国圣公会也派出传教士到缅甸传教。美国传教士晚于英国传教士到达缅甸，但是来缅的传教士人数较多，取得的成效最大。美国传教士贾德逊夫妇于1813年7月13日到达仰光，开始了在缅甸的漫长传教生涯。由贾德逊翻译的缅文版《新约全书》1832年12月15日在毛淡棉出版，《旧约全书》于1835年12月16日出版。

克伦族在19世纪西方传教士到来之前没有本民族文字，多数崇拜精灵鬼怪。1828年5月16日克伦人吴达漂听从美国浸礼教会传教士贾德逊的劝说，成为克伦族的第一个基督徒。从此西方传教士在克伦族聚居地区传教，颇有成效。19世纪90年代以后，美国传教士加紧了在克钦人中的传教活动。他们在密支那、贵概、八莫、南坎等地建立了教会和教会学校。美国人在克钦地区传教的同时，罗马天主教廷也派遣了传教士向克钦人传教。与此同时，西方传教士在傈僳族、钦族、拉祜族、佤族、那加族、克耶族、若开族、布朗族等民族中的传教活动也取得了一定成效。

缅甸独立以后，政府大力扶持佛教，基督教社团因而受到了一定的冲击。1931年，全缅基督教徒共331 106人，占缅甸人口的2.3%。基督教在克伦、克钦、那加等少数民族中传播较广，但在小乘佛教早已扎根的缅族、掸族、孟族、若开族等民族中影响很小。1966年在强烈的民族主义情绪驱动下，奈温政府将教会学校和医院收归国有，教会仅保留神学院和少数慈善机构。目前缅甸基督教影响最大的是新教浸礼会和罗马天主教派。全缅设有缅甸大教区红衣主教，仰光和曼德勒地区设有主教。当前缅甸主要的基督教团体有缅甸天主教协会、缅甸基督教协会、安息日派教会、缅甸基督教浸礼派总会等。在1973年，有70.7%克钦人、54.4%的克耶人，54.4%的钦人和23.9%的克伦人为基督教徒。1973—1983年，缅甸的基督教徒占居民总人口的比例略有增加，从4.6%上升到4.9%，1997年又上升到5.06%。全缅甸共有5 200多座教堂。在仰光有多座分别属于圣公会、罗马天主教廷以及浸礼教会的教堂。基督徒约占全国人口的5%，总人数约为250万。信教群众多为克钦族、钦族、克伦族、傈僳族等少数民族。

（三）伊斯兰教

伊斯兰教15世纪初由孟加拉地区传入若开。缅甸早期的穆斯林主要是外国来缅人员和少数若开族人。17世纪后期，若开宫廷的穆斯林卫队几乎操纵了若开国王的废立。1784年贡榜王朝孟云王以恢复佛教繁荣为借口，征服了若开，伊斯兰教的发展暂时受到了抑制。东吁王朝时，在下缅甸地区也有不少来自西亚和印度的穆斯林商人。他们主要居住在沿海城市里。莽应龙在位时，缅甸南部与爪哇、马来半岛和印度等地的贸易往来十分频繁。贡榜王朝时期，包括印度和波斯穆斯林在内的移民掌握了仰光的大部分贸易。一些穆斯林商人还在宫中颇具影响。东吁王朝把历次对外战争中俘虏的穆斯林强迫迁到上缅甸美德、叫栖等地的村寨里居住。来到缅甸的穆斯林逐渐适应了缅甸的社会环境，有的放弃了原来的语言、服饰，只保留了宗教信仰。1824年以前在缅甸的穆斯林主要聚居在若开和缅甸南部沿海城镇，阿瓦和曼德勒等地也有少许。第一次英缅战争之后，英国占领了若开和丹那沙林，大批孟加拉穆斯林开始涌入若开。第二次英缅战争之后，由于开发下缅甸的需要，大批印度移民来到了缅甸，其中一半为穆斯林。部分印度移民在缅甸逐渐定居下来，引起了缅甸国内民族成分的变化。第一次世界大战前，在缅甸的印度移民超过了80万，其中穆斯林就达40万之多。随着来缅甸的穆斯林人数的增加，穆斯林组织也出现了。

大批印度穆斯林和印度教徒移居缅甸，对缅甸社会产生了复杂的影响。20世纪20年代末30年代初的世界性经济危机波及缅甸，经济上的差距和民族、宗教矛盾交织在一起，诱发了多次印缅流血冲突。1931年，全缅的穆斯林达到584 839人，80%来自印度，大多在伊洛瓦底江三角洲地区居住。1948年缅甸独立以后，缅甸政府不允许第二次世界大战期间离开缅甸的印度穆斯林再返回缅甸，并把许多穆斯林驱逐出境。由于取得缅甸公民地位比较困难，一些印巴裔穆斯林又自动离开了缅甸。到1970年代末，缅甸的穆斯林占全国人口的4%，约127.2万人，主要为若开人、南亚移民和马来裔人。将近50%的穆斯林（约60万）住在若开邦。现在，缅甸全国有6个拥有独立组织、清真寺等机构的伊斯兰宗教团体，它们是缅甸穆斯林联盟、若开穆斯林联合会、全缅毛拉同盟、缅甸穆斯林大会、全缅穆斯林学生联合会和穆斯林中央基金会。

（四）印度教

缅甸深受印度文化的影响。毗湿奴时期的骠族人是缅甸最早崇拜婆罗门教的民族。婆罗门教大约在公元前1世纪至公元1世纪由阿萨姆地区传入上缅甸，再由缅甸传入湄公河盆地。

大约在公元前1世纪至公元1世纪，南印度商人来到金地（今孟邦直通）进行贸易。商人们也带来了佛教和婆罗门教。婆罗门教比佛教更加盛行，人们主要信奉毗湿奴神。蒲甘时期，印度教在蒲甘社会中的作用主要是维护王权。宫廷中，国王的加冕典礼和季节性洗净（斋戒）仪式、王室成员的结发髻礼和婚礼都由婆罗门主持。从印度来的婆罗门僧侣不仅传教，而且也建立婆罗门寺庙。蒲甘城南有泰米尔商人建造的毗湿奴神庙，城内也有毗湿奴神庙。蒲甘阿卑亚德那佛窟里有毗湿奴、梵天等神像；阿难陀寺内也发现刻有蛇、骆驼、狮子、摩伽罗画像的琉璃砖。印度教传入以后，《摩奴法典》、印度的典章制度、药典、星相占卜、炼丹术等也相继传入缅甸，对缅甸文化产生了巨大的影响。印度教的占星术在一般民众中非常流行，自骠人时期起，历代王朝都任命从印度来的婆罗门担任王室占星家和祭师，以提高国王的威严。缅甸历法也源于印度，调节太阳年和月亮年的工作也是由印度教占星家完成的。

2010年印度教徒约有42万多人，占缅甸人口0.5%，主要为印度侨民，也有少数若开族人。缅甸的印度教组织主要有印度教友谊协会等。仰光的印度教寺庙有斯利斯利湿婆克里斯纳寺和斯利斯利都尔伽寺。此外，总部设在印度的印度教罗摩—克里希纳教会在缅甸设有几个活动中心和修道院。

（五）原始宗教

缅族人在接受佛教之前的原始宗教是万物有灵论，信仰称为纳特（梵文，主的意思）的精灵，认为大地、天空、雨、风、山川都有精灵，现在约有1.21%的人信仰原始宗教。在缅族人的生活中，每年的节日仪式，仍与祭祀纳特活动密切相关。

万物有灵的信仰在缅甸各少数民族中也曾普遍存在，直到现代，在缅甸山区少数民族中依然存在原始拜物教，如他们向崇拜的自然物，像高山、巨石、大树、大湖等献花、祭祀，在巨石上或高山上修建佛塔，在大树上供佛龛等。

自然神是缅甸人最早信奉的神灵，是在对自然物崇拜的基础上发展而来的，把所崇拜的种种自然物和自然现象人格化，于是形成了自然神：太阳神、土地神、宇宙神、风神、雨神、水神、火神、树神、花神等。缅甸的神灵信仰者大约有100万人。信众中克钦族、那加族、钦族等边远山区少数民族占了绝大部分。由神灵信仰而导致的祭祀活动在各地、各民族间也不尽相同。全缅各地都有神汉、巫婆。人们向其献上供礼后，神棍们就跳神舞、唱神歌。缅北、缅西北地区，神汉巫婆们还要搭牌楼、彩棚，用糯米、鸡、鱼、香蕉、椰子等敬奉神灵。

民族神是本民族内部产生的神，即把本民族的人异化成神。按照缅族人的传统观念，非正常死亡的英雄人物和帝王将相都会成神。缅甸最早形成的本民族神在蒲甘王朝前期，这组神以布巴山的护山神摩诃吉利（梵文音译，大山之意）神为首，共有7位。其他6位是：金脸神、瑞那拜神、信漂神、信纽神、东班拉神、信奈密神。在蒲甘王朝阿奴律陀王时期的内37神中，虽然仍以婆罗门教神为主，但已有民族神。到东吁王朝时期外37神中，民族神已经占了35位，由国王将相及其后裔形成的神占绝大多数。

第三节 劳动人口

一、劳动力资源

缅甸劳动力丰富，根据亚洲开发银行公布的2012年数据显示，缅甸总人口为6 112万，劳动力约占人口总数的2/3。80%的缅甸人受过中等以上教育，每年平均有大约3万名大学毕业生和8000多名农业技术和职专训练生毕业，他们一般通晓英语。但由于大学教育水平低下，高素质人才缺乏。据缅甸官方统计，年龄在15岁至59岁之间的劳动力人口为3 340.7万，占全国人口总数的54.7%。

缅甸劳动力的整体工薪水平较低。据不完全统计，如按照每人每天工作8小时计算，大中城市的壮劳力日薪一般在1 500～2 500缅币（1.2～2美元）之间，技工工资在2 500～3 500缅币（2～2.8美元）之间；一般办公室文员的月薪约为50 000～120 000缅币（40～96美元），高级技术人员或管理人员的月薪约为200 000～500 000缅币（160～400美元）。

二、劳动力结构

缅甸的劳动力资源丰富，据统计，缅甸总人口为6 112万，劳动力约占人口总数的2/3，其中15～59岁可以从事劳动的人数为3340.7万。其中农业约1 950.7万人，畜牧水产业约48.7万人，林业约24.9万人，电力约3.2万人，建筑业约48万人，运输通讯业约59.5万人，社会福利业约71.8万人，行政管理和其他服务业约113万人，贸易业约210.1万人，其他行业约450万人。根据2012年缅甸劳工部的统计数字如下：

表2-6 缅甸各年龄段男性、女性劳动力人口所占百分比

年龄段	占人口比例			占劳动力人口 %
	男性（%）	女性（%）	合计（%）	
15～19	2.90	2.79	5.69	9.50
20～24	2.77	2.69	5.46	9.10
25～29	2.57	2.54	5.11	8.50

续表

年龄段	占人口比例			占劳动力人口 %
	男性（%）	女性（%）	合计（%）	
30～34	2.34	2.38	4.72	7.80
35～39	2.10	2.18	4.28	7.20
40～44	1.84	1.96	3.80	6.30
45～49	1.58	1.71	3.29	5.50
50～54	1.31	1.44	2.75	4.60
54～59	1.06	1.19	2.25	3.80
总计	18.47	18.88	37.35	62.25

资料来源：中华人民共和国驻泰国大使馆经济商务参赞处,《聚焦缅甸投资商机》, http://th.mofcom.gov.cn/aarticle/ztdy/201 211/20121108433 571.html

三、劳动力就业

2011—2012财年，缅甸18～60岁的劳动力约有3 311万人（学生、和尚、尼姑和无劳作能力者除外，约剩3 200万人），占56.54%；失业人口约900万至1 000万，失业率为28.4%，贫困率为23.6%。缅甸存在失业的同时，还存在无业的情况。主要原因是由于生活贫穷，10～14岁未成年儿童未完成学业就开始工作了，因此实际失业率高达37%。贫困率最高的地区是钦邦，贫穷人口占73%，其次依序是若开邦44%，以及掸邦33%。在仰光则有16%的人生活在贫穷之中。另外根据缅甸劳工部的数据，约200万缅甸人在泰国工作。2004年至2012年的失业率变化见下图：

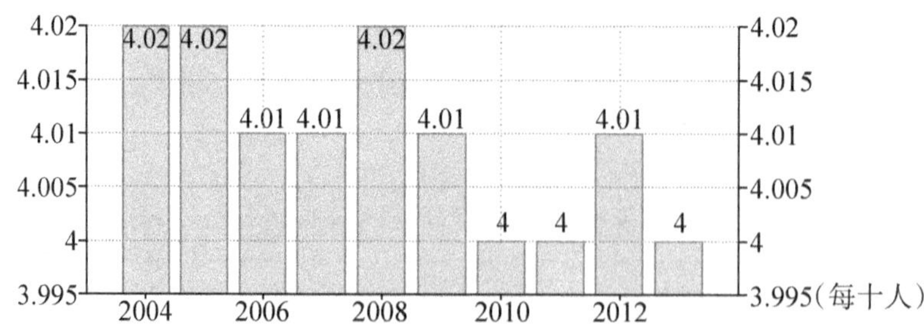

资料来源：http://zh.tradingeconomics.com/myanmar/unemployment-rate

图2-7　缅甸失业率变化（2004—2012年）

第三章　第一产业的发展和布局

第一节　农业发展概述

缅甸是一个以农业为基础的国家，农业生产状况直接关系到整个国家经济的发展。虽然随着工业和服务业的发展，农业在缅甸整个国民经济中的比重出现下降，但农业依然是缅甸国民经济的支柱产业，农产品的出口仍是国家创汇和财政收入的重要来源。1995年农业产值占国内生产总值（GDP）的38.1%，占出口收入的32.11%，从事农业生产的劳动力为1 758.7万，占总就业人数的64%，全国总人口中，约有75%生活在农村。2010年，缅甸的农业产值占国内生产总值（GDP）的40.2%，缅甸农业产值增长率为4.7%，从事农业生产的劳动力为1 890万，约占全国总就业人口的70%；可耕种的土地面积为8 470万英亩，实际耕种面积为5 673万英亩。截至2011年底，缅甸共有农用闲置土地1 000万英亩。可见，缅甸农业种植面积扩展尚具有很大潜能，农业发展仍有很大的发展空间。

水稻种植占农业生产的主导地位，水稻种植面积占农作物播种面积的45%，其次分别为油籽作物、蔬菜水果类、豆类和工业原料类作物。缅甸农业生产的基础较差，耕作较为粗放。农业机械化程度很低，机耕面积仅占耕地面积的15%左右，农田耕种主要靠耕牛，水利化程度也较低。缅甸农业经济就其性质而言，是在土地国有制基础上的小农经济，占地2公顷或2公顷以下的农户约占全国农户总数的60%，大约95%的土地由个体农民耕种。

一、农业发展历程

缅甸是农业国，农业为国民经济基础，主要农作物有水稻、小麦、玉米、花生、芝麻、棉花、豆类、甘蔗、油棕、烟草、天然橡胶、咖啡、水果、蔬菜、林木和黄麻等，其他热带作物资源也较丰富，种植面积较大的有热带水果、甘蔗、椰子、槟榔、咖啡、木薯等，有一定的贸易量。

第二次世界大战前，缅甸稻谷产量曾居世界前列，为世界主要稻米输出国，平均每年出口稻米100万吨左右，成为世界上最大的稻米出口国。1948年独立后，缅甸农业发展缓慢，直到1960年代初才恢复到战前水平。1970年代开始，缅甸农业发展速度加快。1974—1986年缅甸年均出口大米50万吨，1985年稻谷产量达1 446万吨。稻谷单位面积产量取得突破主要是因为缅甸政府采取了一系列措施，引进高产品种，改良耕种技术和稻谷高产计划获得成功。但是缅甸农田种植主要采用传统畜力和人力耕种方式，机耕面积少，主要种植单季作物，农业种植集约化程度低，政府长期以来实行计划种植和国家统购政策，农业政策没有能够充分和有效地调动和发挥农民的积极性，因此总体来说缅甸农业生产水平低。1986年以后，以进口化肥和高产良种为动力的稻谷高产计划中的稻谷产量大幅滑坡，1987年和1988年农业出现了负增长。

1988年缅甸新军人政权上台后，确定了优先发展农业的方针，采取许多积极措施，增加农业投资、贷款和对农民实行奖励措施，努力改善水利灌溉条件；鼓励私人企业家承租开垦荒地和沼泽地，降低或减免农业生产资料和农用机械进口关税，加强同外国合作培育良种等，以实现提高水稻总产量、满足食用油供应、扩大豆类及工业原料作物种植的发展农业三大目标，取得了较为明显的成效。从1992 年开始，缅甸政府确立了农业作为国家经济发展的基础地位，重点扶持水稻生产，建设一个以农业为基础的工业化国家。

2000年，缅甸全国的农业净种植面积达到了2 400多万英亩，农产品加工厂约190多家。2001年，缅甸跻身泰国、越南、中国、印度和巴基斯坦这些世界大米出口国行列，2002年出口大米超过90万吨。2012年缅甸大米出口达到了130万吨。到2010年，缅甸农村人口占70%，农业从业人口占全部劳力的64%，农业占出口创汇的41%，农业对国内生产总值（GDP）的贡献率是42%。

2011年新政府上台后，非常重视发展农业和发挥农业在整个国民经济发展中的推动作用，强调要充分利用土地资源发展农业，并提出在发展农业的基础上，带动与农业相关的农业机械制造业的发展。为建立一个以农业为基础的工业化国家，缅甸新政府出台了《农业土地法》、《空地、闲地和荒地管理法》等一系列法律，促进农业发展。同时为提高农业生产率和农民收入，缅甸新政府制定了发展农业的三大基本方针和五大战略措施。三大基本方针的主要内容为：第一，按照市场规律促进农业和食品生产，争取大米生产盈余，食用油供应自给，同时积极发展主要用于出口的农产品和食品加工业；第二，扩大耕地面积，保护农民权利；第三，鼓励私营经济参与农业发展。五大战略措施为：一是保证并继续扩大农业用地；二是多方筹措资金修建农田水利设施；三是加快农业机械化发展步伐；四是指导并鼓励农民掌握先进的农业生产和管理技术；五是培育和引进并举，扩大良种种植面积。

2011年3月30日，吴登盛总统在就职演说中再次强调了农业的重要性和缅甸政府坚持发展农业的决心。“我国是农业国家，历届政府都注重发展种植业，使我们不仅拥有足够的粮食，而且还有剩余。为了杜绝以后因人口增加而出现的粮食问题，我们正从事修建河坝、引水等农业基础设施建设”；“我们要完善保护农民权利的相关法规，制定合理的农产品价格，提高农产品质量。”吴登盛总统的演说表明了新政府将一如既往重视农业，确保农业在国民经济中的基础地位，坚定不移地推动农业发展。

2012年3月19日，登盛总统签署法令，颁布2012—2013财年《国民经济计划法》，提出农业产值按正常市场价格计算要增长1.9%。近两年来，在政府的重视下，缅甸农业取得了较大发展。

缅甸农业机械发展水平不高，主要以小型农机为主，包括手扶拖拉机、动力耕整机、割晒机、脱粒机等。缅甸历来把农机化视为提高生产率的关键，农机局一直在有计划地向各省供应农机具。1950年代实施推广使用拖拉机计划，1960年代新政府又设立国营拖拉机站，按优惠租价为农民提供服务。因耕地分散，大型四轮拖拉机在三角洲水田使用率低，培训跟不上，应用技术也不过关，零件短缺，使拖拉机站的经营无起色，多数农田仍依靠牲畜和人力耕作。1978年起缅甸农业银行为农业种植、购买耕牛、手扶拖拉机、抽水机与预购工业原料作物等项目年均发放贷款10亿缅元。1996年还专门成立缅甸工业发展银行，鼓励生产、购买与使用农机具。缅甸为推动以农业为基础的各产业发展，正采取措施加速农机化进程，计划将农机化水平从2005年的23.34%提高到2030年的75%。2013年6月25日，正在缅甸访问的中国佛教代表团向缅甸政府和人民捐赠了45台拖拉机、5台卡车、2台大型拖拉机，以及联合收割机、插秧机和育秧流水线等一批农业机械，受到缅甸农民欢迎。

二、农业发展部门

农业灌溉部是缅甸农业水利主管职能部，现任部长为敏莱，下设部长办公室、水资源利用管理司、农机局、农业公司、中央土地委员会、多年生林木公司、棉花蚕丝公司、黄麻公司、甘蔗公司、土地测量管理局、农业发展银行、灌溉处、缅甸农业服务局、缅甸种植养殖公司共14个部门。为加强对工业用原料作物开发的集中统一领导，2006年12月，缅甸农业灌溉部下属的缅甸多年生经济林木公司、缅甸棉花和蚕丝公司、缅甸黄麻公司、缅甸甘蔗公司和缅甸种植养殖公司合组为缅甸工业用农作物发展公司（Myanmar Industrial Crop Development Enterprise），新改组的工业用农作物发展公司办公地点设在仰光原缅甸种植养殖公司所在地。

三、农业发展布局

由于受特殊的地理位置和气候影响，缅甸各地形成了多种多样的生态区域，出产热带和温带的多种农产品。重要的农作物有稻谷、豆类、小麦、玉米、粟米、花生、芝麻、向日葵、棉花、黄麻、油棕、橡胶、烟叶、咖啡、香料、甘蔗、辣椒、洋葱头、大蒜、马铃薯等。缅甸农业布局大体上可划分为三部分：

1. 下缅甸：包括伊江下游和三角洲、锡唐河谷以及若开和德林达依的沿海地区。这里气候暖和、雨量充沛、土地肥沃，是盛产稻谷的地区，稻谷产量约占全缅稻谷总产量的2/3以上，故有“缅甸粮仓”之称。

2. 上缅甸：包括伊江中游谷地干燥地带。在农业上又分为灌溉区和非灌溉区。灌溉区中90%以上耕地种植稻谷；非灌溉区则主要种植经济作物，如棉花、花生、芝麻和豆类等。这里又是重要的养牛地区，每年向下缅甸输送大量耕牛。

3. 掸邦高原区：这里地广人稀，农业属于迁徙性的自给自足经济。一部分平原有水田宜于种稻；山坡有大片荒地中，草原广阔，是发展畜牧业的理想地区。

第二节　种植业

种植业是缅甸农业中最重要的产业，也是缅甸经济的基础。根据土壤和气候条件，缅甸的农作物分布如下：

1. 常绿林和季风林地带最主要的农作物是稻谷。

2. 干旱地带的农作物主要是花生、芝麻、玉米、谷子、豆类、棉花等。

3. 草地和山林地带的农作物主要有：棉花、茶叶、小麦、土豆、花生等。

一、粮食作物

缅甸的粮食作物主要有水稻、小麦、玉米和高粱。

(一)水稻

种植：水稻是缅甸种植业中最为重要的农作物，在种植面积、产量及出口上都占据了缅甸农业的绝对主导地位。水稻种植是政府创取外汇、增加财政收入的最重要手段之一。稻米主要产地为降雨量在2 000毫米以上的伊洛瓦底江三角洲平原及其他沿海平原地区。这些地区利用天然降雨灌溉农田，稻谷一年一熟。另一产地是伊洛瓦底江中游的干旱地区，主要依靠灌溉。

1992—1993财年缅甸水稻产量开始出现较大幅度的增长，单产量由1991—1992财年的每英亩56.9箩(1箩=21.06千克)上升到62.5箩，1991—1992至1994—1995财年期间，水稻种植面积以11.5%的年均增长率高速增长。到1995—1996财年，全国水稻产量高达1 965万吨。2005—2006财年，水稻种植总面积达1 790多万英亩(其中雨季稻1 540万英亩、旱季稻250万英亩)。2006—2007财年，稻谷产量3 064万吨，可满足国家粮食需求的143.8%。2009—2010财年水稻种植面积为1 993.3万英亩，主要种植省区有伊洛瓦底省、实皆省、仰光省和曼德勒省。其平均亩产分别为：伊洛瓦底省96.01箩/英亩，实皆省90.27箩/英亩，勃固省80.06箩/英亩，仰光省83.16箩/英亩，曼德勒省96.26箩/英亩。除这些地区外，其他地区的亩产还很高，如掸邦(北部)，平均每英亩产148.13箩；马硅省，平均每英亩产98.02箩，全年总产量达3 160万吨。2010—2011财年，水稻种植面积为1 600万英亩，产量约10亿箩。2011年受厄尔尼诺现象的影响，缅甸雨季到来较晚，产粮大省伊洛瓦底整个4月没有下过一次雨。为了避免稻米减产，缅甸农业部向农民推广200万箩由缅甸农业公司中缅培育基地生产的优质稻种，该稻种生产周期为120～135天，可在降雨量较少的地区种植。然而到七八月份，缅甸又开始大量降雨，许多农田被淹没。缅甸原计划2010—2011财年要种植稻米近2 046万英亩，但据缅甸大米协会统计，该财年实际种植夏季稻1 600万英亩，产量约10亿箩(约210.6亿千克)。种植面积和产量与上一财年相比，均有较大幅度下降。

缅甸的稻米种植也面临着一些问题。2013年5月，缅甸议会民族院国际关系委员会主席貌貌图介绍，目前缅甸稻米种植面临的主要问题是：资金短缺、技术落后、种子质量不高等。

出口：缅甸素有“稻米之国”的美誉，缅甸南部的伊洛瓦底江三角洲地区土地肥沃，雨量充沛，是世界上主要的稻谷产区之一。缅甸曾被誉为“亚洲的粮仓”，在第二次世界大战前，缅甸每年输出大米占世界大米出口总数的40%，是世界头号大米出口国。现在缅甸大米主要出口到中国、日本、印尼、俄罗斯、西班牙、葡萄牙和巴西等国家。缅甸大米除了产量高，质量也值得称道，在越南举行的“2011年世界大米会议”上，缅甸参评的波山大米胜过泰国产的茉莉花米获“世界最好大米”称号，被誉为珍珠米。2010年，缅甸共有30多家专门的大米公司投资大米种植和生产领域，从事大米出口的公司也有30多家。同时缅甸还开辟了乌克兰、澳大利亚和韩国等新的国际市场。

2004年缅甸出口大米10万吨，2005年出口20万吨，2006年超过30万吨，2009出口大米90余万吨，创汇2.8亿美元，但2010年出口仅为50万吨，出口量下降幅度接近45%。2011年开始，缅甸大米行业联合会要求其下属的大米出口商将库存的5%按照固定价格在国内出售，以稳定国内市场价格。2011年上半年，缅甸大米出口价格低迷，“瑞瓦吞”稻谷100箩已低至25万缅币以下，农民的信心受到很大打击。缅甸政府及时提出以保障价收购储备粮100万吨，市场大米价格开始回升，“瑞瓦吞”稻谷100箩价格迅速上涨到35万～37万缅币。2011—2012财年，缅甸出口大米70万吨，远超计划的50万吨。2012—2013财年，缅甸共出口大米约210万吨，远超计划150万吨的指标，增幅达40%，超出2011—2012年度的2.8倍。2013—2014财年计划大米出口总量为300万吨，同比增幅为43%。

2013年6月泰国知名智库开泰研究中心发布的一项报告显示，随着缅甸积极开发商业化稻米生产体系，缅甸将可实现2015年300万吨的稻米出口目标，10年后将以不低于500万吨的年出口量与印度、越南和泰国并驾齐驱。由于缅甸政府制定了成为世界主要稻米出口国的政策，加上缅甸稻米业本身所具备的吸引外资的多重有利因素，缅甸已成为世界瞩目的稻米及相关产业的贸易投资基地。预计10年后有望成为全球五大稻米出口国之一。

（二）玉米

种植：缅甸的玉米主要产自掸邦，1990年代后期开始大量种植，主产区为掸邦的东枝、瑞良、黑河、皎脉、锡袍等地。缅甸政府于1995年开始允许玉米出口，从而激发了农民们种玉米的积极性。缅甸玉米的产量增长较快，1995—1996财年玉米种植面积比1989—1990财年只增加了1.7%，产量却提高了9.8%，由19.3万吨增加到21.1万吨，出口量达到86 776万吨。2000—2001财年，缅甸玉米产量为35万多吨，2004—2005财年达到了70多万吨，增幅近一倍。2003年，缅甸出口农产品开始实行出口许可证制，导致缅甸玉米出口中国再次受阻。2005—2006财年，玉米种植面积提高至78万英亩。2006—2007财年，玉米产量100万吨，仅次于稻谷产量。2013—2014财年缅甸玉米产量预测达200万吨。

出口：缅甸的玉米主要出口到中国、马来西亚、孟加拉国和韩国等国。除出口到中国的玉米主要通过陆路边境口岸外，其余均通过海运。中国是缅甸最大的玉米销售国际市场。2011—2012财年，缅甸经木姐和清水河口岸共向中国出口玉米63.1万吨。

其他粮食作物方面，缅甸小麦主要产区在掸邦高原、实皆和曼德勒地区。但缅甸小麦产量从1984年以来一直下滑，不能满足国内需求。1995—1996财年小麦种植面积只有28.6万英亩，产量仅有10.9万吨，比1989—1990财年下降了9.5%。1997—1998财年到达小麦产量最低点，只有9万吨。根据美国农业部数据，从2003年开始，小麦产量恢复了增长的势头，2012年产量达到了18.5万吨。

二、豆类作物

种植：豆类是缅甸人的主要副食之一，多产于伊洛瓦底江三角洲及干旱地区北部，种类繁多，主要有：豇豆、鸽子碗豆、白豆、红豆、印度豆、绿豆等。1988年以来，豆类是缅甸发展最快的经济作物，由于豆类在国内外市场需求旺盛，价格高于大米，农民可以自由种植出售，加之缅甸许多地区的气候、土壤适宜豆类生长，1990年代以来种植面积不断扩大，产量持续增加。1991—1992财年缅甸豆类种植面积约为294.5万英亩，产量为70.94万吨，1997—1998财年种植面积约为380.4万英亩，产量达149.79万吨。1999—2000财年已发展至660万英亩，产量达182.8万吨。2000—2001财年缅甸豆类产量达208万吨，2002—2003财年，缅甸豆类总产量为280多万吨，2003—2004财年年产量约为310多万吨，2004—2005财年产量340万吨，2005—2006财年产量400 多万吨，呈逐年上升趋势。

出口：豆类是缅甸出口量最大的农产品，2008年，缅甸取代澳大利亚成为全球第二大豆类出口国。缅甸的豆类主要出口印度、印度尼西亚、巴基斯坦、马来西亚、新加坡、中国、日本和部分中东国家。其中，出口到印度的豆类占缅甸豆类总出口量的50%以上。1991—1992财年豆类出口达20.3589万吨，1999—2000财年出口达65万吨，2000—2001财年出口达86万吨。然而，自2008—2009财年之后，缅甸豆类出口量总体呈下降趋势。2008—2009财年，缅甸出口豆类150万吨，创汇7.9亿美元。2009—2010财年，缅甸出口豆类近120万吨，与上一财年150万吨的出口量相比有所下降，但因价格上涨，该财年创汇9.8亿美元。2010—2011财年，缅甸出口豆类91万吨，包括从木姐边贸口岸出口到中国的9.3万吨绿豆，出口金额约为9.7亿美元。2011—2012财年，情况出现好转，主要豆类的出口量回升至138.87万吨，与上一财年相比，增幅接近52%。因豆类质量受降雨影响不如从前，同时汇率下跌，豆类价格低于2010—2011财年，出口额仅为10.74亿美元，同比增长17.5%。缅甸豆类种植农户和出口商的利益均受到不同程度的损失。

表3-1　豆类作物出口情况统计表

品种	出口数量（单位：千吨）	
	1988—1989财年	2009—2010财年
马豆	12.2	615.8
绿豆	0.5	303.6
小红豆等其他豆类	4.4	266.3

资料来源：中国商务部。

三、经济作物

缅甸主要经济作物有芝麻、花生、棉花、黄麻、甘蔗、烟草和咖啡等。芝麻是缅甸重要的油料作物，全国种植比较普遍。一般分为早熟和晚熟两种，早芝麻在四五月间播种，经60～100天收获，晚芝麻在10月播种，经100～120天收获。花生于20世纪初传入缅甸，是缅甸的重要油料作物。由于花生喜欢干燥的气候和沙土，多产于缅甸中部干旱地区。棉花是缅甸的重要输出品之一，主要产地在实皆、第悦茂、敏建等地区。甘蔗喜欢潮湿的气候，主要产地在彬文那、东吁及密支那地区。

（一）油料作物

花生、芝麻和向日葵是缅甸传统的油料作物。1980年代中期以后，油料作物产量出现严重滑坡。1988年以后，由于缅甸政府调整政策，重点支持发展经济作物，油籽作物的产量有一定增加。花生、芝麻和葵花子等油料作物的种植面积不断扩大。1988—1989财年花生和芥菜、芝麻的种植面积共439.2万英亩，产量为58.22万吨；1995—1996财年花生、芝麻和向日葵的产量分别为56万吨、35万吨和16万吨。1999—2000财年，油料作物种植面积800万英亩，食用油生产能力20万吨／年，2004—2005财年为38万吨。近年来缅甸芝麻种植发展明显，种植面积占全世界芝麻种植面积的约12%，分为雨季、冬季和旱季三季种植。2000—2001财年，缅甸全国芝麻的种植面积约为352万英亩，主要集中在曼德勒省、马圭省和实皆省，占全国芝麻总种植面积的91%。芝麻总产量426 551吨。2004—2005财年，芝麻种植总面积为373万英亩，总产量54.2万吨。在保持传统油籽作物种植的基础上，缅甸重点发展油棕种植，2006—2007财年食用油年产量约40万吨，只能满足国内需求的2/3，每年还需要进口价值2.1亿美元的食用棕榈油。

（二）工业原料作物

缅甸的工业原料作物包括棉花、黄麻、甘蔗和橡胶等。为了满足国内工业发展的需要，政府加大了对工业原料作物种植的扶持力度。1988年经济改革以来，工业原料作物的种植发展较快。1995—1996财年棉花总产量达21.4万吨，比1985—1986财年增长114%，种植面积扩大68.8%。2009—2010财年棉花种植面积达88.81万英亩，产量达4.45万吨。黄麻总产量达到3.5万吨，出口原麻5 032吨。甘蔗也是缅甸重要的经济作物。1988年以来，缅甸的甘蔗种植有较大的发展。1988—1989财年甘蔗的产量为220万吨，2001—2002财年已增加到700.4万吨，到2009—2010财年，甘蔗产量已增加到306.1万吨。缅甸政府将橡胶定为重要出口物资予以扶持，橡胶产量1988—1989财年为14 389吨，出口量1990—1991财年为800吨，2009—2010财年增加到23 800吨。2010年缅甸橡胶种植面积114.3万英亩，年产橡胶9万吨。缅甸政府于2001年制订30年橡胶种植长期规划，计划到2030年将橡胶种植面积提高到150万英亩，年增产8%左右，总产量达到22.7万吨，其中2/3用于出口。

缅甸橡胶主要出口到中国、马来西亚、新加坡、越南、泰国、印度和韩国等国。同时，缅甸为了扩大橡胶的出口市场，已向德国、澳大利亚、丹麦和新西兰等国家递交了样品，缅甸橡胶可望向这些国家扩大出口。缅甸出口到中国的橡胶约占缅甸橡胶总出口量的90%，主要产自克伦邦、孟邦和德林达依邦。2008—2009财年，缅甸出口橡胶3.9万吨，创汇7 300万美元。2009—2010财年，缅甸橡胶出口量大幅增长，约8万吨。2010—2011财年，缅甸出口橡胶额再创新高，达9万吨，创汇3亿美元(见表3-2)。2011—2012财年，缅甸通过木姐105码头、清水河和丹老口岸，向邻国出口橡胶4.64万吨。2013年第一个四月计划内，缅甸已出口橡胶约9 000吨。

表3-2 近年缅甸橡胶出口统计

年份	出口量（万吨）	金额（百万美元）
2005—2006	5.280	63.42
2006—2007	4.696	76.55
2007—2008	6.161	116.49
2008—2009	3.986	73.00
2009—2010	7.779	135.64
2010—2011	9.000	300.00

资料来源：中国驻缅甸经商处，http://mm.mofcom.gov.cn/aarticle/jmxw/201 105/20110507544608.html

表3-3 经济作物产量统计表

农作物		1988—1989财年		2009—2010财年	
		种植面积(英亩)	产量	种植面积(英亩)	产量
工业原料作物	油棕	18 493	8.06吨	277 120	245吨
	茶树	143 746	29 918缅斤	229 577	57 643缅斤
	咖啡	33 811	961缅斤	60 221	4 374缅斤
	甘蔗	123 227	2 161吨	395 653	9 561吨
	棉花	443 180	36 915缅斤	888 118	320 293缅斤
油料作物	花生	1355 201	38 641箩	2141 095	120 113箩
	芝麻	2994 372	5 913箩	4038 477	35 239箩
油料作物	葵花	523 562	8 871箩	2181 780	53 875箩
	油菜	95 837	339箩	385 346	4 005箩
	花麻	95 837	339箩	385 346	4 005箩
香料作物	胡椒	859	131缅斤	113 535	5 594缅斤

资料来源：缅甸新光报。

第三节　林业

缅甸是世界上森林分布最广的国家之一。1994年森林总面积为3 442万公顷，包括43%的郁闭林和30%疏林，约占国土面积的51%，森林覆盖率为52.3%。由于农耕、滥伐和开荒，缅甸的森林面积每年以0.64%的速度在减少，每年减少的面积约22万公顷。另据世界粮油组织公布的数据，1975—2010年间，缅甸森林覆盖率减少了14%。1975年测量的缅甸森林覆盖率为61%，至2010年，森林覆盖率下降到41%。

缅甸林业部是政府制订林业政策和执行林业发展计划的主要机构，负责监管木材公司。为进一步协调林业与环保的共同发展，2011年9月6日，缅甸总统吴登盛签署了83/2011号令，即日起将林业部更名为环保林业部（Ministry of Environmental Conservation and Forestry）。

一、森林资源

缅甸有着丰富的森林资源，主要的林木产品有花梨、丁纹、鸡翅木、黑檀、铁木等各类硬杂木。除了木材，缅甸还有大量的竹林和藤类植物，利用竹子和藤类资源扩大生产和出口的余地也很大。到20世纪90年代中期，已发现有1 347种高大的乔木树种、741种小乔木、1 696种灌木、96种竹类植物，36种藤本植物和841种花卉植物。在2 088种乔木树种中，已有85种应用于多种用途的木材生产。同时，缅甸有许多宜林的荒山，土壤肥沃、坡度小，非常适合种植速生人工林。由于日照充分，树木全年均匀成长，木质细腻、结构匀称，缅甸木材凭借物美价廉和货源充沛成为国际市场的畅销货。然而，近些年来，缅甸林业发展中各类问题凸显：森林资源因过度砍伐不断减少，木材出口量下滑，且出口产品附加值低。缅甸政府也日益认识到林业可持续发展的重要性，开始限制和减少木材开采，并制订林业长期发展规划，促进林业发展与环境保护相结合。

缅甸的森林类型主要有：沼泽林、热带常绿林、混交落叶林、干旱林、落叶林、温带常绿林。主要林种类型有：郁闭阔叶林、红树林、竹类和针叶林等，其中郁闭阔叶林为主要用材林，面积在2 065.5万公顷以上。其次是竹类，面积为96.3万公顷。林地总蓄积量为2 248亿立方米，森林蓄积年增长量为2.2亿立方米。

二、森林可持续经营

（一）森林采伐体系

缅甸的天然林管理可追溯到1856年，如今已有153年历史，全国大部分地区仍实行1920年形成并正式命名的缅甸采伐体系。具体做法是：在林木持续增长的原则下，事先计算出每个采伐种类的年度采伐限额，如柚木的采伐标准一般为直径39厘米；其他阔叶林的采伐直径则不小于10厘米。木材的径级是计算木材产量的依据。选择达到采伐标准的树木，做上记号，确定为采伐的对象。缅甸的森林采伐与运输不在同一年度，一般都是采伐三年后才下山运输。这样做是因为原木利用水运，存放三年后木材易于漂流。不符合采伐标准的树木，如果不能存活到下一个采伐周期也可进行采伐。此外，如母树数量不足，采伐过程中也会有意保留一些树干高大的优良树木作为母树。

缅甸的森林经营实践表明，他们的林木采伐体系是一种破坏程度最小的采伐方式，具有较好的可持续性和明显的环境保护作用。

（二）人工林种植

缅甸天然林资源比较丰富，20世纪20年代之前，缅甸林业管理重点放在天然林可持续发展上，30年代后，为了增加一些重要商品林的比例，以保护天然林资源或恢复退化林地，缅甸政府出台了一些相关政策，促进人工林发展。

缅甸以农林混合方式培育人工林的尝试始于1856年，当时大面积推广种植柚木和茶树等，截至1930年共种植柚木、茶树近2万公顷。1937—1938年政府推出了鼓励造林的政策，每年增加人工林面积600公顷。到1963年以后，缅甸每年种上千公顷人工林。这些人工林面积不大，分散在全国各地。

1972 年开始缅甸形成大面积人工林布局，造林面积逐年增加。到了1980年开始实施更大规模的造林项目，使人工林面积从每年种植1.62万公顷，增至3.64万公顷。连年不断的造林行动，使缅甸的造林面积达到近百万公顷，其中67%为商业和工业用材树种，25%是当地木土树种，8%为防洪和防护林。

（三）生物多样性保护

缅甸已有记载的植物种类达7 000多种，其中1 071种为缅甸特有物种。动物有1 700多种，其中鸟类1 000多种，哺乳动物300多种、两栖和爬行动物400多种。亚洲象、海龟等45种哺乳动物、39种鸟类和36种爬行类，被列为濒危物种。缅甸蝴蝶资源丰富，有68种蝴蝶，排在世界第5位。截止20世纪90年代后期，缅甸先后建立18个野生生物保护区和4个国家公园，总面积97.3公顷，占国土面积的1.24%。

为更为有效地实行生物多样性与环境保护，缅甸1992年颁布的新《森林法》和1995年新的林业政策都特别强调了环境保护与经济发展之间的关系，旨在加强可持续的林业发展和环境与生物多样性的保护。1994年出台了《野生动物及自然保护区法》，2012年4月通过了《环境保护法》。此外，缅甸政府还是《联合国生物多样性公约》和《联合国气候变化框架公约》的签约国。

（四）红树林生态系统保护

海岸红树林是缅甸重要的水生生物繁殖地，为当地居民提供食物与庇护所、木材、薪材和其他林产品，特别是对缅甸渔业发展具有重要作用。由于过度垦荒，大部分缅甸红树林生态系统已经遭到严重破坏。为拯救和保护三角洲地区的红树林资源，联合国开发计划署和联合国粮农组织于1992年提出了《红树林重建可行性研究报告》，并已实施。此外，当地居民积极参与实施的近1 000公顷的人工林和河岸侵蚀控制措施已取得一些成效。2008年纳尔吉斯风灾对缅甸环境造成了灾难性影响，一些国际和国内非政府组织（Non-Governmental Organization，缩写NGO，以下简称NGO）也关注伊江三角洲地区红树林恢复、中部干旱区绿化以及全国范围内的社区森林项目。

（五）生态旅游

缅甸天然林造就了形形色色的森林景观，为发展生态旅游提供了优越条件。缅甸政府利用这一得天独厚的自然资源，采取积极措施发展生态旅游产业。先后建立野生动植物公园、湿地野生动植物保护区、森林草原野生动植物保护区和国家森林公园等。现在保护林面积已达10万平方千米，占国土面积14.8%，目标为占国土面积25%，野生资源保护区面积为5 299平方千米。

三、木材生产

（一）采运

缅甸木材公司负责柚木与其他阔叶林的采伐，该公司在全国共有38个采运公司。缅甸以当地优势树种（柚木）和其他一些硬木为主要木材来源，主要林产品有花梨、丁纹、鸡翅木、黑檀、铁木、紫檀木、龙脑香木、月季木等多种优质硬木。除了木材，缅甸还有大量的竹林和藤类植物。林业一直是缅甸的主要创汇经济部门之一。20世纪80年代林业在国内生产总值（GDP）中的比例一直在1.5%以下，随着可采资源的减少，缅甸的原木和锯材生产也逐年减少。林业劳动力为20万人，占国内劳动力总人数的1.0%。20世纪90年代初期至中期，缅甸年平均生产原木（柚木）为53.8万立方米，其他硬木为137.9万立方米。1999—2000财年柚木产量为23万立方米，其他硬杂木产量为143.9万立方米。2010—2011财年全缅每年柚木和其他硬木的采伐量为120万吨。木材资源的逐年减少引起了缅甸政府的重视，缅甸政府希望通过减少木材生产和大力植树，保护森林资源。从2012年开始，缅甸将削减40%的木材采伐量，由此前的120万吨减少到80万吨，同时还将在全国范围内植树150万株。

缅甸的木材运输主要有两种途径，一个是依靠大象运输；另一个是水运。利用动物运输木材既是一种原始的运输方式，又是在所有运输方式中对环境和生物多样性影响最小的一种。因此，缅甸大部分地区都采用动物运输，仅极少数地区利用机械运输。缅甸木材公司拥有5 000多头象，繁忙季节，还雇用2 000多头私人大象参与木材运输。

（二）木材加工

缅甸的林产品加工水平十分落后，缺乏原木深加工企业，从事家具、实木地板等终端产品生产的厂家更少。许多本可以用来生产高档家具的木材只能以原木形式出口，木材成品仅占木材总出口的一半左右，这导致缅甸的木材出口收入较邻国少得多。

2004年1月，缅甸开始实施木材来料加工，即缅甸木材公司将原木赊销给私企，私企生产出成品后以缅甸木材公司的名义出口。最开始只有6家企业试行参与来料加工，最多时已经发展到100多家，2012年缅甸拥有70多个木工厂。由于部分私企不能按时结清货款，2010—2011财年末，缅甸停止了本国木材公司与私营企业进行来料加工的合作方式。但私企还可以通过参加每个月木材公司举办的招投标方式购买木材，或以申请工业原料的方式以相应的费用购买。为推动木材加工业的发展，2014年缅甸新政府禁止原木出口，只允许木材在当地加工成规格材（比如家具用材）出口。这一举措旨在提高木材产品附加值，提高本国产品在国际木材成品市场中的竞争力，推动林业向高层次发展。政策所带来缅甸木材加工市场利好的前景，一部分过去停业的缅甸木材工厂正试图重新恢复生产，同时，一些外国木材公司也有兴趣在该国建立木制品工厂。美国和欧洲国家计划在缅甸投资建立家具用材加工厂，亚洲企业则开始与缅甸当局洽谈建立木材加工厂诸多事宜。

（三）薪材生产

薪材是缅甸农民重要的消费对象，在整个薪材消费中约有75%的薪材是农户消费的。木炭生产占总薪材消费量的4%～5%。而且主要集中在大城市，如仰光等。缅甸的大部分薪材来自薪材人工林、退化林及郁闭林。

20世纪90年代，缅甸全国14个地区中有7个地区的薪材严重短缺。为缓解薪材供需矛盾，解决薪材短缺问题，缅甸政府制订了3项计划，即《薪炭林种植计划》、《节约利用薪材计划》和《替代木质能源》。这些计划的实施，大大加快了缅甸营造薪炭林的步伐，有效地缓解了薪炭林短缺问题。缅甸政府还积极推进混农林业发展，在退化林地、乡村地区广泛开展林业或农林业混合作业，大面积种植薪炭林，使这一地区的生态环境得到改善，农民的烧柴问题得到解决。

四、木材出口

木材出口是缅甸外汇重要来源之一。缅甸的树木种类繁多，涵盖了东南亚地区出产的绝大部分木材品种，但主要出口品种是柚木和硬木。缅甸是世界上出产柚木最多的国家，同时，缅甸产柚木品质也是世界上最好的。近年来，缅甸木材出口虽略有下降，但在政府允许私人从事种植柚木林的政策后，缅甸木材出口能够维持住当前水平。2006—2007财年，缅甸出口柚木49.2万立方米，出口硬木90.2万立方米，共创汇5.22亿美元。2008年世界经济危机之后，欧洲对缅甸的木材购买量大幅减少。缅甸的木材出口更加依赖泰国、新加坡、越南、马来西亚等东盟国家以及中东市场。2008—2009财年，缅甸木材出口额仅4 000万美元。2009年上半年，缅甸木材出口同比大幅下降，降幅分别为：柚木（原木）60%、硬木6%、锯木57%；还有报道称，缅甸1 070家木材加工企业总出口额下降了30%。2009—2010财年，缅甸柚木仅出口4 000霍普斯吨（1霍普斯吨=1.8027立方米），2010—2011财年的柚木出口量为165万吨，2011—2012财年为187万吨，2012—2013财年缅甸出口柚木出口量为146万吨。

缅甸木材出口小幅下降，既有国际市场需求下降的因素，也受到缅甸政府保护森林资源，减少木材开采的影响。此外，缅甸政府与“民地武”（即少数民族地方武装）的冲突也给木材开采和运输带来不便。2012—2013财年的《国民经济计划法》提出林业产值按正常市场价格计算要增加0.4%。产值增加计划表明，缅甸政府还将继续推行减少木材开采和出口的政策。虽然木材出口创汇能力在近期内下降，但是符合缅甸林业长期发展的需求。

第四节 畜牧业

缅甸发展畜牧业的条件较好，天然牧场总面积达40多万公顷。而且，在缅甸，畜牧业不但是提供肉制品的一个重要来源，所饲养的牛、马等大牲畜还是农生产中必不可少的生产工具，因而对民众的生产、生活有着较重要的影响。

缅甸的畜牧业由畜牧与渔业部下属的畜牧与兽医局统筹管理，主要职责是充分调动私营企业的积极性，并为私营企业提供必要的协调和帮助。各种牲畜主要由农户私人饲养，在全国畜牧业生产中，国营和合作社饲养比重不足2%，资金有限，技术水平低。然而，随着政府逐步放宽了对畜牧产品出口的限制，缅甸畜牧业整体发展形势良好，并努力扩大海外市场，积极参与国际合作。

一、畜牧业发展情况

缅甸畜牧业主要品种为鸡、鸭、牛、羊和猪。牛奶养殖场主要养殖荷斯坦奶牛，奶产量较低。缅甸人很少吃牛肉，肉牛的养殖方式比较落后，规模不大，主要分散于农户饲养，主要品种为本地肉牛、婆罗门、杂交肉牛（婆罗门与本地牛杂交）以及水牛等。

1988年底，社会动荡引起经济滑坡导致饲料供应严重不足，加上由于担心政局不稳，人们对畜牧养殖信心不足，主要家畜和家禽饲养量减少。全国黄牛饲养数在1987—1988财年为1 010万头，次年减少到930万头，水牛由220万头减少到200万头，羊由150万只减少到130万只，猪由320万头减少到240万头，家禽由4 010万只减少到2 780万只。

自1990年代初起，政府开始采取措施，力图恢复畜牧业发展。主要措施有：向饲养者发放贷款，提供资金支持；推广良种畜牧生产，扩大养殖规模；加强疫情防治工作，提高畜牧产品出栏率。1990年7月，缅甸农业与农村发展银行成立后，为扶持农户对家禽、牲畜的饲养，设立了畜牧发展专项贷款，并制定出了各种贷款发放标准。1993—1994财年，缅甸农业与农村发展银行向畜牧饲养者发放的15种养殖贷款达2.77亿缅元。1996年2月15日，政府批准成立了缅甸畜牧与渔业发展银行，为畜牧业的发展提供资金支持。缅甸政府对奶制品的发展极为重视，曾荣获联合国粮食计划署优秀奖的缅甸仰光超级乳业有限公司是缅甸国内最大的乳业公司，也是国内示范性奶业公司，但其生产水平还停留在手工阶段，鲜奶保鲜时间也只有两个小时。缅甸的鲜奶生产设备和生产技术缺乏，其液态奶、固体奶和奶粉的生产以及销售处于落后状态。

在畜牧良种推广方面，畜牧与兽医局与国际原子能署合作推广新的繁殖技术。在央米丁镇区的标贝畜牧场，使用了从英国、荷兰和巴基斯坦进口的良种奶牛进行人工繁殖，并在上缅甸地区进行推广。从1992—1993至1995—1996财年期间，各地国营畜牧场共为养殖者提供良种奶牛1 296头、良种耕牛1 360头、良种羊403只、良种猪3.91万头、良种家禽538.3万只，向各地提供了良种牛精液36.95万份、良种猪精液1.73万份；

畜牧与兽医局积极加入了国际流行病组织和亚太畜牧与动物卫生协会，1990年代初，在一些外国专家的协助下，畜牧与兽医局已产生出了抗牛喉炭疽病、防牛蹄溃烂病的疫苗，在若开邦叫漂、兰里等三个镇设立这两种病的隔离带，在安及东吁等这两种病的高发区对所有的牛接种了疫苗，并接受了泰国捐赠的5万支疫苗。此外，由畜牧与兽医局管辖的埃赛实验室于1991年初开始试制一些新的兽用药物，到1996年初止，共试制出了13种预防用药和15种治病用药。而在1992—1993至1995—1996财年期间，畜牧与兽医局向各地养殖者提供了牛病防治疫苗4 379.2万支、猪瘟防治疫苗393.7万支、家禽疫苗6 142.4万支，同期提供的治牛病药218.1剂、治猪病药219.9剂、治家禽病药491.7剂，为各地注射牛瘟防治疫苗830万次、猪瘟防治疫苗80万次、家禽疫苗1 560万次，同时还医治病牛50万头、病猪60万头、病家禽120万只。

政府的措施为畜牧业的恢复和发展起到了一定的积极作用，使各种畜牧产品均有不同幅度增长。1990年至2004年，缅甸畜牧业的增长率分别为：黄牛1.8%、水牛1.5%、绵羊山羊1.7%、猪6.1%、鸡8.5%和鸭7%。1998—1999财年，缅甸人均每年消费肉类6.5千克、牛奶11.4千克、鸡蛋31个。在2001—2002财年，据缅甸政府统计，缅甸有黄牛1 124.3万头、水牛250.2万头、猪426.1万头，牛肉产量为52.8万吨、猪肉产量达37.4万吨。2005—2006财年畜牧业在国内生产总值

（GDP）的比重为4.86%，从当年开始缅甸出口冷冻羊肉，首次输出量约为100吨。2007—2008财年，缅水产出口额为7.5亿美元。2008—2009财年，缅甸人均每年消费肉类26千克、牛奶22千克、鸡蛋105个。至2011年，缅甸绵羊、家羊总头数200余万只，其中曼德勒省、掸邦及马圭省的饲养量约占全国的2/3。2012年，全国共有牛、羊、猪等牲畜4 300多万头（其中猪约400万头）。年产肉37万吨、年产鸡蛋约12万吨，年人均对肉类的消费量为7.6千克。

二、畜牧业的分布

1991年初，全国仅建有37个国营畜牧场，由国营企业缅甸畜牧奶制品与饲料公司经营，其中以中部曼德勒省央米丁镇区的标山贝畜牧场最为重要。为带动各地的畜牧养殖，畜牧与兽医局开始推行一项畜牧养殖发展项目，在每个适宜发展畜牧养殖的县中选择10个村，每个村至少建立10个家庭畜牧饲养场，以此带动周围地区的畜牧养殖。到1994年年底，已在仰光省、马圭省、曼德勒省、实皆省、伊洛瓦底省及勃固省74个县的775个村中建立起了这种家庭养殖实验场。与此同时，畜牧与兽医局在各地新建了14个畜牧场，使畜牧场总数由1991年的37个增加到了1996年的51个，在克耶邦、孟邦、实皆省、勃固省、马圭省、曼德勒省及仰光省的专用草场面积由1991年的5 303英亩扩大到了1996年初的6 440英亩。

表3-4 缅甸畜牧养殖情况统计表（2009—2010财年）（单位：个）

类别	数量
养鸡场	19
养鸭场	2
养鹌鹑场	1
养猪场	9
养绵羊场	2
养山羊场	8
养牛场	12
合计	53

资料来源：缅甸新光报。

三、畜牧业发展措施

首先，放宽出口限制，寻求更广阔的国外市场。

缅甸的畜牧产品主要出口到中国、泰国和马来西亚等国。2010年2月17日，缅甸《新闻周刊》报道称，缅甸贸易委员会为了促进肉类出口，准许冰冻牛肉以一般贸易出口外，还准许其从木姐边境贸易渠道出口，并准许向马来西亚出口活绵羊、活山羊、活黄牛和活水牛。2010年，缅甸批准向马来西亚出口1万头活牛和5万头活羊。但因口岸配套设施不完整，实际并未向马来西亚出口活牛，只出口了活羊。随着边贸的发展，从事边贸的商人经批准也可以进行动物及其产品进出口。缅甸政府逐步放宽对畜牧产品出口的限制，无疑将会激发畜牧养殖户和从事畜牧产品经营者的生产积极性。

同时，缅甸政府还非常重视拓展国外市场，为畜牧业的发展寻求更大的外需动力。泰国因口蹄疫危机，禁止从国外进口冷冻牛肉。而缅甸除了通过正常渠道向泰国出口畜牧产品外，每月还非法向泰国出口数千头活牛。缅甸政府非常希望能将该贸易合法化，减轻和避免不必要的贸易风险和摩擦，同时争取获得向泰国出口冰冻牛肉的商业机会。2010年12月，泰国商务部代表与缅甸商务部代表在内比都就冰冻牛肉和活牛贸易进行了洽谈。缅方代表称，未经检疫的活牛可能携带病菌，为此希望能向泰国合法出口具有缅甸卫生部门防疫证明的冷冻牛肉，并表示中国每个月都从缅甸进口冰冻牛肉。但泰方并不接受缅甸提出的建议，认为缅甸活牛出口泰国需要经过泰国卫生部门的检疫，而冰冻牛肉贸易还有待进一步商榷。

其次，发展畜牧业，扩大养殖规模。

缅甸每年从新西兰、新加坡、马来西亚、菲律宾和中国等国家进口上百万美元的奶粉、炼乳和奶制品，这对缅甸来说是一笔较大的外汇支出。因而，无论是为了实现更多创汇，还是为了满足国民对畜牧产品的需求，缅甸都需要发展畜牧养殖，提高本国自产奶制品产量，减少进口。

为扩大畜牧养殖，缅甸在全国范围内设立畜牧养殖基地。据不完全统计，2009/2010年度，缅甸有53个养殖场，包括1个鹌鹑养殖场、2个绵羊养殖场、2个养鸭场、8个山羊养殖场、9个养猪场、12个养牛场和19个养鸡场。在内比都附近，缅甸已规划建设了彬马那养殖场、累韦养殖场、达贡养殖场、敏彬养殖场、边岗基养殖场等数个养殖区。2012年3月13日，缅甸曼德勒省农业与养殖部部长吴敏丹在会见记者时称，2012—2013财年曼德勒省将在纳拓基镇区设立缅甸首个以养殖牛、羊、鸡为主，面积为100英亩的牧场，同时还会进行养殖产品加工。

最后，吸引外资，推动国际合作。

进入缅甸畜牧业的国内外资本还很少，但畜牧业发展规模的扩大和产业升级客观上要求大量资本流入。缅甸目前的状况无法为畜牧业的发展提供足够的技术和资金保障，通过加强国际合作充分利用国外资源是缅甸政府发展畜牧业的有力措施。

为推动畜牧业的发展，缅甸政府鼓励大力发展畜牧养殖，尤其是养殖肉牛和奶牛，并愿意以优惠条件吸引国内外资本。2011年10月，缅甸畜牧协会副主席吴温盛对外宣称，畜牧协会将在技术、土地和市场信息等方面为投资肉牛奶牛养殖的商人提供帮助。缅甸的努力获得外部积极回应。2012年2月，缅甸和马来西亚联合召开了两国企业家座谈会。马来西亚国际贸易与投资部部长在座谈会上表示，马来西亚希望未来增加从缅甸进口农产品和养殖品，并计划投资缅甸的食品生产和养殖业。

四、畜牧业发展存在的主要问题

缅甸畜牧业整体发展水平较为落后。近年来，在政府政策支持引导和经济整体发展趋势的带动下，畜牧业取得了一定成就，但长远发展仍然面临着不少制约。

首先，缅甸的畜牧养殖主要是以家庭为单位，养殖场较少，且未能形成大规模养殖。从其他国家畜牧业发展经验来看，规模养殖是畜牧业发展的必经途径，也是一国畜牧业发展成熟的标志。

其次，畜牧产品加工和保鲜技术滞后。缅甸出口的畜牧产品基本是初级产品，如肉类和动物皮毛。缅甸本国对奶粉、炼乳等高级畜牧产品的需求还严重依赖进口。同时，缅甸的肉类冷冻保鲜技术也限制了其产品的出口。

最后，缅甸畜牧研究也无法满足畜牧发展的需求。必要的相关研究是产业发展的科技动力，但缅甸畜牧业研究机构、成果和畜牧专业人员都很少，科研经费和实验仪器设备等都有限。2011年缅甸全国共有本科毕业的兽医专业医生373人、兽医学硕士88人、兽医学博士12人，在国外留学的兽医学硕士19人和兽医学博士12人。缅甸畜牧业研究机构相对较少，科学研究成果少。畜牧业研究缺乏资金投入，科研经费少。实验仪器设备少、陈旧，研究技术水平不高。畜牧业基础性研究较少、科技含量不高，在饲料和动物营养方面研究进展不大。不重视特种经济动物的养殖研究，如：巨蟒、鳄鱼、龟、兔子、蛇等均为野生状态。专业技术人员和研究人员的缺乏，使缅甸畜牧业的科技贡献率较小，制约畜牧产品改良和优良产品的传播。

此外，畜牧业也和农业、渔业一样面临着国内外资本投入不足的问题。

第五节　渔业

缅甸2 832千米的海岸线为缅甸提供了丰富的渔业资源，浅海海域面积达22.87万平方千米，自然条件优越，很适宜发展捕捞业。同时缅甸辽阔的内陆水域和众多的河流为水产养殖提供了优越的环境。渔业也成为缅甸的主要经济产业和重要创汇产业之一。

一、渔业分布

缅甸的海洋渔场大致可以分成三部分：北部孟加拉湾的若开邦，海底坡度较大，地势陡峭，水深流急，加上来自河流的养分，是进行围网、流刺网、钓等作业的良好渔场；伊洛瓦底江入海处的三角洲一带渔业也较发达，尤其是流网和围网渔业，近些年单拖作业也有较大的发展；南部海岸，特别是丹老群岛和土瓦湾近海水域，水深不超过90米，有风浪时海水的上层和底层迅速交汇，底层养分能很快补充到海面上来，再加上陆地上大量的营养物质顺流而下，成就了缅甸产量最高的渔场，这里大多是小灯围、流刺网和潜水捕捞作业。缅甸海洋渔业的潜力很大。由于缅甸沿海地区属于季风性热带雨林气候，没有冰冻期，除每年5～9月是雨季，多西南风，当地渔船（竹排）因抗风浪能力低无法出海作业外，一般生产时间从9月底开始出海至翌年4月底，11～12月为生产旺季。

缅甸淡水渔业主要靠河流系统，但众多水库、湖泊、池塘也可作渔场。缅甸多山多河，境内河流密布，地势北高南低，江河水由北向南流入海中，在沿岸海域形成了广阔的渔场。境内有伊洛瓦底江、萨尔温江、钦敦河以及锡唐河分别流入莫塔马湾和安达曼海，从内陆地区带来了丰富的有机物质，使得河口地区的鱼类资源十分丰富，为发展渔业提供了优越的自然条件。

二、渔业发展情况

缅甸渔业以私人经营为主，本地船只比较少，捕捞能力有限，生产工具和生产技术仍然相对落后，渔业开发利用程度低。1980年以来，渔业部门得到较多的外援和贷款，在捕捞、贮存和加工方面已有了相当大的发展。1988年9月以来，有多家外国公司投资于缅甸渔业部门，缅甸政府允许外国公司在划定的海域内捕鱼，向外国渔船征收费用。1990年缅甸开始同一些外国公司合资开办鱼虾生产和出口加工企业。缅甸大约有10万多个渔业经营者。1989年缅甸成立渔业技术协会，1994年该协会更名为缅甸渔业协会，有1 300多个个体户和48家公司加入了该协会。缅甸渔业出口商有300多家，其中120家出口海洋鱼类，60%的加工厂都设在仰光，其中13家得到了欧盟认证。缅甸约有110个渔业冷冻库，其中69座在仰光，其他的分布在若开邦（7个）、伊洛瓦底省（6个）、孟邦（7 个）、掸邦（1个）和德林达依省（20个）。原来渔业出口的税率为10%，2011年初调整为7%，2011年底降为2%。

（一）渔业产量与出口量逐年攀升

1990年代以来，缅甸水产品产量与出口额一直保持不同幅度的增长，表现出强劲的发展潜能。1995—1996财年缅甸全国的捕鱼量已达73万吨（海水鱼59万吨，淡水鱼14万吨），到1999—2000财年增加到106.9万吨（海水鱼86.1万吨，淡水鱼20.8万吨）。在14个省邦中，鱼产量最高的是沿海的德林达依省（48万吨）和伊洛瓦底省（34.4万吨），这两个省占了全国鱼产量的将近80%。2002—2003财年缅甸鱼虾总产量达157.9万吨。2003—2004财年出口水产品20.55万吨，创汇3.33亿美元。2004—2005财年超过25.57万吨，创汇3.47亿美元。2005—2006财年渔业在国内生产总值（GDP）的比重为4.14%，水产品产量约为200万吨，出口额为3.47亿美元。2009—2010财年缅甸水产品出口额为4.96亿美元。2010—2011财年，缅甸水产品出口额达5.55亿美元，再创新高。2011—2012财年缅甸水产品达到了450万吨，其中海洋捕捞量占52%，内河捕捞量占28%，养殖出产量占20%。2011—2012财年的前9个月水产出口已逾4.5亿美元，到2012年1月中旬，缅甸2011—2012财年的螃蟹和鳝鱼出口均突破指标。其中，螃蟹出口指标为3 500万美元，实际已出口3 611.2万美元；鳝鱼出口指标为2 500万美元，实际出口3 072.8万美元。2012—2013财年前11个月（2012年4月—2013年2月）缅甸水产品出口收益为5.82亿美元。

渔业生产成为继农业和林业之后的第三大产业和缅甸第三大出口创汇产业，水产品出口到约50个国家和地区，其中主要出口对象是中国、泰国、印度和孟加拉。2013年3月1日，缅甸海产品在美国对缅甸进口解禁后首次出口美国。

表3-5　2011年缅甸渔业出口情况

虾			鱼			其他		
国家	出口值（百万美元）	数量（吨）	国家	出口值（百万美元）	数量（吨）	国家	出口值（百万美元）	数量（吨）
日本	19.4	5 256	中国	78.2	31 965	中国	83	40 496
中国	18.6	5 453	泰国	91.5	118 997	马亚西亚	28	15 703
泰国	9.4	2 634	新加坡	41.5	18 867	新加坡	10	4 254
新加坡	7.9	2 291	科威特	56.6	50 639	泰国	9.6	13 003
孟加拉	4.1	750	沙特阿拉伯	24	19 237	印度尼西亚	3.5	1 479

资料来源：缅甸畜牧与渔业部渔业局，2011年。

（二）淡水产品养殖与出口逐年增长

缅甸鱼类出口中的绝大部分是从海、河、塘里捕捉的野生鱼。近年来，野生鱼捕获量逐年减少，缅甸越来越重视养殖鱼出口。最近几年，缅甸的淡水鱼出口额连年递增，在水产品出口中的份额从2007—2008财年的16%增加到2008—2009财年的18%和2009—2010财年的20%。

鱼虾是缅甸淡水养殖的主要品种。据统计，2009/2010年度，缅甸的鱼类养殖面积接近22万英亩，普通虾类养殖面积超过22万英亩，另有龙虾、皮皮虾和螃蟹养殖面积共4 600多英亩。

表3-6　2010年缅甸鱼虾养殖情况统计表

内容	养殖面积（英亩）	
	1988—1989财年	2009—2010财年
养鱼池塘面积	6 300	217 836
养虾面积	—	224 868
养龙虾和皮皮虾面积	—	14

续表

内容	养殖面积（英亩）	
	1988—1989财年	2009—2010财年
养螃蟹面积	—	4 626
合计	6 300	447 344

资料来源：缅甸新光报。

（三）水产出口中边境贸易比重逐年提升

缅甸的水产品出口过去以一般贸易为主要形式，但经过边境口岸向国外出口也已经有很长时间，木姐、妙瓦底、丹老、实兑、果当、貌多、德木等边境口岸都有水产品出口。近年来，边贸中的水产品出口势头看好，个别口岸的表现尤为突出。

2010年4月1日至7月31日，缅甸水产品出口总值为1.8亿美元。其中，丹老口岸出口3 400万美元、木姐口岸出口2 100万美元、果当口岸出口600万美元、妙瓦底口岸出口400万美元。这四个口岸的水产品出口超过缅甸同期水产品出口总额的1/3。到2010年10月，缅甸水产出口达2.8亿美元，一般贸易出口水产1.7亿美元，边贸出口1.1亿美元，约占40%的份额。丹老口岸出口5 000万美元、木姐口岸出口3 500万美元、妙瓦底口岸出口700万美元。越来越多的水产通过边贸走出国门，这是区域经济一体化的发展以及缅甸和周边国家经贸往来日益密切的结果和重要表现。

2012年1月，缅甸政府在木姐105码边贸区设立鳝鱼交易所，允许商家在此自由从事鳝鱼出口交易。打破民族发展公司的垄断。一旦缅甸政府放宽对边贸水产品出口经营活动的限制，边贸在缅甸水产品出口中所起的作用将会更加突出。

此外，随着鱼类产品的增加，缅甸人均鱼类消耗量也在上升，1995—1996财年人均鱼类消耗量为17千克，到2005—2006财年上升为41千克，2010—2011财年上升为51千克，大大超过了世界平均水平18.8千克。

第四章　第二产业的发展和布局

第一节　工业发展概述

一、工业发展历程

缅甸的工业不发达，工业基础相当薄弱。缅甸工业主要有小型机械制造、纺织、印染、碾米、木材加工、制糖等。包括机械设备、汽车、摩托车、农机、化工产品、仪器仪表等，甚至日用百货、纺织服装、药品、家用电器、小五金、化妆品、食品饮料都依赖进口。除石油、天然气开采等有一定规模外，其余的工业门类不全，工业发展缓慢。

随着1988年以来闭关锁国政策的结束和对外开放政策的实行，缅甸在继续发展农业的同时，加快了工业的发展步伐。1988年到2005年，缅甸新建国有企业192个，私营企业增加15 835个，建立工业区19个。从1990年代开始，缅甸致力发展面向出口工业，主要为海产品加工、木材加工、藤制品、纺织和服装。缅甸私营工业的数量2002—2003财年同比增长23%，2003—2004财年增幅超过30%。到2004年，全国已有企业51 980家，从业人数达174 万，一些新兴企业已开始出现，主要集中在塑料、电子产品和建材业等。主要是以仰光为中心的工业有较大发展，仰光的国内生产总值（GDP）结构已从过去的农业产值占第一位转变为现在的工业产值占第一位。截至2006年工农业占国内生产总值（GDP）比例为：工业占29.8 %，农业占11.4 %，反映出缅甸的工业发展已经取得一定成就。但缅甸工业总体上仍然很落后，政府规划的进口替代工业化和出口导向工业化的目标未能实现。当地除了生产洗衣粉、香皂、电池等部分产品外，90%以上日用品仍依赖进口。

2011年缅甸新政府执政后，着手进行经济改革，实行国家宏观调控的市场经济政策，强化工业发展的重要性。2011年8月19～21日，缅甸国家经济发展改革研讨会在内比都国际会展中心举行，经济学家、各级政府部门代表、私营企业代表等各阶层人士出席研讨会，共商国家的经济改革大计，昂山素季也应邀出席会议。在研讨会上，吴登盛总统指出，缅甸经济发展战略要从“以农业为基础全面发展其他产业的经济政策”向“进一步发展农业，建设现代化的工业国家，全面发展其他经济领域”的方向转变。这意味着新政府将在继续大力发展农业的同时，更为重视工业的发展，并为实现工业化国家而努力。在2011年12月初召开的工业发展委员会会议上，国家计划与经济发展部部长宣称，截至2011年底缅甸国民生产总值中工业产值占26%，按照计划这一比值应增长到34%，为此，今后工业产值每年需要增长8%。2012年6月19日，吴登盛在首都内比都就国家发展5年计划发表讲话时说，新的国家发展5年计划目标是把年均经济增长率设定为7.7%，实现农业产值在国内生产总值中的比重从基础年的36.4%降低到29.2%，工业产值从26%提升到32.1%，服务业产值从37.6%提升到38.7%。

二、工业部门结构

缅甸工业原由第一工业部、第二工业部管理：第一工业部下属有7个公司，有缅甸纺织公司、缅甸食品公司、缅甸医药与日用品公司等。缅甸第一工业部共有工厂122家，陶瓷公司15家、综合修理公司14家、纸张化学公司11家，这些公司工厂分布在各省各邦。第二工业部是缅甸重工业部，所属有6家工厂，主要生产以下5大类产品：(1)农用机械；(2)汽车；(3)机器零部件；(4)家用电器及其他电工产品；(5)各类轮胎。2011年吴登盛总统签署命令，将第一工业部和第二工业部合并为工业部，原部长吴梭登继续担任部长。重组后的工业部对于提高工作效率，促进工业发展具有重要作用。

缅甸政府一直都努力提高第二产业在国内生产总值中的份额，把建设工业区作为优先发展工业、实现工业化的重要措施。1995年缅甸成立了权力很大的发展委员会来管理工业区。委员会由15位部长组成，2位副部长担任委员会秘书。委员会还成立了执行委员会，由第二工业部部长任主席，缅甸工业计划委员会主席担任秘书。

三、工业发展布局

缅甸是一个农业国家，国家经济在很大程度上倚重农业的发展，工业总产值在国内生产总值份额中所占比例不到20%，然而缅甸军政府和新政府一直都努力走上新型工业国家的道路，并且提高第二产业在国内生产总值中的份额。为此，缅甸军政府在1990年建立了缅甸工业发展委员会（MIDC），尝试通过采取合理措施来支持工业的发展，从1992年开始建立工业园区，现已建成18个工业区，其中4个工业区（含14个分工业园区）在仰光，另外14个工业区在其他城市。18个工业区内中的企业数量是10 347个，其中44%的企业在仰光，其次是曼德勒占到11%。在相关政策的支持下，缅甸私营企业数量从1998年的26 690个增加到2009年的43 789个，其中家庭作坊有10 879个。就业率也以每年2.8%的速度得到了提高，工业领域的就业人数从1998年的1 224 363人增加到2009年的3 485 264人。

表4-1　缅甸现有的18个工业区

序号	工业区名称	所在省（邦）	工业区组成	建立时间（年）	面积（英亩）
1	仰光东区	仰光省	南达光工业区（1）	1992	475.354
			南达光工业区（2）	1992	203.784
			南达光工业区（3）	1995	35.280
			北奥格拉巴	1999	109.789
			南奥格拉巴	1999	25.000
			瑞庖甘	1992	94.640
			达给它	1999	200.000
			达光色甘	2000	1 208.695
			东达光	2004	666.000
2	仰光西区		仰光西区工业区	1996	n.a
3	仰光北区		莱达雅	1995	2 494.645
			瑞比达	1990	306.976
			敏格拉东	2002	1 000.000
4	仰光南区		仰光南区工业区	1996	n.a
5	曼德勒	曼德勒省	工业区（1）	1990	936.51
			工业区（2）	1997	137.000
6	敏扬		敏扬工业区	1995	163.590
7	密铁拉		密铁拉工业区	1995	385.450
8	蒙育瓦	实皆省	蒙育瓦工业区	1992	296.700
9	格雷		格雷工业区	2003	n.a
10	仁安羌	马圭省	仁安羌工业区	1995	98.810
11	帕科库		帕科库工业区	1996	321.000

续表

序号	工业区名称	所在省(邦)	工业区组成	建立时间(年)	面积(英亩)
12	卑谬	勃固省	卑谬工业区	1995	n.a
13	勃生	勃生省	勃生工业区	1999	n.a
14	渺妙		渺妙工业区	1995	101.650
15	欣达打		欣达打工业区	1995	n.a
16	丹老	德林达依省	丹老工业区	1995	n.a
17	东枝	南掸邦	阿耶达雅工业区	1995	287.000
18	毛淡棉	德林达依省	毛淡棉工业区	1995	162.400

说明：n.a代表无相关资料。

资料来源：根据缅甸计划与经济发委员会、中国驻缅使馆经商处数据整理而成。

(一)仰光的工业区

仰光的工业区被分为四类：外资、合资、当地私营者所有、当地政府国营。仰光不同的工业区对企业的管理规定和服务有所区别，有的只提供标准设施，每年的土地租赁和土地使用的地价也根据其位置和基础设施等因素而有所不同。在仰光，敏格拉东工业区(仰光市中心往北23千米)、达给它(Tharketa)工业区、南奥格拉巴工业区，和莱达雅(Hlaing Thar Yar)工业区是条件优越的工业区。与之相比较，瑞庖甘(Shwe Pauk Kan)工业区、瑞比达(Shwe Pyi Thar)工业区等属于条件一般的工业区。从占地面积看，莱达雅工业区占地面积最大工业区，其次分别是瑞比达工业区、达光色甘(Dagon Seik Kan Port)工业区、瑞林班工业区，占地都在1 000英亩(约6 070亩)以上。因为优越的地段和良好的设施，莱达雅、瑞比达、达光色甘和瑞林班等几个工业区已经卖掉了所有的耕地来用作工业区的建设。

基础设施建设是评价工业区的质量和服务的关键因素；而水和电的供应，道路和通讯设施又是完善的基础设施的决定性因素。缅甸供水供电系统分别是缅甸电力公司、电气供应企业、仰光城市发展会。由于水利和电力的供需不平衡，大部分工业区都有备用措施来保障水电供应，包括挖掘管井，建设变电站、变电所、电力传输线，准备备用发电机等。例如，南达光工业区已经建成四个500千伏安的变电站、一台750千伏安的发电机和长3 696英尺长的高压电缆。同时，为了保障充足的水供应，修建了两个10 000加仑的地下储水箱，挖掘了三个管道井。同样地，莱达雅工业区拥有10兆瓦/11千伏安的变电站、备用发电机和有管道井支持的水供应系统。仰光工业园区有10兆瓦/11千伏安的变电站和一台100千伏安的变压器，和四个配套有管道井的供水系统。

为了促进通讯的发展，工业区管理委员会计划发展联结工业区内部和区内外通讯的发展。其中，敏加拉东工业园区有300条电话线，仰光工业区有PSPX系统，瑞庖甘工业区有450条电话线，117台GSM移动电话，80套SDMA。

工业区道路状况通常比较良好，因为每个区都建有混凝土道路，重型机动车也能通过。但是雨季道路情况就不容乐观，在渔猎开放期道路还可能会破损失修。

前面提到，工业区的土地租赁标准是不同的。在敏格拉东工业区的土地租金是0.30美元/平方米/年，仰光工业区、莱达雅工业区、瑞比达工业区和达光色甘工业区租金标准则又是一样的，0.00 009美元/平方米/月。对于国外投资者来说，使用的地价和租期非常重要，在敏格拉东工业区，地价和租期分别是40美元/平方米，足月租赁；仰光工业区是3美元/平方米/年和9.88美元/平方米（资助60年）；在达光色甘工业区，租金是3美元/平方米/年（租期可延长30年）。南达光工业区在企业数量上排名首位，共拥有1 401家企业。其次是莱达雅，有511家企业，再次是瑞比达，有228家企业。工业区内的企业有19种类型，服装、食品加工、日用商品企业占主体，所占份额超过了75%。每个工业区都设有工业区管理委员会来监管和提高公司的日常运作，并且制定短期和长期目标来促进工业区建设以期朝着国际化标准前进。

（二）曼德勒工业区

曼德勒工业区于1990年建成。政府指定仰光—曼德勒公路东边的雅道（Yar Taw）为地点。这个新的工业城镇属于比基达孔（Pyi Gyi Ta Kon）镇区的管辖范围，被称为1号工业区。1998年，盛班（Sein Pan）工业机构搬迁到新的散比亚（San Pya）地区，这里成为了2号工业区。在2号工业区，曼德勒皇家实业有限公司推动了工业机械设备的进步，其中包括用重机械制造的立式车床，用于生产齿轮的铣床和滚齿机，还有一台锻造机用于加工电气厂和铁冶炼厂所需的铁原料。The Good Brother有限公司也生产交通工具和农用设施。其他公司也制造农用设备，如推土机、挖掘机、车床和车船。

曼德勒工业区内有企业1 159个，其中大型企业317家、中型232家、小型610家。为了便于管理，这个区域被划分为两块，即1号工业区和2号工业区。但要注意的是，工业区管理委员会只有一个。

（三）毛淡棉工业区

作为缅甸第三大人口聚居地，毛淡棉计划通过开发工业区来发展经济。位于毛淡棉—耶的铁路边的皎丹（Kyauktan）村庄首先被选为毛淡棉工业区的地址。但是由于此地大多是农田，且在雨季洪水经常来袭，若要建成工业区需要大量的投资。因此，该计划搁浅。1998年3月26日，在阿塔兰（Attaran）吊桥开放后，缅甸工业建设服务部门和工业部决定选择位于解格瑶（Kyaikmgyaw）镇区，在毛淡棉—帕安公路上的良比盛（Nyaungbinseik）村庄作为工业区地址。该地距离吊桥1 600英尺（约488米），离毛淡棉有5 英里（约8千米）。这里仅有207家企业，其中大部分从事工业原材料加工，如橡胶。由于基础设施不完善，加上科技落后，该工业区的发展并没有取得显著成效。

（四）计划新增7个工业园区

据缅甸新光日报2012年10月3日引述缅甸工业部官员消息称，缅甸政府将在现有的18个工业区外新增设7个工业区，使国内工业区总数达25个。包括：（1）内比都的达孔（Tatkon）；（2）曼德勒的耶德纳本（Yadanarbon）；（3）克伦邦的帕安（Hpa-an）；（4）克伦邦的米雅瓦迪妙瓦底（Myawaddy）；（5）克伦邦的三塔通道（Phayathonzu）；（6）若开邦的班纳隽（Ponnagyun）；（7）掸邦的纳孟（Namoum）。但是这些新的工业园区的具体规划和细节尚未公布。

此外，缅甸还规划了皎漂和密支那两个工业区。皎漂是缅甸若开邦的主要城镇之一，位于缅甸西海岸东部、兰里岛西北端，位于仰光西北约400千米。皎漂半岛西邻印度洋，岛西北端至东部航道是优良的天然避风避浪港，自然水深约24米，可航行、停泊25万～30万吨级远洋客货轮船，是未来缅甸最大的远洋深水港。根据中信建设有限责任公司2011年5月完成的《缅甸皎漂临港工业新城初步可行性研究》，皎漂临港工业新城是中国中信集团在2009年12月习近平副主席访问缅甸期间，同缅甸计划和经济发展部签署了《中国中信集团与缅甸国家计划和经济发展部关于缅甸皎漂经济技术开发区、深水港、铁路项目合作备忘录》后规划建设的一个综合性工业新城。该项目的目标是，经过30～50年的协调发展，最终建设成为一座以重化工业和港口物流业为经济主体，第三产业相对发达，文化繁荣、生态宜居的现代化港口工业城市，成为缅甸区域性工业、科技、金融及文化中心城市，成为缅甸经济发展和城市化进程中的典范。

密支那坐落在伊洛瓦底江边，是缅甸北部最重要的河港，产柚木和其他木材，种植水稻、甘蔗等。是缫丝、木材和食品加工中心，农产品集散地。北部地区交通重镇，是史迪威公路上的贸易中心。公路经八莫可达中国云南省畹町，北经葡萄城可抵中国西藏；是纵贯南北的仰光—密支那铁路线终点，与缅甸全国最大的玉石产地孟拱也有铁路相通。“中缅密支那经济合作开发区”项目是由云南省工商联、云南省政府研究室、云南省对缅经济合作企业协会和缅甸联邦工商会，在2007年6月的“滇缅经贸合作论坛”第一次论坛会上共同发起的。项目规划的完成是云南积极推动澜沧江—湄公河次区域经济合作进程，参与中国—东盟自由贸易区建设的一项重要内容。该合作开发区位于缅甸联邦北部密支那省境内，项目规划建设四大功能区：密支那生态工业园区、密支那森林新城区、伊洛瓦底江沙滩旅游度假区、生态保护区。其中工业园区规划5个片区：矿石加工片区、木材加工片区、玉石加工片区、装配制造片区、农经合作片区。工业园区依托密支那老城、规划新城和旅游度假区，综合配套商贸、物流、居住、度假、职业教育等各类设施。

第二节　能源工业

缅甸的商业性能源主要有石油、天然气、电力和煤炭。其中，石油和天然气在能源消费量中占据绝大部分，而煤炭利用则一直未得到政府重视，产量很低，在国内能源总构成中仅占0.03%。

缅甸的能源开发在20世纪70年代发展速度较快，80年代以后滑坡现象严重。1971年至1980年期间，缅甸的商业性能源年均增长率达8%，而1980年至1992年期间则以年均1.4%的速度持续下降。商业性能源的缓慢发展直接导致了能源工业发展的低水平。1988年新军政府上台后，重视能源开发利用，但由于缅甸缺乏能源产品加工能力，成品油仍大量依赖进口，电力供应不足，国内能源紧缺，尚不能完全满足国内经济建设的需要。

一、煤炭产业

缅甸煤炭主要形成于中生代至第三纪，上三叠统到瑞提克（三叠纪晚期）或侏罗纪时期形成的煤炭分布于掸邦南部，白垩纪时期形成的煤炭主要分布于掸邦南部、北部以及钦敦、嘎达、瑞波、梅、敏布、密支那、呼高山间、勃寇鼓、皎漂、德业等县。按数量分布来看，缅甸的煤炭大多是第三纪时期煤炭。

缅甸煤矿主要分布于中部地区，其次为东部地区，而西部地区只在若开地区及兰里岛见有很薄的煤层或煤线，大多无经济价值。中部地区煤炭资源较丰富，在空间上仍然受构造盆地的控制，煤层主要产于古近系始新统中，其中有烟煤与褐煤两种。前者产出较少，以位于北部的钦德温地区较多，如南塔林和德龙河谷一带的煤田，东西宽20千米，南北长100千米，煤层厚度平均0.6米，个别为3.6米，燃烧值为6 200大卡/千克，估算资源储量为1.23亿吨，现在已经开采，日产量可达万吨。褐煤分布较广，主要在伊洛瓦底江畔的敏巫、木格等地，煤层层数多，厚度一般在1.2～2.1米，煤质变化较大，其湿度为4.8%～26.4%，灰分为4.1%～29.8%，挥发分为24.1%～48.7%，含碳12.9%～52.8%，含硫0.53%～2.55%，燃烧值为4 960～5 750大卡/千克。矿床规模不大，现在已经部分开采。

表4-2　缅甸东部煤矿床

煤矿名称	规模	层位	煤层、煤质等简况
格莱瓦	中型	始新统	长30千米，含煤3层，单层厚0.7～3米，次煤烟。硫分、灰分低，为缅甸开采最早，规模最大煤矿
膜戍南马	小型	晚第三系	含煤3层，总厚10.4～32米，褐煤。灰分11.68%，挥发分52.4%，硫1.2%，水分15.8%，露采，年产3万吨
曼德勒锡基普	小型	第三系	次烟煤，交通条件较好，储量1 850万吨
掸邦杰西	小型	第三系	次烟煤，储量1 053万吨

资料来源：缅甸第三矿业公司。

1. 格莱瓦煤矿

位于实皆格莱瓦镇，矿区位于第三系盆地西部，煤系为始新统，长30千米，倾角45°左右。含煤3层，单层厚0.7～3.0米不等。属不结焦易碎半烟煤，含灰分8.87%，挥发分38.67%，固定炭52.5%，硫0.93%，水分9.7%，发热量达6 200大卡/千克（11 720英热单位/磅），估算储量1.23亿吨，达中型规模。1957年开采，年产煤1.5万～1.8万吨。

2. 南马煤矿

位于中缅山脉北掸邦腊戍镇附近，腊戍盆地以南约20千米。形成晚第三纪（中新世、上新—更新世）山间盆地河流—湖沼环境中。含三层褐煤层，自上而下分别厚1.7～7米、1.7～5.0米和7～20米。灰分11.68%、挥发分52.44%、固定炭35.37%、硫1.2%、水分15.28%、发热量9 360英热单位/磅。已露天开采褐煤矿，1974年投产，年产煤3万吨，产品有块煤及洗选煤。

缅甸煤炭资源分布较广，但资源储量不是十分巨大，且煤质普遍不高。截至2013年6月，缅甸矿业部已探明的主要煤藏33个，储量约4.887亿吨（见表4-3），估计这些储量仅有1%被证实。在过去15年里，煤炭生产量显著增加，1988年，缅甸煤炭生产量为6.5万吨，2013年增长至140万吨。鉴于该国巨大的煤炭储量以及对煤炭需求的增加，煤炭生产量将会继续增长。根据2007财年制订的30年计划，煤炭产量计划每年增加16%，2016财年达到276.1万吨，2031财年达到565.4万吨。目前主要由矿业部第三矿业公司与国内外合作采煤。2008年，缅甸境内进行煤矿勘探的AAA公司在勐玛地区发现一个储量上千吨的高品位煤矿，此矿可开采30年，该公司今年将进行开采。缅甸全境有煤矿82个，2007—2008年度产煤282 655万吨。

表4-3　缅甸煤炭储量估计

储量	估计（百万吨）
证实储量	4.6
概算储量	228.4
可能储量	142.4
潜在储量	113.3
合计	488.7

资料来源：缅甸第三矿业公司。

缅甸第三矿业公司负责煤炭生产。该公司依靠与私营公司签订产品分成合同的制度，私营公司负担100%的投资，利润双方共同分享。实皆省的格莱瓦矿和掸邦北部的南马矿私有化后，国有企业不再参与煤炭生产。到2011年末，矿产司给32 家地方私营公司颁发了43 个煤炭生产许可证。

在缅甸国内煤炭的利用情况方面，2011财年，用于国内的煤炭总量为69.3万吨：29万吨（42%）用于发电，36.2万吨（52%）用于水泥生产和其他工业用途，4.1万吨用于家庭（烹饪和取暖）等。缅甸国内煤炭价格由市场决定，掸邦煤炭价格每吨从7 000到25 000缅元不等，格莱瓦地区煤炭价格随煤炭的热值而定，每吨约4万缅元。

2011年采煤占比为国营企业占2.8%，合资企业占43.78%，国内企业占53.32%。合资企业产煤还出口邻国，目前从缅甸进口煤炭最多的国家是泰国，同时，还向中国出口了少量煤炭。缅甸为有效利用煤炭，与东盟国家进行合作。2000年，缅甸成立了负责东盟煤炭论坛的国家委员会，矿产部副部长任主席，下属矿产司司长任秘书长。其他成员有该部地质勘测与矿物勘探司司长、第三矿业公司总经理以及来自其他相关部的司长。该委员会的作用是：(1)与东盟成员国进行合作开发煤炭资源；(2)促进技术交流，以煤球代替木炭，减少森林采伐；(3)与东盟成员国就利用洁净煤技术发电进行合作。

表4-4 缅甸国有企业非金属矿物生产情况(2010—2013财年)

年/月份	煤炭*(吨)	重晶石(吨)	石膏(吨)	白云石(吨)
2010—2011	239 527	14 346	77 617	2 350
2011—2012	355 693	32 183	77 413	1 316
2012—2013	471 022	21 539	38 579	170
2012				
5月	30 152	2 845	7 661	170
6月	17 594	2 920	5 725	—
7月	52 860	1 340	3 000	—
8月	16 278	2 300	3 507	—
9月	16 672	800	4 459	—
10月	18 437	1 770	3 107	—
11月	28 822	1 100	3 276	—
12月	34 182	1 880	2 841	—
2013				
1月	64 031	—	—	—
2月	77 211	1 515	—	—
3月	88 833	4 685	—	—
4月	36 113	3 305	—	—

*包括合资企业产量

数据来源：第三矿业公司，转引自《缅甸联邦国家计划和经济发展部指定月度经济指标》(2013年4月)

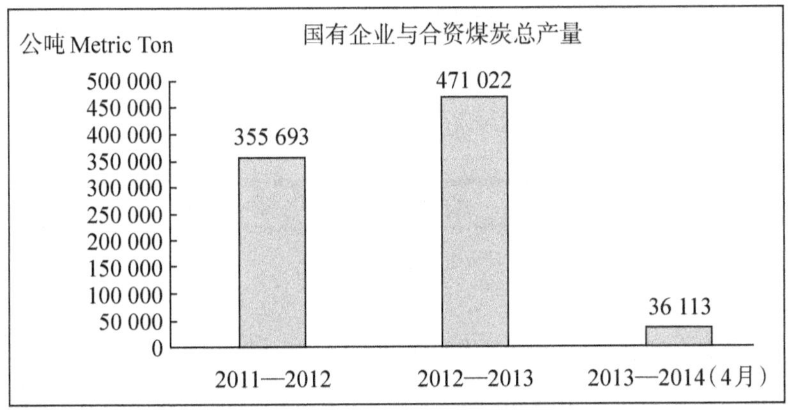

图4-1 缅甸国有企业与合资企业煤炭总产量

数据来源：缅甸第三矿业公司。转引自《缅甸联邦国家计划和经济发展部指定月度经济指标》。

二、油气工业

缅甸石油和天然气主要分布在若开山脉与掸邦高原之间缅甸中部沉积盆地区和沿海大陆架。该区实际是一组地壳裂谷带盆地，北起钦敦江上游，向南一直延伸到安达曼海大陆架。长约1 100千米，宽约200千米，北部较窄，向南变宽。全区总面积约25.2万平方千米（包括沿海大陆架9.5万平方千米），该区主要沉积是新生代地层。

（一）油气资源储量

缅甸过去曾是东南亚一个重要的石油出口国，于1853年出口了第一桶石油。20世纪60年代和70年代，石油产量保持了适度增长，从1965年的380万桶增加到1978年的960万桶。由于技术限制和政府不愿让外国公司参与，20世纪80年代初石油产量出现下降。但是自1988年缅甸实行对外开放政策以来，缅甸的油气产量与油气产业的地位逐渐复苏。随着2011年缅甸政治改革的推行和西方经济制裁逐步取消，道达尔、雪佛龙、壳牌等能源巨头均表示希望参与油气田开发。

关于缅甸的油气储藏并没有统一认识，各种数据来源之间相互冲突。2012年，缅甸能源部宣布拥有1.4亿桶原油储量和22.5万亿立方英尺天然气储量。原油日产量为1.96万桶，天然气日产量为14.75亿立方英尺。根据美国能源信息署数据，截至2013年缅甸探明原油储量为5千万桶，天然气储量为10万亿立方英尺。从世界范围内看，缅甸的油气储量并不多。缅甸探明天然气与石油储量分别占世界第

37和第71位，但在东南亚国家中缅甸的油气资源算是比较丰富的。缅甸仍是亚太地区用管道出口天然气的第一大国和第四大天然气出口国，缅甸的油气生产区主要分为两大类：内陆生产区和近海生产区。

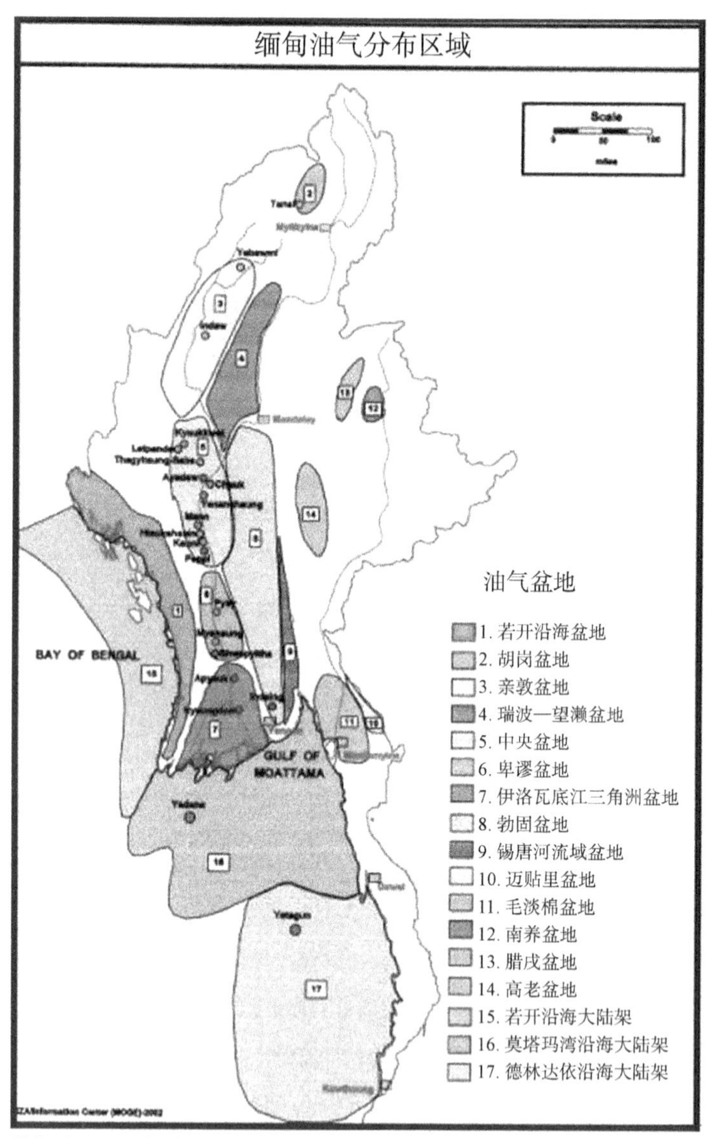

数据来源：缅甸能源部网站，www.energy.gov.mm

图4-2 缅甸油气分布区域

1. 内陆生产区。缅甸能源部2012年宣布，缅甸内陆已确认的石油储量有1.04亿桶，天然气储量有9 700亿立方英尺，油气盆地有14个。这14个油气盆地是：

（1）若开沿海盆地；（2）胡岗盆地；（3）亲敦盆地；（4）瑞波—望濑盆地；（5）中央盆地；（6）卑谬盆地；（7）伊洛瓦底江三角洲盆地；（8）勃固盆地；（9）锡唐河流域盆地；（10）迈帕里盆地；（11）毛淡棉盆地；（12）南养盆地；（13）腊戌盆地；（14）高老盆地。

2. 沿海地区。据2009年缅甸能源部的资料，缅甸沿海地区已确知的石油储量为8 100百万桶，可开采的天然气储量达10万亿立方英尺。缅甸有关部门把沿海大陆架分成了3大块，共25区。这3大块是若开沿海大陆架、莫塔玛湾沿海大陆架和德林达依沿海大陆架。其中若开沿海大陆架从A1-A7共有7个开采区；莫塔玛湾沿海大陆架从M1-M12共有12个开采区，面积为28 434平方英里；德林达依沿海大陆架从M13-M18共有6个开采区。此外，近年来缅甸能源部再划分了另外18个深海开采区，分别为AD-1到AD-10和MD-1到MD-8。

（二）探明率与开采情况

在缅甸14个油气盆地中，迄今为止只对中央盆地、卑谬盆地和伊洛瓦底江三角盆地进行过勘探和开发，而对其他11个油气地质结构盆地只进行了零星开发或从未进行过任何开发。缅甸许多地方具有新发现石油与天然气的可能，目前尚无法估计缅甸的石油与天然气的总储量。

截至2011年7月，缅甸内陆共有20个油气田。由于资金不足和技术的缺乏等原因，其中的6个油气田（帕耶贡油气田、巴娄油气田、莱斑多油气田、潭得彬油气田、瑞古油气田和茵岱油气田）停止开发，只有14个油气田正在进行开发。这14个油田中比较大的有仁安羌油气田、稍卑油气田、苗昂油气田和套夏彬油气田。据缅甸能源部的信息，仁安羌油气田有7亿桶地质原油储量，稍卑油气田有5亿桶的地质原油储量。早在100多年前就已经开始开发的这些油田到现在也仍旧是缅甸产量较多的油田。其中目前产量最多的是曼油田，其次是套夏彬油田，产量处于第三位的是仁安羌油田。目前缅甸内陆油田每日生产1万桶原油和1.05亿立方英尺天然气，内陆油田是缅甸原油的主要生产区。

相比内陆油气资源，缅甸沿海地区的油气资源开发潜力更大。目前缅甸沿海地区每日生产1.2万桶油和10.5亿立方英尺天然气。而且随着新天然气田的发现，缅甸沿海地区的天然气探明储量也有大幅度的增长。在缅甸沿海区块中，产量最高的天然气田是M-5区块的雅德那天然气田和M-12和M-13区块的耶德贡天然气田。缅甸沿海A-1和M-9区块的发现使缅甸在亚太地区总体天然气储量由2.6%增加到4.14%，成为该地区的第七大天然气储量国家。A-1区块地处于缅甸

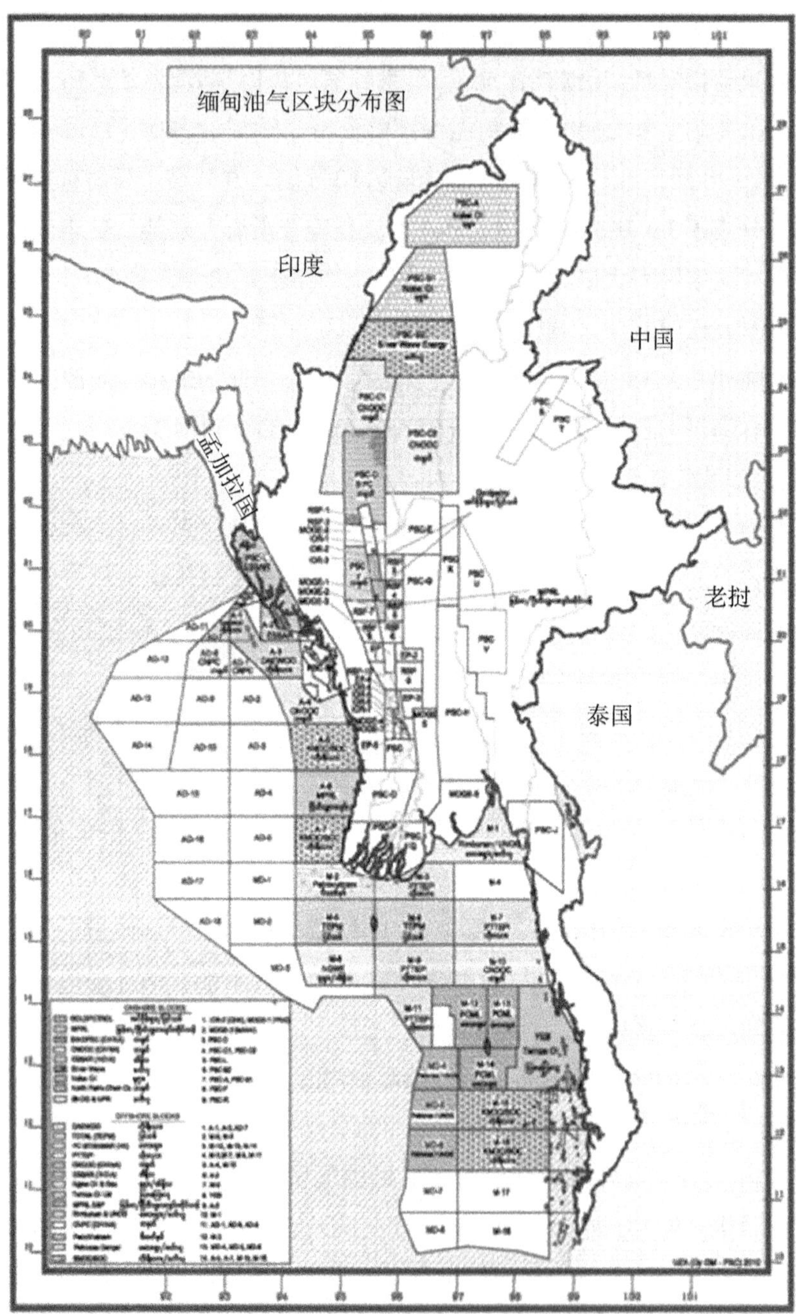

资料来源：缅甸能源部网站，www.energy.gov.mm

图4-3 缅甸油气区块分布图（截止2013年7月）

若开沿海地区，实兑港口的附近。虽然A-1区块的天然气储量无法确知，但据保守估计，该油田的天然气储量为10万亿立方英尺，其中包括区块内的瑞天然气田的4万到6万亿立方英尺储量和瑞漂天然气田的5万立方英尺储量。除了A-1区块以外若开沿海地区还发现了A-3（Mya）天然气田，估计天然气储量有2万亿立方英尺。另外，据估计M-9区块的天然气储量有8万亿立方英尺。

2011年1月，中石化在缅甸中部发现了一个天然气储藏量多达9 090亿立方英尺、石油储藏量多达716万桶的油气混合构造。2月，中石化在缅甸西北部发现了一个大型油气田，该处油气田可能储藏量巨大。而这些油气田的发现也使缅甸在国际能源市场上的地位得到进一步提高。

（三）天然气管道网建设情况

缅甸已经修建了2 000多英里陆上天然气管道，管径多为6～20英寸。缅甸在工业和生活中一般使用压缩天然气（CNG）。从1986—2004年间，缅甸修建了5座加气站，其中2座位于仰光，2座位于仁安羌，1座位于稍埠，并将587辆汽油公交车改装为天然气车。2004—2011年是压缩天然气大发展时期，截至2011年6月，缅甸已有45座加气站，其中40座位于仰光，2座位于曼德勒，2座位于仁安羌，1座位于稍埠，并拥有了27 472辆天然气车。缅甸天然气市场的未来目标是在国内天然气管道沿线修建合理数量的加气站。

（四）天然气出口情况

由于缅甸国内的天然气人均使用量低，天然气需求量不大，除了满足国内需求以外，还有大量天然气可用于出口。缅甸在1998年开始成为天然气出口国，2000年成为亚太地区国家中用管道出口天然气的第一国，在亚太地区出口天然气国家中排名第4。2008年，在全球使用管道出口天然气的国家中，缅甸已排名第13位。目前天然气已经是缅甸的第一大出口产品之一。日益增加的天然气出口使缅甸在区域油气开采上的地位越来越高。

根据缅甸能源部发布的数据，缅甸在2009—2010财年中，天然气生产量为4千多亿立方英尺（110亿立方米），其中有80亿立方米天然气用于出口。缅甸每天从耶德那和耶德贡气田向泰国输送天然气10多亿立方英尺。据缅甸国家计划与经济发展部公布的数据，2009—2010财年缅甸天然气出口创汇25.66亿美元，占出口贸易总额的38%。

（五）缅甸国内对天然气的利用情况

2011年，缅甸国内天然气需求约600亿立方英尺。目前，缅甸国内天然气消费主要是10个燃气发电站（60%）、肥料生产（12%）和压缩天然气（10%）。

表4-5 缅甸国内天然气消费情况（单位：百万立方英尺）

财年	发电	工业（花费）	民用	运输	其他	总计
2002	30 183	3 296	2 517	68	3 383	39 446
2003	33 689	4 588	2 882	60	4 156	45 375
2004	38 695	6 462	2 832	70	3 746	51 805
2005	43 957	4 335	3 027	137	3 590	55 045
2006	38 547	4 737	2 574	1 440	6 572	53 970
2007	35 057	5 139	3 124	3 356	8 231	54 907
2008	41 086	5 617	2 570	4 813	7 188	54 907
2009	39 747	5 332	2 617	6 006	9 699	63 400
2010	25 872	2 796	2 149	6 664	6 676	44 157
2011	41 226	2 818	2 570	7 040	6 770	60 424

表4-6 缅甸国有企业选定商品产量

年/月份	原油 单位：千美制桶	天然气			石油焦 （吨）
		管道燃气 （百万立方英尺）	压缩天然气 （百万立方英尺）	总计	
2010—2011	6 788	443 341.00	7 040.37	450 381.00	16 619
2011—2012	6 623	448 239.73	7 153.86	455 393.59	12 484
2012—2013	6 197	446 109.70	6 428.56	452 538.26	13 006
2012					
5月	528	37 780.25	591.35	38 371.60	724
6月	541	40 618.68	561.69	41 180.37	807
7月	546	38 209.06	569.89	38 778.95	610
8月	546	39 309.94	553.62	39 863.56	1 418
9月	506	34 563.92	533.36	35 097.28	965
10月	561	41 921.38	542.49	42 463.87	1 586

续表

年/月份	原油 单位：千美制桶	天然气			石油焦 （吨）
		管道燃气 （百万立方英尺）	压缩天然气 （百万立方英尺）	总计	
11月	536	40 011.48	523.29	40 534.77	840
12月	524	38 348.29	531.41	38 879.70	702
2013					
1月	514	36 929.58	512.64	37 442.22	1 471
2月	433	30 524.24	469.11	30 993.35	706
3月	533	40 561.68	522.71	41 084.39	1 447
4月	424	26 963.04	446.77	27 409.81	1 409

注：包括境外合资生产

数据来源：缅甸联邦国家计划和经济发展部指定月度经济指标，2013年4月。

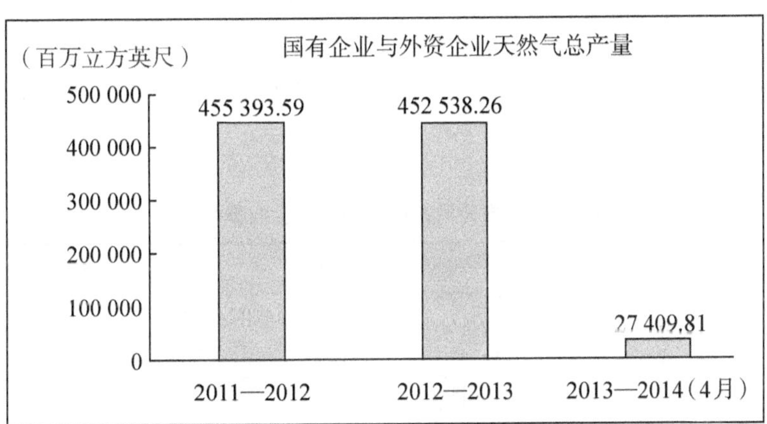

数据来源：缅甸联邦国家计划和经济发展部指定月度经济指标，2013年4月。

图4-4　国有企业与外资企业天然气总产量

（六）外国公司在缅甸油气产业的投资状况

石油和天然气工业一直被视为缅甸经济发展的引擎。1989 年以后，由于缅甸油气产业的开放和其优惠政策，对缅甸油气产业的外国投资也在逐年增加。1997年参与缅甸油气产业的外国公司有15个，其中的6个来自亚洲和9个来自于西方国家。这15个外国公司包括四家美国公司、两家英国公司、一家法国公司、一家加拿大公司、一家澳大利亚公司和两个印尼公司、一家泰国公司、一家日本公司、一家香港公司和一家马来西亚公司。进入21世纪后，外国公司对缅甸油气开发的参与明显增加，至2009年4月，参与缅甸油气开发的外国公司已经有了30家。2013年3月已经有十几家外国公司与缅甸本国企业合作，在27块已有海上勘探区作业，其中包括法国能源巨头道达尔和美国雪佛龙。2013年4月起，缅甸将向外国公司开放25个新的深海油气区块，石油巨头BP、壳牌、伍德赛德石油公司等将于此展开角逐。

外国公司参与的油气开发项目大多数集中在沿海地区。投资国家主要有泰国、新加坡、马来西亚、印度尼西亚、越南等东盟成员国，还有中国、印度、韩国、日本、澳大利亚、英国、加拿大、俄罗斯等东盟以外的国家。外国公司在缅甸内陆参与开发项目地理分布（如图4-5所示）。这些国家和地区中数中国和印度的公司最积极。不管是陆地还是海上的油气开发项目，均有中国与印度公司的参与。同样，泰国也是在缅甸油气产业投资最多的国家之一。2012年开始，泰国国家石油公司（PTT）制定了一项计划，积极扩展它在缅甸的加油站和零售网络。而中缅韩印四国六方参与的“中缅油气管道”于2010年6月开工，2013年7月中缅天然气管道（缅甸段）开始向中国输送天然气。截止到2013年3月，石油和天然气出口占到缅甸出口总额的34%。

表4-7　外国公司在缅甸内陆地区的参与状况

序	区块	国家	公司
1	PSC-B2	俄罗斯	Silver Wave Sputnik Petroleum Pte. Ltd./Silver WaveEnergy Pte.Ltd
2	PSC-C1	中国	中海油
3	PSC-C2	中国	中海油
4	PSC-D	中国	中石化
5	IOR-2	印度尼西亚	Goldpetrol JOC Inc.
6	MOGE-1	印度尼西亚	Goldpetrol JOC Inc.
7	MOGE-2（Mann）	英属维尔京群岛	MPRL E&P Pte.Ltd
8	PSC-R	新加坡	SNOG & UPR
9	PSC-F	中国	North Petrol
10	PSC-L	印度	Essar Exploration & Production South East Asia Ltd.

续表

序	区块	国家	公司
11	PSC-A	俄罗斯	NOBEL Oil Co.
12	PSC-B1	俄罗斯	NOBEL Oil Co.

资料来源：吴昂突:《缅甸能源发展项目与资源》，缅甸油气公司能源计划处，2009年3月10日。

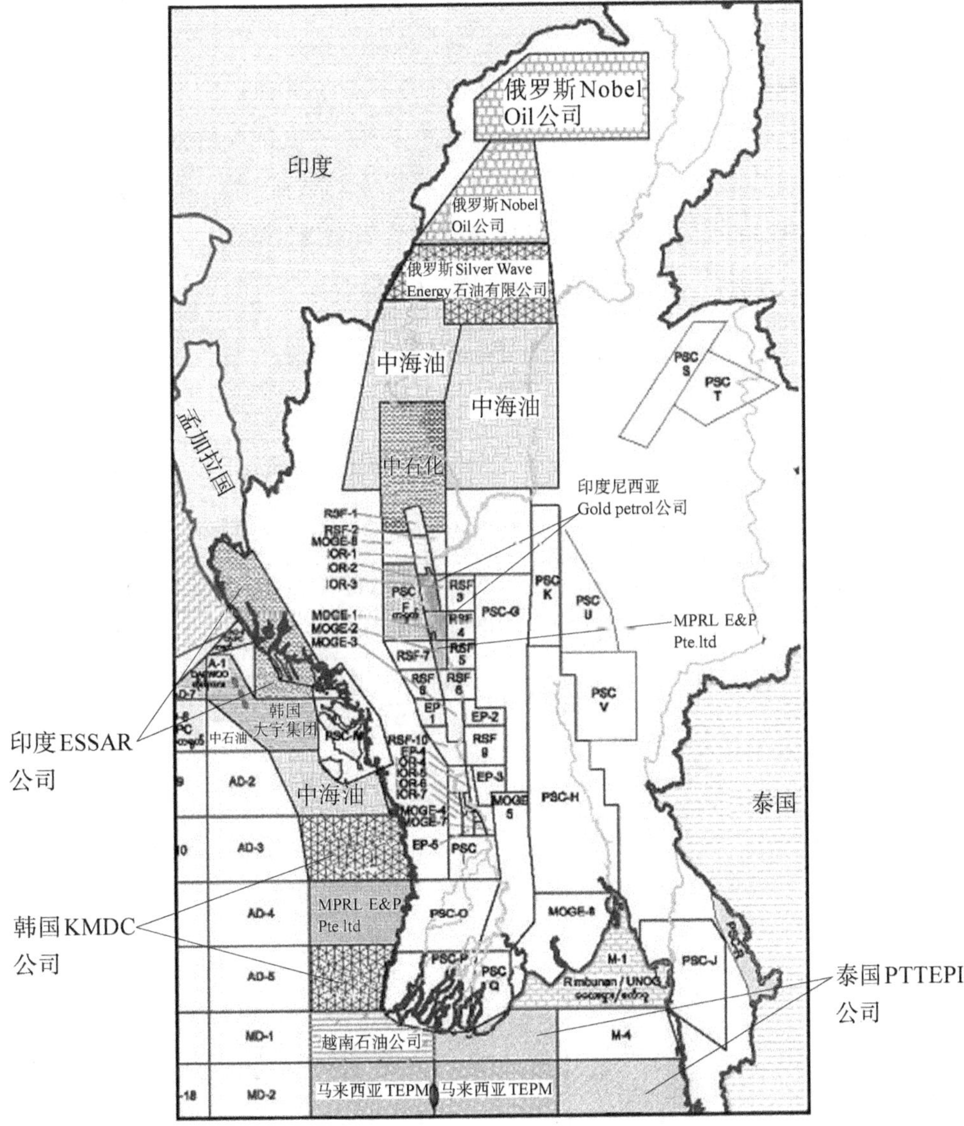

资料来源：吴昂突:《缅甸能源发展项目与资源》，缅甸油气公司能源计划处，2009年3月10日。

图4-5　外国公司在缅甸内陆参与开发项目地理分布

在缅甸若开近海、莫塔玛近海、德林达依近海有俄罗斯、中国、印度、韩国、马来西亚和新加坡的公司与缅甸能源部石油天然气公司进行合作开发。在莫塔玛近海区，法国、美国和泰国的公司投资开发耶德那天然气和佐地卡天然气项目。专家预测耶德那天然气项目的储量为5.7万亿立方英尺，加上在该近海区新开发的“钻石”和“红宝石”天然气项目，总产量预计可达6.5万亿立方英尺。耶德那天然气项目自1998年开始每天向泰国输送5.25亿立方英尺天然气，现在加上“钻石”项目的天然气，每天共向泰国输送7亿多立方英尺。佐地卡项目的天然气也将用于出口。根据泰缅双方的协议，缅甸将向泰国卖气30年。

在德林达依近海区的耶德贡天然气项目是马来西亚、日本和泰国的公司投资开发，专家预测该项目储量为3.67万亿立方英尺天然气和8 436万桶油气冷凝物（Condensate）。该项目自2000年4月开始每天向泰国出口天然气2亿立方英尺，现在已增加到4亿，同时每天还产油气冷凝物1.2万桶。

表4-8　外国公司在缅甸沿海地区的参与状况

序	区块	国家	公司
1	A-1	韩国+印度	Daewoo/ONGC-Videsh Ltd/GAIL/KOGAS
2	A-2	印度	Essar Exploration & Production South East Asia Ltd.
3	A-3	韩国+印度	Daewoo/ONGC-Videsh Ltd/GAIL/KOGAS
4	A-4	中国+新加坡	CNOOC/China Focus Development Ltd./HQCEC
5	A-5	韩国+新加坡	KMDC & BOC
6	A-6	英属维尔京群岛	MPRL E&P Pte.Ltd
7	A-7	韩国+新加坡	KMDC & BOC
8	M-1	马来西亚+新加坡	Rimbunan Petrogas Ltd./ UNOG Pte.Ltd
9	M-2	越南	Petrovietnam
10	M-3	泰国	PTTEPI
11	M-4	马来西亚	Petronas Carigali
12	M-5	马来西亚	Petronas Carigali
13	M-6	马来西亚	Petronas Carigali
14	M-7	泰国	PTTEPI

续表

序	区块	国家	公司
15	M-8	新加坡	Ngwe Oil & Gas
16	M-9	泰国	PTTEPI
17	M-10	中国	CNOOC/China Focus Development Ltd./HQCEC
18	M-11	泰国	PTTEPI
19	M-12	马来西亚	Petronas Carigali Myanmar Inc.（PCMI）
20	M-13	马来西亚	Petronas Carigali Myanmar Inc.（PCMI）
21	M-14	马来西亚	Petronas Carigali Myanmar Inc.（PCMI）
22	M-15	韩国+新加坡	KMDC & BOC
23	M-16	韩国+新加坡	KMDC & BOC
24	Yetagun East Block（YEB）	澳大利亚	Twinza Oil
25	MD-4	马来西亚	Petronas Carigali Myanmar Inc.（PCMI）
26	MD-5	马来西亚	Petronas Carigali Myanmar Inc.（PCMI）
27	MD-6	马来西亚	Petronas Carigali Myanmar Inc.（PCMI）

资料来源：吴昂突：《缅甸能源发展项目与资源》，缅甸油气公司能源计划处，2009年3月。

表4-9　外国公司在缅甸深海地区的参与状况

序号	区块	国家	公司
1	AD-1	中国	中石油
2	AD-6	中国	中石油
3	AD-7	韩国	大宇
4	AD-8	中国	中石油

资料来源：吴昂突：《缅甸能源发展项目与资源》，缅甸油气公司能源计划处，2009年3月10日。

（七）缅甸的对外油气合作政策与方式

缅甸油气产业的主要管理部门是能源部。能源部由部长办公室、能源规划司、缅甸石油与天然气公司、缅甸石化公司和缅甸石油产品公司组成。主要职能是进行原油和天然气的勘探、开发和提炼，石油产品的生产和运输，石油产品的分配，以及地热能资源的调查和研究工作。其中主要负责外国公司的合作部门有两个：能源规划司和缅甸石油与天然气公司。能源规划司负责能源开发项目的协调、讨论和谈判；而缅甸石油与天然气公司主要负责勘探开发石油、天然气以及与外国公司进行合作并监督其实施。

油气开采活动必须在缅甸能源部所划定地开采区内进行。获得开发权的公司或合同者享有在规定时间内开采、销售和出口该开采区开采所得油气的权利。一个开采合同中可能包括几个开采区。例如，雅德那天然气开采合同包括M-5和M-6开采区的天然气的开采和出售权。至2008年4月，缅甸有91个开采区。截至2009年4月，缅甸已经签订了75个开采区的38个开采合同。一个开采合同里可包含多个公司，但只有其中的拥有最多股份的公司才被称为是这一合同的“经营者”，其主要负责该开采活动的各项事宜。

在缅甸的内陆和沿海大陆架石油与天然气国际合作合同当中，共有三种合作分式：(1)产品合作分式，产品分成协议(Production Sharing Contracts)；(2)提高采收率协议，是内陆老油田增产的协议(Improved Oil Recovery)；(3)老油田恢复生产能力的协议(Reactivation of Suspended field)。

产品分成协议(PSCs)，即合作开发、共享成果，合同期20年(可延长)。政府与合同者的份额分别60%和40%。

提高采收率协议(IORs)，用于提高内陆老油气田的产量，合同期为20年(可延长)。政府与合同者的份额分别为65%和35%，增产部分按投资比例分成。

恢复开发生产协议(RSF)，即对一些已经开发但又停产的油气田进行重新开发，恢复生产。政府与合同者的份额分别各为50%，恢复生产后的产量则按投资比例分成。

为了吸引更多的外国投资，缅甸政府还允许外国投资者在投资前6到9个月可以先对区域进行实地考察。

三、电力工业

缅甸一直以来都是一个电力匮乏的国家。电力供应的不足导致工厂开工率低，政府机关办公、商业场所的营业受到严重影响，也给人们生活带来许多不便，严重制约了缅甸社会、经济的发展。特别是1988年缅甸进行经济改革后，城市化和工业的发展带来了对电力更大、更迫切的需求，电力供需矛盾进一步突出。据世界银行最新一期《东亚太平洋地区经济半年报》显示，缅甸的经济在2011—2012财年持续加速，国内生产总值（GDP）增长达5.5%，2012—2013财年增长预计将达6.3%。电力需求也增长很快，电力供应至少低于需求30%，由于水电站产能不足和燃气发电有限，停电的风险很大。由于电力缺乏，缅甸国有工厂大多开工不足，致使缅甸每年有近20%的工厂因缺电而不能正常生产。有鉴于此，缅甸政府更是把增加电力生产和供应作为改善投资环境、促进社会经济发展的重要措施。

（一）电力发展基本情况

缅甸电力工业基础薄弱，主要由水力发电、天然气发电、蒸汽发电和柴油发电等4个部分组成。电站31座，装机容量为328.5万千瓦。其中9个电站为1988年前建成，包括水电站2座、天然气电站7座，装机容量为52.9万千瓦。1988年以来，随着社会和经济的发展，电力供需矛盾更加突出，缺口达60%，成为制约经济发展的瓶颈。为了解决国内电力紧缺的局面，军政府加快了电力产业的发展速度。1988年以来，缅甸共建成22座电站，包括14个水电站、1个火电站、7个天然气电站，装机容量为275.6万千瓦。1997年11月又将原隶属于能源部的缅甸电力公司划归新成立的电力部，制订了由6个五年计划组成的电力工业发展30年远景规划，从2001—2002财年起执行。电力工业总的发展思路是利用缅甸丰富的水力资源，加强与亚洲邻国的合作，重点发展水电产业。2002年11月，缅甸与泰国、柬埔寨、老挝、中国共同签署了电力联接与电力贸易协定，以加快推进缅甸水电开发步伐。2008—2009财年，外国在缅投资157亿多美元，其中对电力投资居首位。2011年缅甸第一电力部公布统计数据显示，第一电力部所属17座电站装机容量257万千瓦，年发电量130.5亿千瓦时；第二电力部所属15座天然气发电站装机容量71.49万千瓦，年发电量57.2亿千瓦时。缅甸在建电站共67个，包括政府推进的14个发电站建设项目，9个私营电站项目，44个外国投资项目。截至2012年4月，缅甸的电力总装机容量为3 454万千瓦，其中水力发电厂有18个（2 660万千瓦），占76.1%，集中分布在缅北地区的伊洛瓦底江与萨尔温江支流上；天然气发电厂15个（714万千瓦），占20.4%；煤电厂1个（120万千瓦），占3.5%，而热能电站和柴油发电站所占比例很小，除个别较大型的燃煤电站外，多数都没有并入国家电网，一般为小范围的区域供电。

截至2012年4月，缅甸各类电站总装机容量达到3 454兆瓦，已是1988年685

兆瓦的5倍。按电力系统中水电、火电的比重1∶1以及配备一定备用容量的需求预测，到2020年，缅甸电力系统统调水电装机容量约2 090兆瓦，电力经济可开发装机容量超过 39 700兆瓦。为缓解缅甸电力供应不足，2013年9月29日，缅甸电力部与泰国Gunkul工程公司和中国三峡集团签署了关于风力发电项目的谅解备忘录。根据该备忘录，两公司将用一年左右时间就商业风电开发进行可行性研究。其中，Gunkul公司拟在孟邦、克伦邦、德林达依省和掸邦的7个地点建设风电机组，预计装机容量2 930兆瓦；三峡集团则计划选址在钦邦、若开邦、伊洛瓦底省和仰光省，发电目标为1 102兆瓦。

此外，缅甸还建有燃煤发电站。由电力部经营的掸邦南部迪几(Tigyit)大型燃煤发电站拥有12万千瓦的发电能力。日本已为该发电站提供新技术，使其更有效地利用褐煤。同时，为了满足日益增长的电力需要，缅甸正计划修建和运营以下燃煤发电站：仰光27万千瓦发电站、格莱瓦(Kalewa)60万千瓦发电站、德林达依省0.6万千瓦发电站。

表4-10　截至2012年4月缅甸已建水电站

序号	电站名称	装机容量(兆瓦)	省/邦	流域
1	布鲁桥1级(Baluchuang-1)	28	克耶邦	巴鲁昌河
2	布鲁桥2级(Baluchuang-2)	168	克耶邦	巴鲁昌河
3	坎达(Kindah)	56	曼德勒省	班朗河
4	赛铎吉(Sedawgyi)	25	曼德勒省	昌玛继河
5	邦朗(Paunglang)	280	曼德勒省	邦朗河
6	耶瓦(Yeywa)	790	曼德勒省	密汀河
7	照济1级(Zawgyi1)	18	掸邦	照济河
8	照济2级(Zawgyi2)	12	掸邦	照济河
9	瑞丽1级(Shweli1)	600	掸邦	瑞丽江
10	景栋(Kengtawng)	54	掸邦	邦河
11	藏都(Zaungtu)	20	勃固省	勃固
12	耶垒(Yenwe)	25	勃固省	耶垒河
13	卡邦(Kabaung)	30	勃固省	卡邦河
14	水津(Shwegyin)	75	勃固省	水津河
15	大阪赛(Thaphanseik)	30	实皆省	穆河

续表

序号	电站名称	装机容量(兆瓦)	省/邦	流域
16	吉荣吉瓦(Kyeeohn Kyeewa)	74	马圭省	蒙河
17	莫恩(Mone)	75		
18	太平江1级(Dapein1)	240	克钦邦	太平江
合计		2 600		

资料来源:第一财经日报。

表4-11　缅甸已建天然气电站

序号	电站名称	装机容量(兆瓦)
1	遵强(Kyunchaung)	54.3
2	曼(Mann)	36.9
3	瑞当(Shwedaung)	55.35
4	缅昂(Myanaung)	34.7
5	直通(Thahtone)	50.95
6	毛淡棉(Mawlamyaing)	12
7	罗嘎(Hlawga)	154.2
8	濑玛(Yawma)	70.3
9	阿隆(Ahlone)	154.2
10	达开达(Thaketa)	92
合计		714.9

资料来源:第一财经日报。

表4-12　缅甸已建燃煤发电站

电站名称	装机容量(兆瓦)	省/邦
迪几(Tigyit)	120	掸邦

资料来源:第一财经日报。

(二)电网建设

缅甸尚未形成全国统一电网,电网由国家互联电网(主网)和偏远地区的孤立电网组成。主网最高电压230千伏,围绕中部的两大负荷中心——仰光市和曼德勒市向周边延伸,覆盖了中部的多数省份,包括仰光省、伊洛瓦底省、勃固省、马圭省、曼德勒省、克耶邦、实皆省南部、以及北部克钦邦、东部掸邦和南部孟邦、克伦邦的部分地区。这一区域人口稠密经济较发达，特别是仰光及其周边地区，是缅甸主要的工业区，仰光也是缅甸用电量最大的地区，几乎占全国用电量的一半。沿边、沿海省份的大部分地区依靠孤立电网供电（输出电压132千伏和66千伏），包括北部克钦邦（北部）、东面掸邦（东部）、西部钦邦和若开邦以及南部德林达依省。与此相对应，缅甸的供电区可分为两个部分，一是国家电网系统（互联系统）区，一是国家电网以外的区域。

2006年9月底，缅甸国家电网输电线路达到33 245千米，比1988年的17 333千米增加15 912千米。通电的村镇分别是镇从1988年的286个增加到2006年的473个，村从1988年的741个增加到2006年的1 267个（缅甸全国行政村共13 747个）。缅甸主网内有230千伏输电线路10回，共794.49千米；132千伏线路20回，共964.13千米，66千伏线路18回，共395.48千米，变电容量共计1 237.5兆伏安。电网覆盖人口估算仅26%左右，45%多的人口不在电网覆盖范围内。此外，由于缅甸的输变电设备落后，缺乏科学有效的运营管理，使主要集中在缅北地区的各大电站产出的电能难以顺利通畅地输送到全国各地。

（三）电力主管部门及主要电力公司

缅甸独立后于1951年成立国家供电委员会负责电力方面的事务，同时也把电力工业置于政府的完全掌握之下。1972年，供电委员会改组为电力公司（EPC），仍然履行原有的职能。随着缅甸能源需求的进一步增加，缅甸于1985年成立了能源部，专门管辖能源事务（石油天然气和电力的生产供应以及新型可再生能源的研究开发等）。而电力需求的增长和电力工业的发展又使电力部门从能源部独立出来，于1997年11月成立了电力部，以便更加有效地管理和促进电力工业的发展。电力部又于2006年5月进一步分为第一电力部和第二电力部，分别重点负责电网建设、管理和电站建设、管理。2012年9月5日，缅甸联邦总统府发布公告，将缅甸电力第一部与电力第二部合并为缅甸电力部。

电力部下属的国营缅甸电力公司（MEPE）是缅甸唯一的电力公司，是缅甸最主要的电力生产和供应商。缅甸电力公司的职能包括电力设施的规划、设计、施工建设、维护和运营，电力的生产输送以及向各类用户供电。

缅甸电力公司由常务董事和总工程师共同领导，下设6个工作处，即：计划处、水电开发处、施工处、财务处、管理处、物资处。电力司设有司长一名，职员124名。缅甸电力公司有员工16 526名，总部设在仰光，18个地方办事处分别设在14个省邦首府和3个分区（介于省邦和县之间的行政区划）。

（四）电力供应情况

缅甸是世界上人均发电量最少的国家之一，家庭的户通电率仍然很低。1988—1989财年，缅甸全国总发电量仅为22.26亿度，2002—2003财年缅甸全国发电量为66.1亿度，次年由于水电发电量波动大，发电量下降至54亿度。2005/2006年回升到60.2亿度，人均发电量108度（以2006年年初人口数5 540万来计算）。2011—2012财年，缅甸全国总发电量为97.11亿度，人均电力消费量仅为160千瓦时，还不及2009年孟加拉国的人均电力消费量（252千瓦时）。据缅甸电力二部官员统计，2011年缅甸的发电量仅为消费量的1/2，全国有近1/4的居民用不上电。2012年仰光地区供电需求达800兆瓦，比2011年增加210兆瓦。此外，曼德勒地区2012年用电需求为280兆瓦，较2011年增加57兆瓦。其他省邦用电需求达640兆瓦，增加了113兆瓦。全国用电需求为1 720兆瓦，供电能力为1 529兆瓦，尚有200兆瓦缺口。据缅甸电力部透露，目前全缅甸有近5万个村庄及小城镇尚未实现供电，主要集中在掸邦及克钦邦等地区。上述无电村具体分布情况是：掸邦13 424个村及3个城镇；伊洛瓦底省8 602个村及1个城镇；勃固省5 603个村；曼德勒省2 978个村；马圭省2 416个村；克钦邦 2 295个村等共有35 318个村及4个小城镇未实现供电。

表4-13 缅甸的发电量（2008—2012年）（单位：百万千瓦时）

	2008—2009	2009—2010	2010—2011	2011—2012	年均增长率（%）
发电量	6 622	6 954	7 543	9711	14.7

资料来源：中国电力网，www.chinapower.com.cn

表4-14 2009年亚洲部分国家的用电率及电力消费量

	用电率	电力消费量（千瓦时/人）
孟加拉国	41%	252
中国	99.4%	2 631
柬埔寨	24%	131
印度尼西亚	64.5%	590
马来西亚	99.4%	3 614

续表

	用电率	电力消费量（千瓦时/人）
泰国	99.3%	2 045
越南	97.6%	918
缅甸	13%	104

资料来源：根据美国能源信息署（U · S · Energy Information Administratiom）资料整理所得。

缅甸电力不足主要包括两方面的原因，一方面是电源开发不足，电力总量无法满足需求；另一方面是现有的输电线路和配电设施不能满足电力输送需求，亟待改造和建设。2012年6月19日，缅甸总统吴登盛在关于缅甸发展规划的讲话中明确指出，要积极吸引和利用国内外投资，大力发展缅甸的电力产业，以满足国家发展和人们需求。为解决无电村用电问题，缅甸政府计划2012—2016年间在相关省邦架设500千伏、230千伏、132千伏及66千伏电网和修建变电站。此外，缅甸拟在钦邦架设204条输电线及建34个变电站，在若开邦架设569条输电线及建690个变电站，在德林达依省架设773条输电线及724个变电站等。

缅甸政府从2012年拟从销往中国的电量中回购100兆瓦，以满足仰光地区用电需求。仰光地区用电需求已从过去的500兆瓦～600兆瓦升至2012年的700兆瓦。自2012年4月2日起，缅政府根据现有的甩负荷系统，将仰光市区划分为4个供电区，郊区划分为2个供电区，以满足高峰时段用电需求。2012年12月18日，仰光省供电委员会主席谈缅甸电力供应情况时说，2013年仰光省电力供应需求将增长15%。仰光罗加发电厂已有私人公司Zeya and Associate Co.已签约将建一容量为50兆瓦的发电厂，雅马发电厂已由曼瑞比公司签约建一装机容量为50兆瓦的蒸汽发电厂，2012年12月，该厂已具备发电条件。2012年，仰光省旱季对电力的需求总量为750兆瓦，要求能源提供146.642亿兆瓦/小时供电尚不能够满足需求。同其他省邦比较，仰光省发展速度最快，年用电量每年增加15%。2012年仰光夏季用电量为750兆瓦，2013年将增加至850兆瓦。为支持经济发展和保障人民生活所需，缅甸将继续大力发展电力基础设施建设，截至2012年7月，缅甸在建电站项目共62个，其中缅甸电力部主持的12个、缅甸私企执行的6个、外国投资或合资的电站44个。

缅甸全国的电力供应主要通过五个渠道开展工作，一是建主电网，通过国家电网提供电力；二是在远离国家电网系统地区建小型水电站发电解决电力供应问题；三是利用柴油或机油发电设备解决供电问题；四是组成由地方政府、当地长老和群众一致同意的供电委员会，由该供电委员会组织开展柴油或机油发电方式解决用电问题，或建设小型水力发电厂解决供电问题；五是在与邻国相邻的边境地区采取从邻国购买电力的方式解决供电问题。其中，由电力部投资所建的电力供应系统的供电收费标准统一为：民用电每度电费25缅元，企业用电每度电费50缅元。但通过组成供电委员会，并吸纳私人企业投资的供电电费则实行不同的收费标准。

1.国家电网供电情况

（1）由国家电力部门投资的主电网供电范围包括14个邦/省首府所在地的10个城市，其余的4个邦/省政府所在城市（克钦邦密支那、钦邦的哈卡、若开邦的实兑和德林达依省的土瓦）则采取其他的方法解决供电问题；

（2）县级政府所在的城镇共有67个，其中有42个的供电问题是通过国家电网解决，其余25个则通过其他方式解决；

（3）镇区级政府所在城镇共有310个，其中有204个的供电问题是通过国家电网解决的，其余的106个通过其他方式解决；

（4）村镇级政府所在地共有82个，其中仅有8个通过国家电网解决供电问题，其余的74个均通过其他的方式解决供电问题；

（5）城镇级别的城镇19个，其中18个通过国家电网解决供电问题，其余1个通过其他方式解决供电问题。

（6）与以上10个邦/省府所在城镇、67个县级政府所在城镇、204个镇区级政府所在城镇、8个乡镇级政府所在镇和18个城镇级别的城镇相连接的1 393个村庄是通过自己的方式从国家电网中获取用电量来解决供电问题。有4 986个村庄是通过其他方式来解决用电问题的。换句话说，共有6 379个村庄是自行解决供电问题的。通过国家电网供电的电费标准分别为：民用电每度25缅元，企业用电每度50缅元。

2.远离国家电网系统地区小型水电站供电情况

电力部共拥有小型水力发电站32个，其分布情况及装机容量如下表：

克钦邦：南康卡电站，装机容量5 000千瓦；格来河电站，装机容量1 260千瓦；南东电站，装机容量160千瓦。三个电站装机总容量为6 420千瓦。

缅甸全国共有小型电站32个，总装机容量33 237千瓦（33.237兆瓦）。32个小型水电站共承担31个城镇42个村庄的供电任务，但每年能够保证24小时供电的时间仅从1月至7月的7个月时间段，其他时间段由于水流量减少，仅靠柴油发电带动每天保证约6小时的供电时间。电费标准参照国家电网供电标准执行，分别为民用电每度25缅元，企业用电每度50缅元。

3.通过电力部所属的柴油发电机发电

通过电力部的569台柴油发电机发电，这部分柴油发电总量为55 380千瓦小时，用于解决以上两种供电方式外的309个镇区供电问题，电力部每月均需为此提供116 704加仑的柴油。

国家每年需要补贴柴油1 400 448加仑。但由电力部补贴发电量仅能够每天供电两个小时，其电费的收费标准仍为民用电每度25缅元，企业用电每度50缅元。这样的供电方式每度电将产生294缅元的亏损。国家每年均必须为通过柴油发电解决供电问题的克钦邦、钦邦、若开邦、掸邦(北部)、克耶邦和克伦邦补贴燃料油费1.506亿缅元。年亏损额达18.0 735亿缅元。也就是说，14个邦省中，有6个出现亏损，只能用其他8个邦省的利润来进行补贴。

4.自筹资金自负盈亏的供电方式

除通过电力部的柴油发电机供电外，为解决部分镇区供电用户需要增加供电时间问题，采用通过供电委员会增加发电量、并加收柴油费等方式进行。缅甸全国共有47个供电委员会，通过供电委员会收电费的方式和收费标准则根据发电成本和供电时间等因素决定，各地情况各有不同，每度电费在400到800缅元不等。

5.边境地区通过供电委员会向邻国购买的方式

边境地区共有12个供电委员会负责通过向邻国购买的方式解决供电问题。通过向邻国购买方式解决供电问题的边境地区主要集中在克钦邦和掸邦部分地区，电费标准在每度电120至300缅元不等。

缅甸全国各地供电基本情况为，国营电力供电系统为国家补贴式的供电方式为主，同时结合其他的灵活供电方式进行。目前尚不具备电费统一定价的条件。

据电力部局长吴钦貌佐2013年1月初表示，今后的缅甸电费标准为：家用电1度至200度间每度35缅元，201度以上每度50缅元；商业性用电1度至10 000度间每度75缅元，10 001度至15 000度间每 度100缅元，15 000度以上每度150缅元。据悉，缅甸电力公司从国内水电站和瑞丽江水电站分别以10缅元/度和26缅元（约合人民币1.189元）/度收购电力，再分别以40缅元/度和37缅元/度的价格出售给仰光电力供应局和电力供应局。仰光电力供应局以35缅元/度收取民用电费和政府部门用电费，以75缅元/度收取商业用电费。缅甸电力公司财政管理局总经理杜佐佐丹表示，在2012/2013年度亏损约187.51亿缅元，在2013/2014年度，亏损规模预计将达到3 689.27亿缅元。

表4-15　缅甸电力部小型水力发电站发电情况表

省/邦	电站名	装机容量（千瓦）	总容量（千瓦）
克钦邦	南康卡电站	5 000	6 420
	格来河电站	1 260	
	南东电站	160	
钦邦	额西巴电站	1 000	3 009
	莱巴电站	600	
	丹巴电站	400	
	沙雷电站	400	
	齐河电站	260	
	推桑电站	164	
	南朗电站	135	
	布勒瓦电站	50	
实皆省	西强河电站	1 260	1 310
	乐黑电站	50	
曼德勒省	莫谷电站	4 000	4 450
	维温电站	450	
掸邦（北部）	南苗电站	4 000	9 150
	南桑安电站	4 000	
	南散河电站	500	
	巴节霍电站	300	
	南坎电站	200	
	南湖猛电站	150	
掸邦（东部）	南稳电站	3 000	4 680
	麦邦电站	1 200	
	南拉电站	480	

续表

省/邦	电站名	装机容量（千瓦）	总容量（千瓦）
掸邦（南部）	达基电站	1 200	1 450
	滚海电站	250	
勃固省（东部）	白迪电站	2 000	2 000
克耶邦	回格布电站	108	108
克伦邦	帕崩电站	62	62
孟邦	新阶电站	192	192
德林达依省	中素电站	200	392
	麻立电站	192	

（五）缅甸国际电力合作

缅甸的水电开发合作已经成为外资投资缅甸的新兴热点。据缅甸国家投资委员会透露，电力行业是缅甸吸引外资的主要行业之一，截至2012年12月，电力部门共吸引外资191亿美元，占缅甸外资总资415亿美元的46%；超过石油天然气的开采一跃成为最大的外资投资领域。

缅甸的电站建设主要与中国、泰国、印度、孟加拉国等邻国开展合作。

1. 与中国的合作

缅甸与中国的电力合作开展较早，中国是缅甸最大的电力合作伙伴，中国承建的电站数量多、规模大。主要情况是：

（1）邦朗水电站。中国云南机械设备进出口公司以卖方信贷方式参与承建的邦朗水电站位于缅甸中部锡唐河上游主要支流的邦朗河上，距曼德勒省彬文那约20千米，是缅甸已建成的最大的水力发电站，总装机容量为4×70兆瓦，年发电量9.11亿度。该电站所有机电设备、金属结构和压力钢管的安装调试则由水电十四局安装总公司中标承建。1998年底，云南机械设备进出口有限公司通过参与激烈的国际招投标，夺得邦朗电站建设的全部关键性工程——机电设备制造与安装以及地下厂房等项目的承建任务。邦朗水电站于2005年3月25日竣工发电，它的投产在一定程度上缓解了缅甸电力供应紧张的状况。2005年9月2日，云南机械设备进出口公司与缅甸电力部水电局在仰光签署了缅甸邦朗水电站二期工程（又称上邦朗水电站）项目协议。上邦朗水电站工程总装机14万千瓦（2×7万千瓦），位于距邦朗水电站约60千米的大邦朗河与小邦朗河的交汇处，项目金额约

8 000万美元，拟采用出口卖方信贷形式融资。

（2）孟河水电站、德潘色水电站。1998年11月，缅甸电力部与中国国际信托投资公司签署了建造德班塞电站和孟河电站的两项合同，装机容量分别为3万千瓦和7.5万千瓦。这两座电厂由中国国际信托投资公司下属的中信技术公司承建。

德潘色水电站位于缅甸穆河上的德潘色水电站总装机容量为3万千瓦，年发电量为1.17亿千瓦时，于2002年6月竣工并正式投入使用。该电站投资总额为2 000万美元，建站资金用中国进出口银行提供的卖方信贷支付。该电站具有发电和农业灌溉等多种功能。该电站投入运营将有助于缓解缅甸电力紧张状况和扩大缅甸农田灌溉面积。孟河水电站项目位于马圭省，装机容量3×2.5万千瓦。电站于2004年12月竣工。

孟河水电站、德潘色水电站的机电设备和金属结构的安装均由中国水电一局机电安装分局负责施工。

（3）耶涯水电站。耶涯水电站位于缅甸曼德勒省东南约50千米处的密埃河上，总装机容量79万千瓦（4×19.175万千瓦），建成后年发电35.5亿千瓦时。2004年以来，缅甸与一些中国公司，包括中国电工设备总公司、中国国际信托投资公司（中信）科技公司、中国水利水电建设集团公司、中国葛洲坝水电（集团）有限公司和中国重型机械总公司（CHMC）在内的中国公司，分别签署了五项合作协议。该水电项目利用中国政府提供的2亿美元优惠出口买方信贷建设。中方向缅方提供这个项目所需的成套机组设备、金属结构和安装技术服务等。

（4）瑞丽江一级水电站。瑞丽江一级水电站是由云南电网公司、云南华能澜沧江水电有限公司和云南机械设备进出口有限公司共同投资建设的项目。瑞丽江水电站位于缅甸掸邦北部，距中国边境城镇瑞丽仅90千米。电站装机容量60万千瓦，首台机组于2008年9月5日投产发电。2009年4月29日，电站六台机组全部建成投产。项目投产以来，电站水库、引水系统及发电厂房主体工程运行正常，环境保护优良。根据项目合资协议，瑞丽江一级电站特许经营期为“35+5”年，特许经营期内为缅甸提供免费电量15%，85%的电量输送回中国，特许经营期满后项目移交缅方。此外，根据缅甸经济发展需要，瑞丽江一级水电有限公司与缅甸第二电力部逐年签订售电协议，以满足缅甸民众用电需求。瑞丽江一级水电有限公司售往缅甸的电价和售往中国的电价一致。

云南公司与缅方对瑞丽江流域三个梯级电站进行开发并逐级实施建设，合作建设将采用建设—经营—转让(Build—Operate—Transfer, BOT)方式进行。其中一级水电站600兆瓦，二级电站460兆瓦，三级电站360兆瓦。

云南省机械设备进出口有限公司与缅甸国家电力部就电力合作开发达成协议，在昆明签署了《缅甸瑞丽江及恩梅开江流域开发合作谅解备忘录》。

恩梅开江是伊洛瓦底江主要支流，从中缅边境起全长约600千米，集中落差为100米。经初步估算，恩梅开江流域水电资源装机总容量在1 000万千瓦以上。云南已与缅方就合作开发恩梅开江流域达成共识，缅方将给予云南省恩梅开江流域水电的优先开发权。

(5)迪基火电站。2001年8月，中国重型机械总公司与缅甸国家电力公司签署了迪基燃煤电站项目的总承包合同，金额约4 300万美元。迪基电站位于掸邦南部，是缅甸第一座燃煤火力发电站，总装机容量2×60兆瓦，该电站一号机组于2004年12 月中旬成功并网发电，二号机组于2005年4月底并网发电。电站所需燃煤由中国重型机械总公司承建年产75万吨燃煤的露天矿供应。

(6)景当水电站。缅甸景当水电项目位于掸邦南部，距仰光480千米。景当水电项目主要由进水口、压力引水隧道、发电厂房及开关站、尾水渠等组成。装有3台单机容量为18兆瓦的水轮发电机组，总装机容量为54兆瓦。项目的土建工作由缅方负责承建，中方负责水电站的设计、机械电气设备及金属结构设备的供货、安装调试等工作。

(7)卡邦水电站。卡邦2×15兆瓦水电站项目是缅政府水电发展5年计划(2001年4月至2006年3月)的项目之一。缅电力部水电局与中国电工设备总公司、中国重型机械总公司分别签署了该项目金属结构标供货合同(合同金额约220万美元)、机电设备标供货合同(合同金额约672万美元)。

(8)上萨尔温江水电项目。2007年4月，缅甸与中国华睿投资集团公司签署了一份谅解备忘录，合作建造萨尔温江上游水电工程。装机240万千瓦的电厂位于北部掸邦，是萨尔温江规划建设的几座水电项目之一。

(9)“三江”水电项目。2006年12月中国电力投资集团公司(简称“中电投”)与缅甸联邦第一电力部在缅甸首都内必都签署了开发恩梅开江、迈立开江流域和伊洛瓦底江敏宋水电站的谅解备忘录。将由中电投在缅甸参与建造位于伊洛瓦底江、恩梅开江、迈立开江交汇处的7个水电项目，总装机容量达1 336万千瓦，这是中缅以建设—经营—转让(Build—Operate—Transfer, BOT)进行合作的又一个大型水电开发项目。2007年5月，中国电力投资集团公司在缅甸克钦邦奇贝市隆重举行缅甸恩梅开江、迈立开江及伊洛瓦底江流域开发电站前期工程开工典礼。

（10）太平江一级电站：位于缅甸克钦邦南部，项目装机4×60兆瓦。根据项目合资协议，太平江一级电站特许经营期为“35+5”年，前25年电站向缅甸提供8%的免费电量，后“10+5”年向缅甸提供10%的免费电量，特许经营期满后项目移交缅方。

2.与泰国的合作

1997年7月，缅甸与泰国签署了谅解备忘录，到2010年泰国向缅甸购买电力1 500 兆瓦。按照这份谅解备忘录，双方各自成立由相关政府部门代表组成的委员会来实施电力购买计划。泰方的委员会会长由泰国发电局局长亲自担任，5名委员来自国家能源政策委员会、外交部、能源开发局等部门。对实施该协议将起重要作用的首选工程是位于萨尔温江上的大山水电工程。

2006年6月，缅甸电力部部长丁图访问泰国时双方达成了合作开发萨尔温江和丹那沙林河水电的协议，主要包括三个项目：大山水电站、哈儿水电站和德林达依水电站。

（1）大山（Tasang，又名塔桑）水电站。总投资为60亿美元，水电站位于缅甸掸邦东部大其力地区萨尔温江，总装机容量为711万千瓦。为实施该项目，缅甸水电局和泰国MDX集团有限公司签订了合资协议并共同成立了一个合资公司，对项目的实施将采取国际招标的方式进行。该项目2007年4月动工兴建，由缅甸电力部下属的缅甸水电局和泰国MDX集团有限公司共同施工建造，工期15年，装机容量为7 110兆瓦，工程完工后，每年可发电354.46亿千瓦时。该工程采用建设—经营—转让（BOT）模式，工程分三个阶段实施。大山水电站项目是缅甸未来几年建设计划中最大的水电站项目，也是泰国在缅最大的投资项目。该厂所发电力主要出售给泰国，另有少量免费供应缅甸部分地区。

（2）哈儿（Hutgyi）水电站。该项目是缅甸与泰国、中国共同建设的一个水电站，泰国方面是泰国发电局，中国方面是中国水利水电建设集团。总投资40亿美元，其中泰国占50%，中国占40%，缅甸占10%。哈儿电站装机容量为600兆瓦，年发电38.2亿度，电力将大部分出口泰国。2007年8月缅甸和泰国双方专家在克伦邦南部萨尔温江的三个点进行了土壤检验，为哈儿电站建设做前期准备。该电站也面临着大山电站一样的困境，受到国际环境和人权组织的压力。该项目计划将于2015年或2016年完成。

（3）德林达依水电站。该项目尚未进入实质性的实施。

3. 与印度的合作

缅甸与印度的合作只有一个项目，即钦敦江水电站项目。该电站预计装机容量为120万千瓦。2004年10月，印度与缅甸签订了备忘录，建成后，80%的电力出口到印度。

4. 与孟加拉国的合作

孟加拉国为缓解电力危机，决定向缅甸寻求帮助。缅甸已原则上同意了孟提出在缅甸若开邦合作建设水电站的建议。孟方的计划是在若开建设一座装机600兆瓦的水电站向孟供电。按照缅方的要求，新建电厂30%的发电须供给缅甸国内，其余70%可输往孟加拉国。

5. 与日本的合作

日本政府2001年5月初宣布，鉴于日本于1960年代为缅甸建造的洛比达水电站年久失修、设备老化，日本政府计划向缅甸提供35亿日元（合2 860万美元）援助，作为该电站的维修费用。2002年5月，日本政府决定向缅甸提供6.28亿日元援助，用于洛比达电站的维修。

第三节　原材料工业

在过去，由于国际政治、经济等多方面的原因，缅甸的矿产资源还没有得到有效的开发。近些年来由于国际矿业形势的转暖和缅甸政府的优惠政策，矿业形势开始升温，矿产资源丰富的缅甸也开始受到了国际矿业投资商的广泛关注。

一、采矿业

（一）采矿业开发现状

缅甸的矿业由国有企业经营，第一矿业公司主要负责铅、锌、铜业，第二矿业公司负责钨、锡及其合成产品和金、钻石等贵金属，第三矿业公司负责钢、铁、煤、重晶石、石灰石等工业矿产。珠宝玉石则由缅甸珠宝玉石公司专营。主要的矿业公司有设在克耶邦的摩奇公司（主要生产锡）、掸邦的南渡、波敦矿业公司（主要生产铅、锌、银和金）和曼德勒省的莫谷（抹谷）矿业公司（以生产宝石和玉石著称）。

1994年缅甸颁布矿业法，允许外国对宝石、金属、工业矿产原料、石料进行勘查、勘测和生产。同年10月，缅甸政府宣布过去由缅甸国营部门垄断经营的金矿和铜矿向外资开放，并于1995年9月、1996年9月和1997年9月先后三次将40块矿区对外招标。2006年，外国对缅甸的矿业投资项目达58个，投资协议金额为5.3 489亿美元。2010年，外国对缅甸的矿业投资项目达62个，投资协议金额为23.95亿美元。2012年，66家外国公司在矿业投资总额为28.14亿美元，51家国内公司共投资110.07亿缅元。在外国对缅投资中，矿业投资排第4位。在国内私营的投资中，矿业投资排第8位。

表4-16　缅甸国有企业矿产资源开采情况（单位：吨）

年/月份	锡*	钨*	锡*、钨和白钨矿
2010—2011	653	1	736
2011—2012	799	—	625
2012—2013	886	2	601
2012			
5月	61	—	66
6月	102	1	56
7月	116	1	56
8月	68	—	36
9月	67	—	41
10月	96	—	42
11月	75	—	51
12月	105	—	51
2013			
1月	56	—	63
2月	52	—	40
3月	60	—	—
4月	31	—	46

*包括外资企业产量

数据来源：第二矿业公司，转引自《缅甸联邦国家计划和经济发展部指定月度经济指标》，2013年4月。

（二）钢铁工业

缅甸炼铁历史悠久，但铁矿资源并不丰富。黑色金属矿产已知有铁矿、锰矿、铬铁矿3种，共有产地15处，具矿床规模者9个，含大型铁矿1个，中型铬铁矿1个，小型铁矿4个，小型锰矿2个和小型铬铁矿1个。

铁矿主要分布在高原西部、德林达依海岸岛屿及东北部3个地区。已知铁矿产地22处，其中大型铁矿（彬拜）1处，小型4处，累计探明储量约1.1亿吨。所见铁矿以风化残余铁帽型铁矿为主，原生矿与火山成因赤铁矿和碳酸盐岩中似层状铁矿有关，前者如彬拜大型铁矿，后者如杰吞铁矿；第二种铁矿类型为红土型铁矿，铁矿层分布在基性玄武岩层之上，矿点见于若开东缘；第三种铁矿类型为变质岩中的沉积变质热液型菱铁矿，见于葡萄以北的瑙蒙。

1. 彬拜铁矿

位于东枝东南约10千米（东经97°06′30″，北纬20°44′30″）。据纽鲍尔（1965）报道，该矿床为全糜棱岩化的原生赤铁矿，被限定在高原灰岩内的两条区域性断裂系之间，区内还分布有侵染型硫化矿的酸性火山岩（可能为流纹岩）。硫化矿几乎已全部风化，而形成褐铁矿铁帽。该矿床有平均含铁56.4%的赤铁矿约1 000万吨，平均含铁42.5%的褐铁矿储量约7 000万吨，为大型矿床。大多数矿石均可露天开采，但矿石中砷含量较高（平均达到0.011%）是不利因素。经近年研究，彬拜东北部的高洛拉还拥有近万吨低品位铁矿。

2. 杰吞耶（Kyatwinye）铁矿

位于眉谬以南约20千米（东经96°32′20″，北纬21°53′）。为盖在泥盆系白云岩及砂岩上的滚筒状（卷状构造）褐铁矿—赤铁矿，厚达22米。含铁平均品位约54%，储量约300万吨。与敦额铁矿类似，同属风化残余矿床。敦额铁矿曾被J·C·布朗（1916）作为赋存在掸邦高原的灰岩及白云质灰岩之上的典型残余型矿床描述过。布朗认为，由于这些岩石自中生代末即已暴露地表，遭受风化，故这一带的高原灰岩往往被6～9米厚的红土（印度红粘土）覆盖，红土底部发育有一层厚约1米的铁矿，由褐铁矿、褐铁矿—赤铁矿结核及团块组成，含铁品位有时可达到50～60%。

3. 瑙蒙菱铁矿

位于葡萄以北，海拔约1 800米的崎岖山区。据朱尔科夫及扎洛卡尔（1960）描述，矿体与千枚状板岩及砂岩接触，铁矿层厚度较大。主要由菱铁矿组成，也含有磁铁矿、赤铁矿、褐铁矿、黄铁矿、白铁矿和硬锰矿，副矿物有磁黄铁矿、毒砂和针铁矿。据一件矿石样分析成果为：氧化亚铁（FeO）45.8%、氧化铁（Fe_2O_3）8.5%、氧化锰（MnO）7.8%，氧化钙（CaO）0.8%、氧化镁（MgO）3.4%、三氧化硫（SO_3）3.6%、硫（S）1.40%、二氧化硅（SiO_2）0.2%。

缅甸钢铁厂工业极为落后，产品和产量都远远不能满足国内市场需要。缅甸国内钢铁生产者有三种类型：国营公司、民营公司（坐落于工业区）和缅甸经济公司（MEC)。根据东南亚钢铁研究所2012年数据，缅甸国企公司生产能力为4万吨海绵铁/年、3万吨生铁（或铸铁）/年以及3万吨钢坯/年。缅甸工业区的民营公司有10万吨的生产能力，缅甸经济公司是钢铁业最主要的生产者，拥有5座钢铁厂和85万吨/年的生产能力。

缅甸铁矿开采与钢铁制造主要由第三矿业公司负责。缅甸国内有四家规模相对较大的钢铁厂，分别为彬乌伦镇附近的第一钢铁厂、仰光永盛的雅马钢铁厂、缅甸中部的昂兰镇钢铁厂和敏建镇的第四钢铁厂。缅甸最大的钢铁厂为第一钢铁厂，位于曼德勒省乌伦镇的阿尼斯坝。缅甸在当地矿产资源基础上，与意大利达尼利（Danieli）公司合作建厂，并于1979年10月16日投产。该厂包括两座直接还原生产海绵铁的金洛梅特（Kinglor—Meter）厂，及两座15/17吨电弧炉，配有两股供炼钢和炼铁厂使用的连续连铸机，以生产钢（研）磨球。该厂的年生产能力为40 000吨海绵铁，32 000吨生铁及钢坯，5 000吨直径25～70毫米的钢磨球，以及30 000吨直径为12～15毫米的低碳钢棒的滚扎能力。该厂每年供应仰光伊瓦马钢厂20 000～24 000吨钢坯，用以制造原环状及成型产品。钢磨球用于地方工业的钢球厂，低碳钢则主要用在建筑工程中。

表4-17　曼德勒钢铁厂产品规格质量

	生铁	钢坯	钢球及钢棒	低碳钢棒
碳元素含量	3.4%～4.5%	0.20%～0.27%	1.0%	0.20～0.35%
锰元素含量	1.25%（最高）	0.30%～0.60%	1.0%	0.30～0.70%
硫元素含量	0.055%（最高）	0.05%（最高）	0.025%	0.05%（最高）
硅元素含量	1.5～3.0%	0.20%（最高）	0.06%	0.10～0.35%
磷元素含量	0.036～0.075%	0.05%（最高）	0.025%	0.05%（最高）
钼元素含量	—	—	0.15%	—

续表

	生铁	钢坯	钢球及钢棒	低碳钢棒
铬元素含量	—	—	1.0%	—
	—	44.52千克/平方米	—	410牛顿/平方毫米(最小)
抗拉强度			600布氏硬度最小：对钢球400布氏硬度最小	
尺寸(毫米)	90×90×300	100×100至3 000	70，50，25(直径)	12.5，15.0，19.0，22.0，25.0(直径)长3～6

资料来源：缅甸矿业部。

缅甸第四钢铁厂于2010年3月21日竣工投产，该钢铁产由缅甸国防部经济公司与意大利合作在敏建镇建设。

表4-18 缅甸第四钢铁厂相关数据

厂	产品	年产量(单位：吨)
直接还原铁厂	冷直接还原铁	450 000.00
炼钢厂	厚板	200 000.00
冷热带钢综合生产	热辊线圈	200 000.00
	热卷板材	50 000.00
	冷轧卷板	100 000.00

资料来源：缅甸矿业部。

根据东南亚钢铁研究所(SEASISI)2013年7月报告称，根据缅甸钢铁协会(MISA)推测，缅甸钢铁消费为7～9千克/人，是东盟成员国中最低的。随着缅甸政治经济转型的推进，缅甸钢铁消费量正在稳步上升。

中国是缅甸钢铁进口最主要的来源国，从2000年占有缅甸钢铁进口总额20%增长为2012年的69%。2000年印度占有缅甸钢铁进口分额4%，2012年增长为10%，而韩国从2000年的23%降为2012年的6%。东盟虽然数量从11万吨增加为2012年的16.7万吨，但占有缅甸进口份额反而从2000年的37%降为2012年的12%。

2010年，缅甸进口了61.9万吨成品钢，大部分用于建筑业。2011年1月～10月缅甸进口了43.6万吨成品钢，与2010年同期相比下降了21%。但钢坯进口在2011年前10个月中达到了11.7万吨，与2010年同期相比翻了一番。其中进口最多的是钢筋。2011年前10个月中缅甸进口了17.9万吨钢筋，与2010年同期相比下降了22%，主要来自中国、韩国和泰国。2012年，钢筋进口大幅增加，全年进口了约40万吨，80%来自中国，20%来自韩国和泰国。

型钢进口为6.4万吨，增加了12%，主要来自韩国、中国和泰国；线材进口为2.3万吨，主要来自中国。2012年，型钢进口为10.5万吨，比2011年增长2%，主要来自中国和韩国。

缅甸进口扁钢不多，主要用于石油天然气产业。2011年前10个月进口1.1万吨钢板，与2010年同期相比下降了63%，其中74%来自泰国。热轧钢进口为2.3万吨，冷轧钢进口为2.6万吨，主要来自韩国。

2012年缅甸进口了41万吨焊管，是成品钢中最多的品种，60%来自中国，40%来自印度、印尼和马来西亚。2012年缅甸还进口了5.4万吨无缝钢管。

在镀层钢板方面，热镀锌板进口为2.8万吨，主要来自印度和泰国，2012年进口了热镀锌板10.5万吨，来自中国、印度和泰国。彩涂钢板进口为1.3万吨，主要来自中国台湾。2012年进口彩涂钢板10.4万吨，比2011年增长了78%。而其他镀层钢板包括电镀锌板、镀锡板和镀铬板进口很少，为1 000～2 000吨。

此外，缅甸政府鼓励外国投资者以合资形式投资钢铁工业。由于缅甸电力缺乏，为了保证充足的电力供应，缅甸政府制订了电力发展计划，计划在2030年前增加电力2 383万千瓦以满足钢铁工业的发展需要。

（三）金矿开采

缅甸金矿生产规模较小，每年产量不足100千克。金矿产量大部分来自砂金矿，它们是曼德勒附近巴登基的帕延当矿、曼德勒省南端的彬马那的德贡矿、勃固省东部的瑞琴和实皆省中北部科林附近的皎巴托矿。缅甸金矿的生产水平比较落后，大多为手工淘洗作业。

2002年缅甸国营第二采矿公司参与了东亚金矿公司开采缅甸金矿的利润分享风险投资项目。矿床位于曼德勒省的达倍金镇（Thabeikkyinh）的维地（Wetthe）地区。在向政府支付了5%的权利金后，双方利润分享比率为25∶75。

加拿大艾芬豪公司在曼德勒省东南150千米的10号区块进行金矿勘探。2003

年艾芬豪公司与政府签订了联合风险勘探项目协议，艾芬豪公司拥有该项目65%的权益。

2003年初，加拿大的杰特(Jet)金矿公司和李沃(Leeward Capital)公司在掸邦北部签订700平方千米区块的金矿勘探和开发意向书，两公司将分别拥有该项目40%的权益，缅甸政府拥有20%的权益。

在缅甸中部和北部有一些私人经营的小型金矿山。其产量在全国金产量中占有相当比重。按照政府规定，私人企业所生产的金必须卖给政府设在当地的专门机构。

缅甸主要采金的矿山有3处：嘎帕隆原生金矿，品位5～6克/吨，可露采；培昂塘原生金矿(曼德勒北)，品位2克/吨左右，有矿石量52万吨；瑞琴小型砂金矿，品位0.1克/立方米。此外，在达贝克钦南东有给塘、昆东塞、维地等几处矿点：

1.甘巴尼(Kanbni)金矿

矿区南距曼德勒68英里(约109千米)，在曼德勒—抹谷公路东侧约1英里(1.6千米)处。主要出露抹谷片麻岩的大理岩，合石墨及硅质团块。岩层向东倾斜，顿角50°左右。西侧(下部)为白色粗晶大理岩，东侧(上部)为灰色含石墨大理岩，界线近南北向。圈定了3条矿体或矿带，单样金(Au)品位0.06～10.36克/吨。

2. 昆东塞(Kwinthonze)金矿

距曼德勒南68英里之公路东侧约4英里，有林区简易公路相通。1982年起开始调查该区。矿区出露抹谷片麻岩，主要岩性为片麻岩及大理岩。总体走向北东东，有花岗岩穿插其中。片麻岩风化较深。大理岩可分白云质及钙质两套，与成矿关系密切。大理岩中花岗岩、正长岩侵人体的接触带有硅化、绿泥石化。金即产在接触带及多金属石英脉中，金呈自然金状态出现。地表发育残坡积层，特别在凹地中可见大量群众采金的遗迹。

3.维地金矿

位于昆东塞的南东约4千米处。见花岗岩浸入于大理岩中。原生金常与地表残坡积砂金共生，有相距不远的两处金矿：其一，在花岗岩与大理岩接触带中，有一条北北西向合金断裂破碎带，倾向东，具硅化，主要含黄铁矿，地表氧化后，主要见褐铁矿。矿带断续长2 000英尺，其中南段连续长150～200英尺。其二，在南北向低洼地带，有较多群采砂金遗迹，南北长2 000英尺，宽200～300英尺。

4. 给塘（Gedaung）砂金矿

位于曼德勒—抹谷公路之西。砂金展布在抹谷片麻岩的大理岩与片麻岩接触带附近。是较平坦的丘陵地形上的凹地。从采坑分布估计，该地砂土层展布范围南北长700～800米，宽近500米。砂土层厚1～3米，最薄几十厘米。已圈定了一块红土型铁帽的矿体，长600英尺，宽400英尺，数个群采坑取样结果，表层风化红砂土合金（Au）平均0.8克/吨。

5. 央米丁（Yamethin）金矿。位置：缅甸中部曼得勒省中部，处于伊落瓦底江曼得勒南分支与锡当河分水岭之处，主要为含金石英脉，储量大约46 吨，属“浅成热液型”金矿。

表4-19　缅甸2002—2009年黄金产量

年份	产量（千克）	增长率
2002	92	—
2003	90	-2.17%
2004	90	0
2005	90	0
2006	100	11.11%
2007	100	0
2008	100	0
2009	100	0

数据来源：美国地质调查局矿产资源项目（United Stated Geological Survey Minerals Resources Program），2013年。

另外，缅甸金属矿业还有锡、钨、铅、锌、镍、锑、金、银、锰矿产的开采和初级选冶业。

锡、钨开采主要在德林达依省，该省有丰富的锡、钨矿脉，锡、钨产量占全国的62%。此外，曼德勒省南部的巴达河、彬节、格孟山、曼边山和彬文那主产钨，克耶邦的莫奇矿主产锡、钨，孟邦榜镇的嘎贷矿区和望濑附近的那桑矿区出产少量的锡。锡、钨的加工主要在仰光市和德林达依省，仰光市有精锡厂，德林达依省土瓦镇附近有彬马锡冶炼厂。2002年缅甸第二矿业公司与泰国在缅甸投资的Myanmar Pongpipat公司和6个当地的公司分别组成风险投资公司。该公司在德林达依省土瓦的亨达（Heinda）矿床开采锡。2013年澳洲勘探公司—Avenue资源公司、Intercept矿业公司及Eumeralla资源公司与缅甸能源资源集团（MERG）联合向克耶邦（Kayah）提出了包拉克地区（Bawlake）的茂奇（Mawchi）锡钨矿区共400平方千米范围的勘探权申请。

铅、锌、主要有掸邦北部的波敦矿区和脑球镇的耶德那登基矿区，耶德那登基矿区的铅矿送到楠木都提炼，波敦和楠木都有铅冶炼厂。

镍的开采主要在曼德勒省与实皆省交界处。缅甸镍产量很低，年平均矿山产量仅为10吨。2005年8月，中国内地在香港特区注册的金宝矿业有限公司与缅甸第三矿业公司就缅北姆韦当镍矿的合作勘探及可行性研究签订了正式合同。2004年，中国有色集团与缅甸第三矿业公司签署了达贡山镍矿项目勘探与可行性研究协议，经过一年时间勘探，确认达贡山镍金属量70万吨左右，边界品位1.4%，矿床平均品位2.06%，单样最高达5.7%。矿体中氧化镁（MgO）的含量一般1.29～32.14%，平均为18.74%，属富镁镍矿石。达贡山集采矿、选矿、冶炼一体的特大型红土型镍矿项目可行性研究，于2006年10月完成，2007年1月获中国发改委批准。矿山年处理干矿132万吨，冶炼厂每年生产含镍26的镍铁8.5万吨（含镍金属量约2.2万吨），总投资约为8亿美元。2008年7月28日，中国有色集团与缅甸第三矿业公司签署了“缅甸达贡山镍矿项目生产合同”。2012年10月3日，达贡山镍矿项目1号电炉首炉产品成功产出，标志着项目取得了突破性进展，进入试生产阶段。

锑的开采主要在掸邦北部的波敦矿区和脑球镇的耶德那登基矿区、孟邦榜镇的嘎贷矿区和望濑附近的那桑矿区，此外，克伦邦也有少量的锑矿。

铜的开采主要在缅中部实皆省望濑西部的莱比塘。缅甸望濑铜矿项目始于1984年的奈温政府时期，但限于资金和技术原因，项目未能成功。1998年缅甸军政府矿业部与加拿大艾分豪公司合作开发与莱比塘铜矿位于同一矿带的萨比塘铜矿和杰生塘铜矿，由于西方国家坚持制裁缅甸，艾分豪公司在2010年退出。中国北方公司下属的万宝矿产有限公司2010年6月与缅甸经济控股有限公司签订产品分成合同，正式接手萨比塘铜矿和杰生塘铜矿，并决定新建莱比塘铜矿。2012年6月开始由于当地居民抗议莱比塘铜矿项目，使该项目一度陷于停建。

银的开采主要在掸邦北部的波敦矿区和耶德那登基矿区。金银加工方面，实皆省果林镇皎白突地区有黄金提炼厂，掸邦的波敦和楠木都有银的冶炼。曼德勒省有金匠和银匠进行金器和银器加工，掸邦、实皆省有银器加工。

锰矿的开采主要在曼德勒省北部德贝金镇区。

缅甸的非金属矿产主要有宝石、玉石、煤、重晶石、汉白玉石、石膏石、白黏土、石灰石等。

宝石开采主要在曼德勒省北部的莫谷（抹谷）。莫谷以盛产红、蓝宝石驰名于世。矿区有严格的管理，外人未经特许不得入内。据说莫谷现在约有16万人，大多数从事宝石业的开采和经营，其中华人约有两万人。此外，曼德勒省的达壁振、斯真，掸邦的彬龙、南坎、孟秀、南沙卡，克钦邦的克巴拉、加迈、达奈，也有宝石矿。仅孟秀矿区矿石的储量就不下50万吨，每吨矿石含16～25克拉的宝石。

缅甸的玉石主要分布在斜穿克钦邦和实皆省的乌龙江中上游的翡翠矿物带，这条矿带长250千米，宽10～15千米，总面积达3 000平方千米，现有龙肯、帕敢、香洞、达木坎、会卡、后江、雷打、南其8个矿区。

盐的开采主要在实皆省的伟勒和实皆镇区、克钦邦的嘎卖镇和户拱盆地以及伊落瓦底省。孟邦的巴阿也有制盐厂。

二、建筑材料工业

在国内需求的刺激下，缅甸的建材工业发展较快，已有一定规模。2006年缅甸建材工业的国营厂家有20多家，工人1万余人。主要工厂有：第一第二水泥厂（工人都超过1 000人）、第一砖瓦厂（工人500余人）、第二陶器厂（400余人）、勃生玻璃板厂（400余人）、萨因玻璃厂（500余人）、曼德勒大理石厂（约300人）、阿龙和毛比的石棉水泥厂等。1988年以后又兴建了德耶水泥厂、德瓦贡砖厂、南浦当制瓦厂等。现能生产水泥和水泥产品、砖和耐火砖、玻璃和玻璃制品、大理石产品、石棉瓦和天花板等。水泥生产的原料靠国内，但生产玻璃所需要的纯碱、硝酸钾、芒硝等，均从国外进口。

（一）水泥厂

1988年以来缅甸建材工业尤其是水泥生产有较大的发展，2008年缅甸共有11家水泥厂，其中5家为政府所有，2家为缅甸经济控股公司所有，其余4家为私人经营。主要水泥商标有象王牌、虎头牌、缅甸象王牌、三A牌、马头牌、犀牛牌等。1989—1990财年，缅甸水泥产量达37.56万吨，2000年水泥产量39.34万吨，2003年增加到100多万吨，2012年水泥产量约400万吨。上缅甸的水泥生产主要在曼德勒一带，共有4家国营和民营的水泥厂：象王牌水泥厂是缅甸经济乌邦公司持全股的工厂，产量为每天400吨，建在焦塞；民营的虎头牌水泥厂日产量300吨；三A牌水泥厂日产量600吨；第一工业部辖下的马头牌水泥厂日产量500吨，但都归政府计划使用。下缅甸产的犀牛牌水泥在市场上占20%的份额。根据缅甸《妙瓦底日报》2013年9月29日报道：缅甸工业部部长吴貌敏9月24日在仰光举行的第15届“亚洲水泥贸易特别会议”上说，缅甸的水泥年产量为402万吨。缅甸工业部管理的水泥厂有国营3家，私营12家，到2015年新建的9个投产后，全国的水泥年产量可达1 054万吨。

近年来，陆续有国外企业进入缅甸水泥市场。2013年3月泰国暹罗水泥集团宣称将投资3.86亿美元在毛淡棉修建年产180万吨的水泥厂，据估计，暹罗水泥厂投产后，缅甸水泥的产量在未来5年之内将会以10%的速度增长。2013年7月，印度尼西亚水泥公司总裁德威·苏集托在雅加达向媒体如此透露，印度尼西亚水泥有限公司将逐步扩大其在东南亚的业务，筹备在缅甸设立一个年产100万吨水泥厂，届时印度尼西亚水泥公司将与当地企业合作，投入的资金2亿美元，预计2014年建厂，并希望能于2017年运营。此外，印度Birla公司向缅甸实皆省政府提出在实皆省吉灵妙兴建日产2吨水泥厂的申请。在缅甸联邦政府与省政府批准，并获得当地居民同意后，该水泥厂将在2014年开始建设。该水泥厂项目投资额1亿美元，水泥厂位于吉灵妙村附近地区。该水泥厂生产的水泥将可供应钦邦地区、马圭省地区等周边地区使用。水泥厂项目将给当地人提供就业机会。水泥厂将使用丹麦生产的机器，电力将采用当地燃煤发电。

（二）化学建材

缅甸近几年建筑业发展很快，对包括塑料管道、塑料门窗、建筑防水材料、建筑涂料、建筑壁纸、塑料地板、塑料装饰板、泡沫保温材料、建筑胶粘剂等各类化学建材产品需求很大。化学建材产品也是缅甸政府鼓励的建材产品，一方面它可以替代木材、黏土等人类宝贵的天然资源，以其高于其他同类产品的性能和节约资源、减少污染等优点，为消费者所接受。缅甸在化学建材生产方面几乎还是空白，随着缅甸高档住宅楼的建设和发展，具有环保、节能概念的化学建材取代高能耗、低性能的传统建材是大势所趋，未来化学建材产品的发展前景十分看好。云南有些企业如红塔集团已涉足于化学建材行业并形成了相当的技术优势和规模。

（三）瓷砖厂

缅甸对中、高级瓷砖需求量很大，国内可生产一部分小型瓷砖，质量较差，中高档瓷砖均需从国外进口。缅甸北部的城市和乡村近几年十分热销中国江西、福建、广东等地生产的装饰瓷砖。在缅甸，瓷砖已成为许多建筑装饰的首选材料，瓷砖壁画也已经开始在缅甸流行起来。据了解，缅甸居民普遍比较喜欢米色、浅绿、淡黄等颜色的瓷砖。一些缅甸客商对中国的瓷砖尤其喜爱，普遍认为中国的瓷砖工艺精湛、品质优良、花色品种多、挑选余地大。

（四）玻璃厂

缅甸建筑市场上需要大量的平板玻璃、有色玻璃、钢化玻璃等各种玻璃，现有伊洛瓦底省的勃生玻璃厂和仰光市丁茵玻璃厂，产量有限、设备陈旧，又不能生产高档产品，远远不能满足国内建设对玻璃的需求。为了扩大国内玻璃生产能力，缅甸希望中国企业给予支持，对上述玻璃工厂进行改扩建或合资建设新厂，以满足国内对玻璃的需求。仰光市、伊洛瓦底省有玻璃加工厂，德林达依省中树镇区产玻璃沙，供给仰光市的丁茵玻璃厂和伊洛瓦底省的勃生玻璃厂作为生产玻璃的原料。近几年玻璃的年产量在2 000吨左右。

第四节　制造工业

一、机械制造业

机械制造业是缅甸独立以后特别是1970年代以后才发展起来的，基础薄弱、规模很小。1980年代的机械最高年产量为：汽车2 270辆（1985—1986财年）、自行车11 500辆（1985—1986财年）、拖拉机700辆（1987—1988财年）、水泵4 920套（1987—1988财年）。电视机装配是80年代以后才发展起来的，迄今规模仍很小，1985—1986财年的产量为3 649台，1990—1991财年产量仅2 200台。

1988年后缅甸政府把机械电子产品作为缅甸重点发展的产业，允许和鼓励私营企业进入该行业。但是，由于资金缺乏，人才、技术及基础设施建设落后，机电工业仍非常弱小，仅有些中小企业从事装配、机械维修、简易零配件生产和一般性加工服务。缅甸国内生产的机电产品主要有：汽车、水泵、拖拉机、动力耕作机械等。1993年初，缅甸重工业公司与德国弗里茨·维尔纳公司合作组建了缅甸弗里茨·维尔纳工业有限公司，生产车床及配件。随后缅甸弗里茨·维尔纳工业有限公司与缅甸ACE金属工业有限公司签订协议，建立合资企业，生产铁条，1993—1994财年该厂生产了铁条790吨。缅甸普通工业与机械维修公司，于1993年6月由原来的缅甸金属工业公司和缅甸普通工业公司合并而成，共拥有20余家工厂，主要产品有皮革制品、橡胶制品、鞋类产品、搪瓷器皿、水瓶、圆珠笔、包装材料等。

汽车生产主要是进口国外零件组装吉普车与卡车，每年大体生产2 000余辆，除原第二工业部所属1家年产数百辆的吉普车组装厂和1家年产百余辆的卡车组装厂外，缅甸与日本合作组装铃木牌汽车也生产并投放缅甸市场，2001年生产600余辆。日本五十铃汽车厂商也开始与缅方合作组装少量五十铃汽车。2010年3月，印度最大的汽车制造商塔塔公司与原缅甸第二工业部缅甸汽车和柴油机公司签署了合作协议在缅甸建立一家卡车生产厂。新工厂位于马圭省。预计最初年产量为1 000辆，往后将逐年递增至5 000辆。2011年3月，中国重汽集团公司与原缅甸第二工业部签署了改造升级缅甸第一汽车厂项目合同。2011年5月，中国奇瑞公司与原缅甸第二工业部达成意向协议，在缅甸投资建设年产3 000台至5 000台生产能力的散件组装（Knocked Down，KD）工厂，以满足缅甸市场对奇瑞汽车的不断增加的需求。随着西方停止对缅甸的经济制裁，大批国际汽车制造商如马自达、日产、起亚、铃木、福特和通用等厂商涌入缅甸车市，希望抢占市场份额。

在铁路机械方面，根据缅甸官方统计，截至2013年，缅甸拥有400多台柴油机车、1 200多节客运车厢以及3 200多节货运车厢，其中约四成的铁路客货运设施已经陈旧，亟需更换升级。但缅甸现有的铁路机械厂完全不能满足国内客货运的需要。在机车车厢生产方面，在永盛和实皆有两个内燃机车修理厂和曼德勒客货车厢厂，年生产客车厢60节，货车120节。2013年7月，中国机械进出口公司与缅甸国家铁路公司签署项目协议，双方同意在缅甸合作建设一座铁路机车厂和一座铁路客车厂。根据协议，中国机械进出口公司作为项目总承包商，主要负责工厂设计、设备供货、安装调试、散件供货、售后服务及技术转让等。两座工厂建成投产后，产能预计可达到年产铁路机车20台、铁路客车车厢120节的水平。

农机方面，缅甸农业机械制造以小型农机为主，包括手扶拖拉机、动力耕整机、割晒机、脱粒机等，以装配为主。已建成5条农机生产、加工、装配线，主要产品有动力耕整机、割晒机、旋耕机和脱粒机，主要部件包括柴油机、主轴、齿轮等都从中国等国家进口，以进口装配为主，每年生产手扶拖拉机3 000台，农机6 000台左右，远远不能满足国内农业机械化进程的需求。缅甸每年需要5万台小型发电机、2万台拖拉机和3万台水泵。2012年7月1日开始，缅甸政府免除农业机械与设备、化肥和农药的商业税和进口关税。2001年缅甸农业机械局与中国浙江四方集团公司合作，在曼德勒省叫色镇区筹建一家年产手扶拖拉机一万台（套）和收割机5 000台的农机厂。根据合同，兴建该农机厂的经费来自中国政府提供的无息贷款，投资金额达1.28亿元人民币，于2001年年底动工兴建。奇瑞重工自2012年进入缅甸市场，为缅甸提供农用拖拉机、联合收割机以及水稻插秧机和育秧生产线。

缅甸造船业技术很落后，多制造小型民用船只。如仰光港口，其进出船只的长度限制为167米，航道的水深度为9米，货运量为15 000吨；进出迪勒瓦港口的船只长度限制为200米，航道的水深度为9米，货运量为20 000吨。中国公司也曾帮助缅甸做过码头项目、海军船厂项目和船坞。缅甸的内河航运主要由缅甸内河航运公司经营，该公司拥有700多艘船，最大的载重量达500吨，最小的仅20吨，但大多数船只已经老化。缅甸的许多国营公司和大型企业也有自己的水上运输工具。五星轮船公司为缅甸最大的轮船公司，共有11艘万吨级以上的远洋船只，并在许多国家设有办事机构。2010年，五星轮船公司被政府移交给民营公司。近年来随着技术水平的提高，缅甸也向国外出口船只。根据缅甸交通部网站2013年信息，缅甸1995年第一次向印度尼西亚出口了一艘污染控制船，1997年和2003年又分别向新加坡出口两艘船，2004年缅甸向法国出口了一艘帆船。

二、电子电器制造业

由于缅甸长期以来的封闭，经济发展相对落后。可以说其家电生产几乎为零，更谈不上出口，大部分依靠进口来满足市场需求。缅甸的电子设备基础生产非常薄弱，缅甸私人电子制造业所需要的电子零器件，电阻器、电容器、半导体、集成电路，还有电器生产用的硅钢片、钢板、漆包线、铜线、焊锡等基础原料大部分都依赖进口。

1990年底，缅甸重工业公司与韩国大宇电子有限公司合作组建了缅甸大宇电子有限公司，组装生产电视机、电冰箱、收录机和收音机等电子产品。该公司于

1991年2月投产，到1994年3月底，共组装生产了52 997台电视机、11 155台电冰箱、19 120台收录机和收音机、213台洗衣机、380万圈电缆。同时该厂还出口了30 689台电视机和285.7万圈VCR型电缆，并向韩国出口了价值28.8万美元的PCB型印刷电路板配件。

近些年来，随着社会的发展，缅甸老百姓对各种小家电和各类电子产品的需求量逐渐升高。过去，日本生产小家电如电冰箱、空调、电视机、电熨斗、各种高级音响充斥缅甸市场。近些年来，中国的家电产品物美价廉，在缅甸占有部分市场份额。随着2011年新政府上台后大力推动政治经济改革，日本东芝、日立和韩国三星相继进驻缅甸，设立营业和销售网点。

三、信息产品制造业

缅甸的通信与信息技术业一直都被外界公认为“最急需开放的行业”，在缅甸将近6 000万人口中，手机覆盖率不到10%。为此，缅甸政府采取一系列措施推动信息技术的发展。1996年9月，政府颁布了首部计算机科学发展条例，并组建了计算机科学发展委员会。1998年10月，缅甸政府在计算机工作者协会、计算机工业协会、计算机爱好者协会的基础上组建了缅甸计算机协会，还成立了信息技术发展委员会制订缅甸信息技术的短期和长期发展计划。另外，缅甸还在仰光和其第二大城市曼德勒各建一所计算机大学，并在全国其他19个城市设立了计算机学院。2006年6月30日，缅甸“硅谷”信息化高科技园区第一期工程奠基仪式正式举行。该园区位于曼德勒省彬乌伦县耶德那崩新城的耶德那崩区、曼德勒至彬乌伦路段24英里处至彬沙村间，由七部分组成，分别为：国际软件产区、当地软件产区、研发区、会展中心、培训中心、商务中心和住宅区。园区中工厂占地面积5.95英亩，建成后将生产电话机、交换机、发射机，酒店、医院、办公室和家庭用PABX，对讲机等。

2013年，缅甸大海德工业园获曼德勒地方政府批准，开始正式全面建设。作为缅甸大海德集团开发建设的现代化产业园区，是缅甸改革开放、借鉴国际开发区建设运营经验的重要项目，也是承接曼德勒老工业区对外产业转移的重要基地。该工业园区占地面积10 718.2英亩，位于伊洛瓦底江流域中游，邻近全缅第二大城市曼德勒市。根据园区概念规划，大海德工业园区未来将发展成为缅甸现代化产业新城，集居住、生活、休闲于一体的产业新镇和社会、经济、文化、环境可持续发展的典范；港口区（Jetty Port）将打造成为具有年吞吐量2 000万吨、集装箱吞吐量20万TEU规模的内河综合性港口以及曼德勒地区枢纽港口，重点发展临港工业、中转换装、多式联运、商贸与综合保税等业务。根据园区运营规划，大海德工业园区还将借鉴新加坡与中国园区开发运营经验，结合缅甸发展实际，在管理体制、开发运营模式、政策体系、招商体系、投融资模式等方面为其设计了完整的解决方案，将直接指导园区今后的发展与运行。

工业园区的建设推动了缅甸信息产品制造业的发展。2008年，图公司与上海贝尔—阿尔卡特有限公司达成协议，同意合作在耶德那崩信息园。图公司与中国华为合作生产的座机电话已在市场上销售。2008年4月8日，图公司下属Myanmar Avia Services公司与俄罗斯CBOSS公司签署合作协议，同意投资700万美元在耶德那崩信息园生产SIM卡。按照2010年9月缅甸邮电部与图公司达成的协议，缅甸全国电信服务都由图公司下属Central Marketing和ELite来运营，其中Central Marketing出售CDMA 800手机，E-Lite提供光纤网服务。2010年12月，图公司下属E-Lite技术制造公司与华为达成协议，自2011年3月开始在耶德那崩信息园内建厂，生产CDMA800和 CDMA450两种电话，将来还计划生产笔记本电脑。

缅甸政府计划到2015年将手机覆盖率提高到50%。2012年2月，中国联通与缅甸通讯公司就中国用户在缅甸使用中国GSM移动电话漫游服务在昆明达成协议。这也表示了，中国联通成为中国乃至世界上首个获准在缅甸开通外国电话接入服务的公司。中国移动通信集团公司拟在缅甸通讯领域进行投资合作，根据缅甸外国投资法案与缅甸公司成立法案投资成立缅甸移动公司，以提高缅甸通讯与手机事业水平。同时，宏达电宣布与缅甸最大IT与手机销售网KMD Computer Group签署经销合约，未来将由KMD在缅甸销售HTC智能手机。

第五节　食品加工业

食品和饮料业是缅甸传统的加工业，自20世纪初以来，食品和饮料业一直是缅甸加工制造业中的最大产业。1995—1996财年，缅甸从事食品和饮料业的企业有28 761家，占当年缅甸48 601家加工制造业企业的60%。其中，国营的食品和饮料业企业210家，占国有企业总数的13%；私营食品和饮料业企业28 311家，占私营加工制造业企业的61.1%；合作生产的食品和饮料企业202家，占从事加工业的合作社企业的32%。1989年以来，缅甸在吸引外资发展食品和饮料业方面，也取得了一些进展。例如，缅甸食品工业公司与新加坡联合烟草有限公司合资组建了缅甸—新加坡联合烟草有限公司；与新加坡洋其奥贸易有限公司合资，建立了缅甸—洋其奥公司，生产啤酒与饮料。但是，除了少数合资经营的企业技术水平较高，缅甸的食品和饮料业总体发展水平低，企业规模小（大部分不过是20人以下的小作坊）、技术落后、产品质量低、种类少。碾米业为最大的加工业，其他主要产品有糖、盐、啤酒、白酒、软饮料、饼干、面条、卷烟、茶叶、咖啡等。绝大部分产品供应国内市场。食品和饮料业的落后及其在加工制造业中的高达60%的比率，突出地反映出缅甸加工制造业的不发达。

第六节　消费品工业

一、纺织工业

缅甸纺织业发展始于缅甸封建王朝，迄今已有200多年历史。1948年独立后，企业开始采用一条龙生产方式；1962年改行社会主义，企业转为国有化，全归工业部管辖。时至1988年，政府为与世界接轨，改行市场经济，当时为吸引外资，开放给外商作来料加工。美国于1996年通过麻省法案，抵制缅甸纺品；2003年7月28日美国总统布什签署了《2003年缅甸自由与民主法案》及一份行政令，对缅甸政府实施严厉的经济制裁，封锁了美元进出入渠道；2004年美又宣布对缅制裁延长1年。这份行政令签署后，严重打击了缅出口行业和企业，而其中备受打击的便是缅甸成衣业，原本近400家的外商投资成衣企业迅速减少到只有100多家，30～40万的工人失业。以往这些投资者多数来自于中国台湾、中国香港等地，采取来料加工方式，产品以内衣、衬衣为主，主要销往欧美市场。据缅甸官方统计，缅甸2004—2005财年贸易总额为49亿美元，成衣出口仅为2.16亿美元，比2003—2004财年的3.27亿美元明显减少。但随着近年缅甸政治经济改革，美缅关系迅速改善，缅甸纺织业有可能迎来新的春天。

缅甸纺织业是由工业部负责，下设纺织工业局统筹运作。整个产业基本采用垂直方式生产，成员包括上游种植棉花、中游纺织厂、下游制衣厂。企业主要分独资、合资及民企。缅甸著名织制厂分布全国，计有披市金山布厂、仰光市军部织布厂、沙灵芝织布厂等。本地厂以生产布匹为主，包括梭织布、军服布。当地合资港厂大多以出口欧美为主，亦有积极开拓当地市场。

据国际纺织制造商联合会(ITMF)统计，缅甸2010年有纺纱设备计环锭25万枚，气流纺锭1 600枚，有梭布机5 000台，生产力较低，内销产值达7 000万美元，六成纺织品仍需进口。2010年缅甸纺织品服装进出口贸易约13.13亿美元，其中进口为7.49亿美元，第一大来源是中国，占58.3%(4.37亿美元)，其次是东盟及韩国。在出口中，日本居首位占32%、欧盟占31%、韩国占22%。2011年新政府上台后，实施一系列的政治、经济改革措施，西方国家基本解除对缅经济制裁，缅甸成衣业出口前景看好。韩国、日本和泰国都对缅甸成衣业表现出了极大的兴趣，期待缅甸成衣能够出口日本和韩国市场。2012年缅甸成衣业出口创汇超过10亿美元，2013年出口创汇超过11亿美元，预计2014年将增加至15亿美元。

缅甸作为新兴成衣制造国，拥有的优势包括劳动力成本低、劳动力充足及输欧盟免关税与免配额等便利条件，而逐渐被国际买家视为将来的成衣生产中心与下单采购的目标国。同时，成衣业为目前缅甸唯一与国际贸易网络挂勾的产业，在赚取外汇和提供就业机会方面，对缅甸的经济增长有较大的促进作用。然而缅甸纺织服装业要成为拉动经济增长的支柱产业，仍需面临一系列挑战。

一方面，缅甸用工环境动荡和产业配套设施落后等客观因素仍将制约产业发展。2011年10月，缅甸新颁布劳工法，允许工人举行罢工及组织工会。2012年5月1日—7月30日约有70家成衣厂的工人举行罢工要求提高工资及较佳的工作条件。虽然缅甸制衣工会已成立训练中心及技术学校，但在仰光地区，要找到并留住熟练的成衣厂工人仍然是个问题。

另一方面，电力不足导致缅甸制衣业成本居高不下，在全球市场中竞争力低下。由于经常停电，纺织厂与成衣厂都必须自备柴油发电机发电，且电压不稳，纺织机器设备加速折旧，这使得缅甸制衣成本高于越南、柬埔寨及孟加拉国。

二、珠宝工业

缅甸素以盛产宝玉石而蜚声全球，主要的宝玉石有红宝石、蓝宝石、水晶石、碧玺、紫牙鸦、金刚石、黄玉、翡翠、琥珀等。其中翡翠产量约占世界总产量的95%以上，特别是高档翡翠几乎100%来源于这个国家。宝石主要产于曼德勒省东北的抹谷宝石区。矿区面积约400平方千米，有采场49处。该矿区所产的优质鸽血红宝石最有价值。位于缅甸北部靠近中国边界的平隆、南萨两个红、蓝宝石矿（主要由私人经营），宝石级占50%。在这些红蓝宝石矿区还产有其他大量的高、中、低档宝石，如尖晶石、黄玉、电器石、日光石、橄榄石、石榴石、堇青石及少量高档的海蓝宝石。

缅甸玉石和珠宝将由缅甸经济控股公司、缅甸经济公司和合作社部负责生产。缅甸宝石公司是缅甸玉石的主要生产企业。据2007年初的资料，缅甸珠宝公司决定划出319个玉石矿区供国内私人业主开采，以增加玉石产量，为国家赚取更多外汇收入。这些玉石矿区分布在缅北的克钦邦和实皆省，一个区块有1英亩左右的面积，其中克钦邦蒙依（Mohnyi）地区139个，实皆省卡姆提（Hlkamti）地区180个。

20世纪80年代玉石的产量一直在400～600吨之间徘徊，1999—2000财年突破了1 000吨，2000—2001财年达到1 109.6吨，2008—2009财年的产量为3.2万吨，2009—2010财年，全年玉石产量为2.5 795万吨，2010—2011财年4～7月底，缅甸玉石产量达1.4万吨。

宝石的产量，80年代除个别年份超过40万克拉外，多数年份在30万克拉以下，甚至不到20万克拉，但1990年代以后迅速上升，1999—2000财年高达317.4万克拉，以后几年中虽有下跌，但仍高达200万克拉上下，2003—2004财年为192.8万克拉，2010—2011财年4～7月，宝石总产量为225.3 426万克拉。

表4-20　缅甸珠宝玉石产量情况表（2007—2011年）

财政年度	玉石（吨）	珍珠（莫米）	红宝石（克拉）
2007—2008	20 235.030	225 611.40	1518 854
2008—2009	32 921.542	201 081.69	1821 085
2009—2010	25 795.415	229 951.19	1692 587
2010—2011（4个月）	14 034.810	30 792.38	418 443

资料来源：中国商务部网站。

缅甸的宝石市场主要由政府部门控制，矿产品主要供出口。1964年以来，缅甸每年在仰光举行一次珠宝玉石展销会。进入70年代以后，展销会的规模越来越大，成交额逐年增加，1989年第26届珠宝玉石展销会成交额为1 128万美元。

进入90年代以后，缅甸政府一年中举办两次珠宝玉石交易会，交易额较80年代有所增加，但除了个别年份如1993年曾达到2 920万美元外，大多数年份交易量增幅不大，2001年也仅为1 968万美元。2002年缅甸共举行了四次珠宝交易会，成交额达10.7 592亿缅币，6月份缅甸矿业部珠宝公司举办的第七届玉石坯料交易会，共销售玉石毛料234件，金额达4.1亿缅币。2004年缅甸年中珠宝交易会成交额为2 340万美元。2005年10月初举办珠宝交易会中约70%的参展珠宝原料和成品成交，成交额达4 802万美元，超出政府预测的成交额（4 300万美元）。2010年12月的交易会成交额是28亿欧元，2011年7月交易会的成交额是15亿欧元，2012年1月3日在内比都举行的珠宝交易会总成交额为7亿欧元。

第五章　第三产业的发展和布局

第一节　第三产业发展概述

缅甸第三产业包括流通和服务两大部门，具体分为四个层次：

一是流通部门：交通运输业、邮电通讯业、商业饮食业、物资供销和仓储业；二是为生产和生活服务的部门：金融业、保险业、地质普查业、房地产管理业、公用事业、居民服务业、旅游业、信息咨询服务业和各类技术服务业、制造业；三是为提高科学文化水平和居民素质服务的部门：教育、文化、广播、电视、科学研究、卫生、体育和社会福利事业；四是国家机关、政党机关、社会团体、警察、军队等，但在国内不计入第三产业产值和国民生产总值。由此可见，这种第三产业基本是一种服务性产业。

缅甸第三产业发展很不均衡，缅甸旅游和酒店业、交通运输业和电信业发展比较迅速，教育业、文化广播电视业、金融业和保险业等从2011年以来改革幅度较大，但总体来说，缅甸第三产业发展落后于世界平均水平。根据缅甸中央统计局数据，1990年服务业占国家GDP总量的32%，2005年服务业占国家GDP总量缓慢上升为35%，2006年服务业出口值为2.79亿美元，占当年出口值的6.1%，2011年服务业占国家GDP总量的36.6%。

第二节　交通运输业发展概况

缅甸自1948年独立以来，经过几十年的发展，交通基础设施有一定的基础，铁路、公路、水运和航空都形成一定的规模。据缅甸交通和铁道部门数据显示，截至2012年11月，缅甸全国公路里程为34 377千米，在建2 921千米，火车站901个，铁路总长5 760千米，在建2 861千米，拥有蒸汽机车43台、柴油机车270台、客车厢831节、火车厢3 906节。主要港口有仰光港、勃生港和毛淡棉港，其中仰光港是缅甸最大的海港。缅甸交通部数据显示，截至2012年11月，内河航道14 837千米，仅有缅甸五星轮船公司经营远洋运输。主要航空公司有缅甸航空公司、缅甸国际航空公司、曼德勒航空公司、仰光航空公司、甘波扎航空公司、蒲甘航空公司、亚洲之翼航空公司、金色缅甸航空公司等。主要机场有仰光机场、曼德勒机场、内比都机场、黑河机场、蒲甘机场、丹兑机场等。仰光、内比都和曼德勒机场为国际机场。

缅甸的交通运输主要由公路运输、铁路运输、内河航运、海运和航空运输五个方面组成。负责缅甸交通管理的政府部门主要有：交通运输部和铁路运输部。1992年缅甸政府将原先的交通运输部重组为三个部：交通运输部、铁道部和电信、邮政和电报部。交通运输部下设11个机构，其中包括5个局（交通运输局、海运管理局、民用航空局、气象与水文局、缅甸港口管理局）、5个企业（水资源与河流整治理事会、内陆水运公司、缅甸五星航运公司、缅甸造船厂、缅甸航空公司）和1所学院（缅甸海洋技术学院）。然而，由于经济落后和政局动荡等多方面的原因，缅甸的交通运输比较落后，缅甸的交通基础设施还处于十分落后的状况，普遍存在着基础设施十分薄弱，技术和规格很低、设备陈旧、管理不善和缺乏规划等问题。

一、陆地运输业

（一）公路

1. 缅甸公路发展概况

缅甸主要公路网的长度和形状受地貌的制约，公路网多数呈南北方向，铁路和内河运输网也是如此。缅甸公路以纵贯南北的毛淡棉—仰光—曼德勒—南坎公路为主干道，辅以其他线路，形成公路网络。从首都仰光到缅北重镇南坎（与中国云南省瑞丽相邻）的公路起于仰光，经勃固、东吁、曼德勒、腊戍等重要城市，在掸邦的登尼分道，分别到南坎及附近的九谷（棒赛），与中国云南边境内的瑞丽和畹町相连，全长1 160千米，是南北纵向主通道也是中缅陆路交通的最重要公路。其中，仰光—曼德勒线全长695千米，是纵贯南北的主干道，路况良好，柏油路面，宽度为7～10米。勃生—耶乌线全长900多千米，途经卑谬、马圭、敏建、实皆等城市，是和仰光—曼德勒线并行的又一条南北干线。

缅甸的其他四条重要公路干线为缅东、缅西、缅北、缅南公路。缅东公路，始于中部的密铁拉，经东枝、景栋，至缅泰边境上的大其力，全长809千米，是东部地区的公路干线，柏油路面。缅西公路，始于东吁，经卑谬，至西南海滨的丹兑，全长376千米。缅北公路，始于曼德勒，经腊戍、密支那，至北部重镇葡萄，全长708千米。缅南公路，始于仰光，经毛淡棉、土瓦、至丹老，全长869千米。

当前，缅甸政府加强发展公路运输业，十分重视修路架桥。按照既定的规划，政府正在努力实施伊洛瓦底省11条公路网建设项目和自东到西横跨勃固山脉的7条公路建设项目等大型的道路交通改造和建设项目。2010年12月29日，仰光—曼德勒高速公路建成通车，这是缅甸第一条高速公路，全长366英里，使仰光与曼德勒之间的车行时间从过去的15小时缩减至7小时。连接曼德勒与掸邦南部的根达—果贵—英米—彬龙公路已经开通，通往边境地区克耶邦、掸邦南部和掸邦东部的公路交通情况均较过去有了改善。连接伊洛瓦底省、马圭省和实阶省的勃生—望濑公路也修成通车，各省/邦之间的交通条件也大为改善。1988年，长188英尺以上的桥梁仅有355座，截至2011年3月底，这一数字已增至718座，新增363座，而长180英尺以下的桥梁共有6 248座。横跨伊洛瓦底江的尼瓦代、马吁彬、布拉敏庭、波妙吞、阿诺耶泰、马圭、代德耶和耶德那崩等8座大桥均已建成。同时，伊洛瓦底江上正在建设的大桥还有：新坎大桥、木弄大桥、勃克谷大桥和良栋大桥。其中，从伊洛瓦底江东岸的良乌镇区勒班丹勒班前村至西岸的勃克谷大桥是缅甸最长的大桥，主桥全长11 431英尺（合2.16英里），为公路铁路并行大桥，桥基为钢筋混凝土结构，公路双行线路面宽28英尺，铁路线路面宽14英尺，距江面高52英尺，两岸的人行引桥各宽3.3英尺。

为了改善缅甸的公路交通网络，政府也十分重视通过国际合作为国内公路建设搭建平台。缅甸与其他各国合作的公路建设计划正在实施，其参与的主要项目有：与泰国、老挝、中国、印度和孟加拉国连接的亚洲公路项目；与东盟国家相连接的东盟公路项目；湄公河地区的东西经济走廊和南北经济走廊建设项目；连接孟加拉国—缅甸—斯里兰卡—泰国的公路项目；印度、缅甸和泰国三国合作建设的公路项目；印度与缅甸合作修筑的公路项目；通往印缅边境的布勒瓦边境公路和格勒丹河道改造项目等。其中划定为东盟高速公路的7条公路线分别为：仰光—帕雅基—曼德勒—德木公路、帕雅基—帕安—妙瓦底公路、曼德勒—地泊—腊戌—木姐公路、曼德勒—梅铁拉—雷林—景栋—大其力公路、景栋—小猛拉公路、直通—毛淡棉—丹老—土瓦—果洞公路和土瓦—新漂丹—甘恰那布依公路等。此外，缅甸分别与泰国、中国和印度相连接的公路有：妙瓦底—德木公路、大其力—梅铁拉公路、景栋—小勐拉公路和曼德勒—木姐公路，这些公路均与缅甸的联邦公路和地区公路连接。

表5-1 缅甸公路发展情况（2004—2011年）

年份	建设部			总公路网		
	公路总长（千米）	铺面公路（千米）	铺面公路占比（%）	公路总长（千米）	铺面公路（千米）	铺面公路占比（%）
2004	29 497	14 126	47.9	90 713	22 153	24.4
2005	29 825	14 356	48.1	92 859	22 830	24.6
2006	30 433	14 956	49.1	104 058	22 880	22.0
2007	30 711	15 213	49.5	111 737	24 374	21.8
2008	30 902	15 387	49.8	125 355	24 684	19.7
2009	32 070	15 583	48.6	127 942	24 957	19.5
2010	34 178	16 550	48.4	130 050	25 942	20.0
2011	37 784	17 260	45.7	142 395	30 879	21.7

资料来源：亚洲开发银行,《缅甸交通运输业评估》, 2012年10月。

公路运输：相对于缅甸人口和国土而言，缅甸公路运输发展滞后。2011年，缅甸每1 000人拥有38辆车（包括摩托车），而泰国每1 000人拥有432辆，比缅甸的高10倍有余。越南甚至老挝每1 000人拥有车辆的比例也比缅甸高。缅甸车辆增加很快，由2004年的960 000辆增加到2011年的2 354 000辆，所增加的几乎都是摩托车，摩托车占所有车辆的近82%；四轮或四轮以上车辆增长缓慢，年增长5%，约有40万辆。2012年缅甸新政府推行汽车进口开放政策，缅甸汽车市场得到较快发展，包括世界汽车巨头通用、福特、丰田、三菱先后在缅甸设立销售中心或宣布将建立汽车制造厂。

表5-2 缅甸车辆登记情况（1990—2010年）(单位：辆)

年	总登记量	摩托车登记量	摩托车占%
1990	174 970	41 912	24.0
1995	291 006	82 528	28.4
2000	438 834	174 553	39.8
2004	960 341	638 386	66.5
2008	1 994 358	1 608 772	80.7
2010	2 291 675	1 877 596	81.9

资料来源：亚洲开发银行,《缅甸交通运输业评估》, 2012年10月。

管理体制：公路部门的体制结构特别复杂，是公路部门有效发展和管理的主要制约因素。负责设计、建设和维护公路基础设施的有几个部门和机构：建设部、铁路运输部、边境地区和少数民族进步与发展事务部、国防部、内政部以及仰光、曼德勒和内比都城市发展委员会。建设部公共工程司负责设计、建设和维护干道和二级公路，在全国14.7万千米公路网中，这些道路约3.8万千米，其余10.9万千米由其他机构负责。

表5-3 缅甸各部门负责的公路网（2012年）

部/委员会	公路长（千米）	占比%
建设部公共工程司	37 784	25.6
国道	18 740	
主干道	19 044	
边境地区和少数民族进步与发展事务部	94 286	64.0
城市公路	11 272	
乡村公路和边境公路	83 014	
国防部工程兵部队	8 049	5.5
城市发展委员会	7 226	4.9
内比都	2 284	
仰光	3 928	
曼德勒	1 014	
总计	286 641*	100.0

资料来源：亚洲开发银行,《缅甸交通运输业评估》, 2012年10月。

铁路运输部全面负责管理公路基础设施的用户，交通运输部通过运输司参与外围管理。铁路运输部所属的公路运输管理司和运输计划司是核心服务机构。此外，铁路运输部还有一家国有企业——公路运输代理公司，并负责管理中央运输与通信学院。

公路运输管理司负责驾驶证、车辆登记、公路安全及其他相关管理活动。运输计划司负责审查和协调计划、预算和本部提出的财务问题，向客货运输经营者颁发经营许可证，管理客运和物流，以确保充分满足需求，承担有关陆地运输的国际关系协调中心的作用。公路运输机构提供货物运输服务，包括仰光的公共汽车和与私营公司竞争的货车。中央运输通信学院负责所有交通运输行业的人力资源需求。

（二）铁路

缅甸的铁路始建于1887年，迄今已有100多年的历史，早在第一次世界大战之前的1914年，缅甸的铁路网就已基本形成，总长达2 500千米。在此后的几十年中，发展缓慢，总体上变化不大。1940年达3 314千米，二战中受到巨大破坏，1962年才恢复到3 061千米，1989年通车里程为4 508千米。1990年代以来，缅甸铁路建设进程加快，新修和改造铁路1 243千米，2012年全国铁路总长为5 760千米。拥有火车站达到901个，铁路旅客列车450列、货运列车21列、机车头384台。

缅甸政府尤其重视伊洛瓦底江西岸地区的铁路线建设，新修了长277英里的强乌—勃克谷—甘果—格雷铁路线和长322英里的漳景—勃克谷铁路线。此外，南伞—景栋铁路线、嘎达—八莫铁路线、标北—拿貌—马圭线路线和土瓦—丹老铁路线正在建设当中。2010年，缅甸铁路旅客运量为7 160.2万人次和货物运量为332.7万吨。2010—2011年间，缅甸铁路部门新增多条铁路线。原有的仰光至曼德勒的往返旅客列车车次分别为29次和30次特快列车，2010年3月10日开通了仰光—卑谬—皎班丹—蒲甘的61次和62次往返列车，7月14日又开通了内比都—曼德勒的25次和26次空调列车以及内比都—曼德勒当天往返的空调特快列车。由此，缅甸的铁路客运能力得以增强。

表5-4　缅甸铁路情况表

	1988年拥有	1988—2010年新增	现有
常规线路里程（千米）	1 976	1 540	3 516
轨道里程（千米）	2 794	1 838	4 632
铁路站（个）	487	402	889
铁路桥梁（座）	5 650	5 553	11 203
铁路隧道（座）	0	12	12
旅客列车（列）	243	207	450
货运列车（列）	18	3	21
机车（辆）	293	98	391

资料来源：亚洲开发银行，《缅甸交通运输业评估》，2012年10月。

缅甸铁路网由纵贯缅甸南北的仰光至密支那铁路以及曼德勒至腊戌、勃固至椰城、仰光至卑谬等铁路干线为骨架构成。缅甸铁路网与东南亚中南半岛其他国家铁路网互不联通，构成了东南亚中南半岛上的另一个独立的铁路网。缅甸铁路网统一由缅甸铁道部管辖，其主要干线的基本情况如下：

1.仰光至密支那线

仰光至密支那线是纵贯缅甸南北的铁路干线，起自仰光，经勃固东吁、达贡、曼德勒、甘勃卢、因多，终于缅甸北部克钦邦的重镇密支那。仰光至密支那线全长1 162千米，其中仰光至曼德勒线路长约620千米。

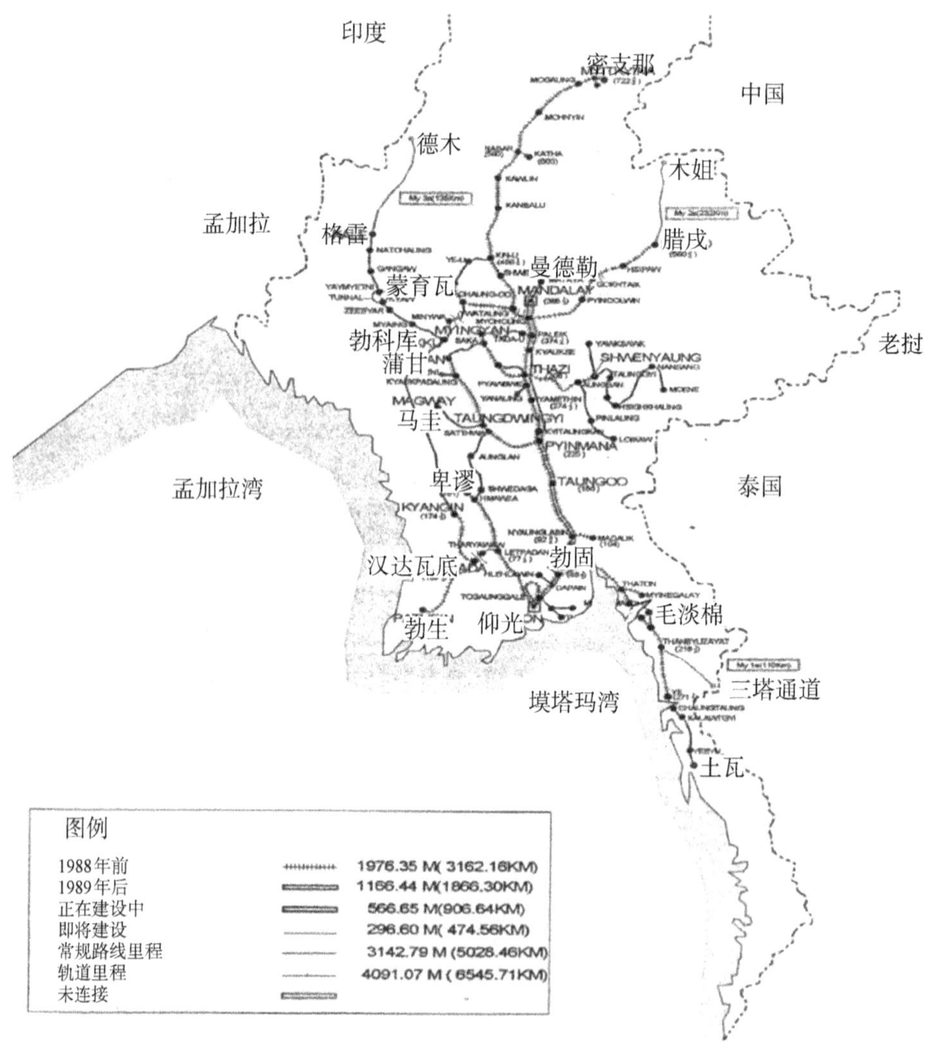

图5-1 缅甸铁路基本情况

2. 曼德勒至腊戍线

曼德勒至腊戍线是缅甸中北部的又一重要铁路干线，起自仰光至密支那线上的缅甸中部曼德勒省省会曼德勒，经眉谬、瑙丘、皎梅，终于缅甸北部掸邦重镇腊戍，全长约290千米。

另除主干线外，缅甸政府还加快修建通往各邦之间的支线铁路。如已建成的掸邦南部—东枝铁路，邦盈—塞考铁路，莫乃—南桑—孟塞铁路，以及连接掸邦与克耶邦的彬龙—莱葛铁路。

由于缅甸铁路网建成于殖民年代，设计技术标准低，设施简陋，加之现有铁路设备已经老化，因而运输能力很低，已经远远不能满足需要。根据亚洲开发银行对铁路部门的最初评估，缅甸铁路网发展较为落后，基础设施投资少，对诸如更新轨道、更换轨枕、重铺道碴和升级信号与通信系统等基本基础设施的投资严重不足，致使铁路运行速度低，乘坐舒适度差，当与其竞争的公路网得到改善，铁路客货运输服务的竞争力就下降了。从仰光到内比都走公路需要5小时，而走铁路几乎要9小时。

缅甸政府提出了铁路现代化的计划，即当前在经济和社会改革的框架下，一方面，政府致力于提高经济重镇之间的铁路网（如仰光—曼德勒—密支那和勃固—毛淡棉）质量和服务水平；另一方面，政府力图平衡地区间的发展，拟修建连接经济重镇与偏远地区的铁路。大约70%缅甸人居住在偏远地区，因此在偏远地区与中心城市（仰光和曼德勒）之间发展高效的铁路网有着很重要的现实意义。由日本公司负责实施，预计耗资17亿美元改造仰光—曼德勒铁路项目的前期勘测工作已经完成。同时，在中国帮助下，缅甸预计2015年投产火车的柴油机车厂和车厢厂。

二、水上运输业

（一）内河运输

缅甸河流众多，可通航的内河航线长达8 000多千米，包括位于中部的伊洛瓦底江及其主要支流钦敦江、东部的萨尔温江、流经缅甸中部的锡唐河及西部实兑平原地区的卡拉丹河、马友河等。内河航运在国内交通运输中起着重要作用。

伊洛瓦底江是纵贯缅甸南北的水上大动脉。早在1868年，从仰光起经曼德勒到八莫的定期轮船航班就已经开通，通航里程达1 400多千米。该航道从缅北重镇八莫开始，到缅甸第二大城市曼德勒约450千米，能通行200吨以下的船只。

顺水而下约需36小时，逆水而上需60小时。从曼德勒到仰光，航程为960千米，可通行1 000吨的驳船队组，下水船只需6天，上水船需10～12天。从八莫到仰光沿途经过十多座城市，但沿线城市的码头设施都很差，大部分码头无货物堆场、仓库和装卸设备。仰光港虽有堆场、仓库和装卸设备，但已陈旧老化。

除了从八莫到仰光的伊洛瓦底江航道，钦敦江和伊洛瓦底江三角洲河网也是缅甸重要的通航区。钦敦江可通航的里程为730千米，伊洛瓦底江三角洲通航河道共2 404千米。此外，若开邦可通航河道1 602千米，萨尔温江和孟邦可通航河道356千米。

缅甸的内河航运主要由内河运输公司(IWT)经营。缅甸内河运输公司建立于1865年，是缅甸交通运输部所属的国有企业，负责在伊洛瓦底、钦敦江、萨尔温江、伊洛瓦底三角洲和若开地区提供旅客运输和货物运输服务。内河航运公司拥有船只400多艘，其中动力船近240艘，其余为推杆式拖轮、趸船等，总运力70 000吨。2011年，内河运输公司运载旅客2 800万人次，货物500万吨(2000年运载旅客2 300万人次，货物400万吨)。内河运输是缅甸最为廉价的运输方式之一，货运超过铁路货运的50%以上。

表5-5　缅甸内河航运基本情况

类别	总计
服务线路(千米)	3 516
船舶(艘)	429
动力船	236
非自航船	154
趸船	39
提供的服务(2011年)	
旅客(百万人次)	27.57
货物(百万吨)	4.79
造船厂(个)	6

资料来源：亚洲开发银行,《缅甸交通运输业评估》, 2012年10月。

缅甸内河航道的维护和管理由运输部航道管理局负责。近年来，运输部航道管理局加强了对港口、航道的整治、疏浚，航运条件得到改善，内河航运业有较快的发展。

（二）港口运输

缅甸地理位置有利于发展港口运输，港口的迅速发展将有可能使缅甸成为东盟地区贸易和运输中心。在缅甸的西部和东南部，有9个港口，即仰光、实兑、皎漂、山多威、勃生、毛淡棉、土瓦、丹老、高当。其中，仰光港是全缅最大的港口，也是内河和远洋航运的中心。有装卸码头13个，但设施较差，能停泊1.5万吨海轮，年吞吐量约500万吨。近年来，在仰光港河段下游16千米处新建了由哈钦森港口控股运营的迪洛瓦港，设计了37个泊位，其中集装箱码头5个泊位；设计水深12～13米，可停靠2万吨级海轮。勃生是缅甸第二大港口，位于伊洛瓦底江三角洲勃生河上，距海口133千米，为内陆深水港，航道长80千米，水深6米以上，万吨级海轮可自由出入。根据缅甸港务局发布的数据显示，在2011年，缅甸港口吞吐2 400万吨货物，而仰光港口则占其90%。

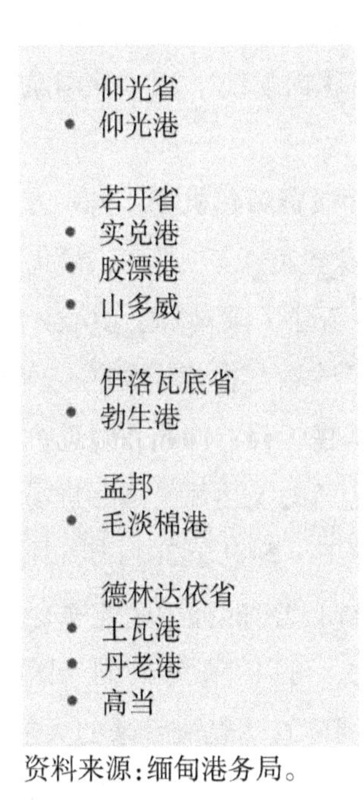

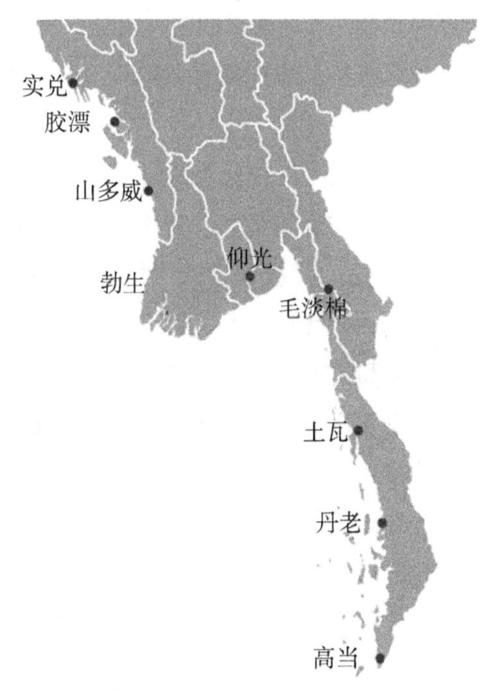

资料来源：缅甸港务局。

图5-2　缅甸港口

缅甸的远洋海运由国营的缅甸五星轮船公司（Myanmar Five Star Line）经营，该公司共有11艘万吨级以上的远洋船只，并在许多国家设有办事机构。缅甸与英国、欧洲大陆的一些国家、印度、孟加拉国、新加坡、印度尼西亚、马来西亚、泰国、日本、韩国、澳大利亚等国家，都有邮船业务。2013年4月，中国海运在缅甸内河投入了最大集装箱轮“鑫海仰光”号运营集装箱班轮服务，载货舱位为1 367TEU，载重吨位13 670吨，由中国海运所属的主营东南亚地区的鑫海航运有限公司进行经营，航线主要在马来西亚—新加坡—缅甸三国之间进行运输，将进一步促进缅甸的海运业发展及贸易往来。该运力投放后，鑫海航运也成为缅甸境内第二大航商。

三、航空运输业

缅甸航空运输企业分为国有企业和私营公司，其中国有企业为缅甸交通运输部所属的缅甸航空公司，私营公司包括曼德勒航空公司(缅甸航空公司与新加坡和马来西亚企业成立的合资公司)、蒲甘航空公司、仰光航空公司、KBZ航空公司和亚洲飞翼航空公司。缅甸缅甸现有各类机场69个，其中在运营的有33个，拥有三个可降落747级别客机的国际机场，分别为仰光国际机场、曼德勒国际机场、内比都国际机场。缅甸现有8家航空公司经营国内航线。22家外国航空公司开通缅甸国际航线。

近年来，缅甸逐步加快机场建设投入，一方面投资新建机场，另一方面改造老机场，以改善航空运输基础设施落后的面貌。截至2011年3月底，缅甸完成了对16个机场的扩建、升级和延长飞机跑道工程。新建了洪马林、望濑、安、勃克谷和皎宊机场；对黑河、丹老和良乌机场进行了改造与扩建；坎迪、八莫、腊戌机场建设工程和景栋、仰光和勃生机场的改造扩建工程，仰光和附近机场的建设和改造工程也正在实施中。计划在勃固建设一个新的汉达瓦底国际机场。该新机场的基础建设工作始于1993年，但于2004年停工，现已于2013年6月开始重新启动，预计在2016年12月完工，由仁川机场公司领衔的韩国企业联合体投资修建，预计建成后年旅客吞吐量将达1 200万人次，可以有效缓解仰光国际机场日益增加的客流压力。同时，为应对越来越多的国际直达航班带来的大量客流，缅甸政府决定对仰光国际机场和曼德勒国际机场的现有设施进行升级改造。2014年5月，由吴登盛总统担任主席、15名部长参加的政府经济頡会批准仰光机场升级改造方案，预计改造工程将于2015年完成，届时年旅客接待能力将达到600万人次。日本三菱集团和缅甸、中国、新加坡、马来西亚企业联合体分别承担曼德勒国际机场和仰光国际机场的改扩建工程。

第三节　对外经济合作的发展和布局

一、进出口贸易

（一）进出口贸易发展概况

缅甸的对外贸易发展几经起伏，但总的情况是贸易规模一直很小，处于较低的发展水平，大大落后于东盟其他国家。20世纪60年代初，缅甸对外贸易的状况还是比较好的，在1962—1963年度，进出口贸易总额达23.66亿缅元，创独立以来的最高纪录。但在此后几年开展大规模国有化运动，并禁止私人参与进出口贸易之后，对外贸易就开始恶化，到1971—1972财年，进出口贸易总额下降到16亿缅元。对外贸易占国内生产总值（GDP）的比重，1961—1962财年为16.4%，1971—1972财年减少到7%。1973年缅甸政府调整经济政策后，对外贸易开始逐年回升，1980年代初一度出现大米、石油输出并举，进出口贸易同步增长的好势头，1981年进出口贸易总额达94.55亿缅元，这是自1948年独立到1988年的40年间缅甸对外贸易的最高也是最好的纪录。但在此后的几年中，对外贸易总额一直在50亿～60亿缅元之间徘徊。1985年以后，由于农业发展速度下降和国际市场上大米和矿产品价格大幅度下跌，缅甸的对外贸易状况急剧恶化。1987年对外贸易总额仅32.7亿缅元。1988年国内局势动荡，严重影响到对外贸易，进出口总额仅15亿缅元。如果以美元计算，1989年的对外贸易额仅4.06亿美元，其中进口1.91亿美元，出口2.15亿美元。1990年3月，缅甸政府宣布取消配额限制（即1988年底规定的出口商可用出口收入的60%进口商品），允许出口商人用100%的出口收入进口商品。1992年10月缅甸贸易部又制定以下四项目标：即支持国际、国内贸易；促进国家经济的发展，增强商贸企业的能力；扩大出口，增加外汇收入；支持合作企业和私营企业，发展对外贸易。90年代以来，缅甸对外贸易总体趋于发展，规模逐步扩大。1990—1999年，缅甸的进出口总额由13.4亿增加到34.7亿美元，年平均增长率超过了10%。从统计数据看，2000年以后，缅甸的对外贸易连年以较高的速度增长，每年过一个10亿美元的大关。2000年为38.26亿美元，2001年突破40亿美元大关，达到48.95亿美元；2005—2006财年，缅甸对外贸易为55.42亿美元，2006—2007财年增加为82.59亿美元，较上一财年增长

49%；2007—2008财年增至97.52亿美元，同比增长18%。2008—2009财年，缅甸对外贸易突破100亿美元，达到113.22亿美元，同比增长16%；2009—2010财年，缅甸对外贸易总额为117.68亿美元，较上一财年略有增长，增幅为4%。进入2010—2011财年，缅甸对外贸易呈现较大幅度的增长，外贸总额突破150亿美元大关，达到152.74亿美元，比上一财年增加了35.06亿美元，增长30%；2011—2012财年，缅甸对外贸易总额为181.71亿美元，较上一财年增加了28.97亿美元，增长19%；2012—2013财年，缅甸对外贸易总额为182.42亿美元，较上一财年略有增长。

表5-6 缅甸进出口贸易额（2003—2012年）（单位：亿美元）

财年	进出口总额	出口额	进口额	顺差
2003—2004	45.70	23.35	22.35	1.00
2004—2005	49.01	29.28	19.73	9.55
2005—2006	55.42	35.58	19.84	15.74
2006—2007	82.59	53.22	29.37	23.85
2007—2008	97.52	64.01	33.51	30.5
2008—2009	113.22	67.79	45.43	22.36
2009—2010	117.68	75.87	41.81	34.06
2010—2011	152.74	88.61	64.13	24.48
2011—2012	181.71	91.36	90.35	1.01
2012—2013	182.42	89.22	93.20	-3.98

资料来源：缅甸商务部。

出口商品与出口国　缅甸对外贸易出口产品以初级产品为主，主要有：天然气、大米、玉米、各种豆类、水产品、橡胶、皮革、矿产品、木材、珍珠、宝石等。1983年大米、柚木和豆类这三项产品的出口，占了全部出口的70%以上，1984年更是达到了90.2%。1988年后，缅甸以初级产品为主的出口结构虽然基本上没有改变，但工业制成品主要是成衣的出口有了大幅度增加，到90年代末，已成为最重要的出口产品之一。2000—2001财年成衣出口值达6亿美元，占全部出口近1/3。此后两年中虽然因美、欧国家的对缅制裁有所下降，仍占出口总值的15%~20%。在初级产品出口中，天然气在1998年首次出口，创汇75万美元。2001—2002财年开始成为占首位的出口产品。2001—2002财年创汇5.23亿美元，2002—2003财年创汇高达8.46亿美元，占当年度出口总值的1/3。农林渔业初级产品出口的品种结构也发生了变化，豆类在1990年代已取代大米，成为占第一位的出口农产品和最重要的出口产品之一。从2000—2001财年起每年的出口超过100万吨，出口值仅次于成衣、天然气和木材，居第四位。缅甸的海产品尤其是虾的出口自1990年代以来迅速增加，已成为居第五位的出口产品。传统的最重要的出口产品大米则已退居第六位。

表5-7 2000年和2011年缅甸出口商品情况表

2000年			2011年		
出口商品	出口值（百万美元）	占出口值的百分比（%）	出口商品	出口值（百万美元）	占出口值的百分比（%）
成衣	516.0 571	27.2	矿物燃料、石油	3 146.3 458	38.9
木材	418.7 060	22.1	木材	1 006.2 463	12.4
成衣配件	281.1 782	14.8	蔬菜	828.9 796	10.3
鱼、虾	185.1 227	9.8	珍珠、宝石	798.0 683	9.9
矿物燃料、石油	119.3 067	6.3	成衣配件	794.1 160	9.8
蔬菜	85.0 112	4.5	鱼、虾	282.1 355	3.5
铜	45.8 423	2.4	矿石	244.7 601	3.0
油籽、谷类	31.1 172	1.6	橡胶	222.1 543	2.7
珍珠、宝石	26.4 164	1.4	谷类	180.3 132	2.2

资料来源：世界银行数据库，2012年12月13日。

1988年以来，缅甸的主要贸易对象一直是中国、东盟国家、印度、日本和韩国。从近5年的发展看，这一格局基本上没有什么大的变化。2001年以来，泰国一直是缅甸最大的出口对象国，每年出口泰国的缅甸商品价值超过7亿美元（主要是天然气）。印度、中国、日本则是居于第三、第四、第五位的出口对象国。但是，值得注意的是，随着缅甸成衣业的发展和出口的增加，在1980年代缅甸对外出口对象中微不足道的美国，在2000年已成为缅甸的第一大出口对象国。2000年和2001年两年缅甸对美国的商品出口值都超过4亿美元（占缅甸出口总值的20%左右），主要是成衣出口（见上表）。因此，2002年以后，美国禁止缅甸服装进入其市场，给缅甸外贸和服装业带来了很大的冲击。

表5-8　2000年与2011年缅甸商品主要出口国

2000年			2011年		
出口国家	出口值（百万美元）	所占%	出口国家	出口值（百万美元）	所占%
美国	507.4 375	26.7	泰国	3 268.3 179	40.4
泰国	259.8 639	13.7	中国	1 679.8 728	20.8
印度	178.4 987	9.4	印度	1 262.0 443	15.6
中国	124.8 201	6.6	日本	590.0 138	7.3
日本	119.4 172	6.3	韩国	298.6 808	3.7

资料来源：世界银行数据库，2012年12月13日。

进口商品与进口国　缅甸主要进口商品有燃油、工业原料、化工产品、机械设备、零配件、五金产品和消费品。缅甸钢铁、水泥、化工等加工业规模小，产品不能满足消费者需求，每年都要从国外大量进口。如缅甸每年水泥需求量约400万吨，而国内水泥产量只有100多万吨。化肥产量不到20万吨，需要量达80万～100万吨。近年来，缅甸对机电设备产品进口成倍增长，进口产品主要有农业机器、电站与动力设备等。缅甸政府已免除了农业机械等农用物资的进口关税，以有利于大量进口农机产品。缅甸进口的农机主要有：大型与中型拖拉机、机引耙、中耕机、内燃机、抽水机、割稻机、打谷机、干燥机、碾米机、电动机、柴油机、杀虫剂喷雾器等各类农业机械等。缅甸对三类小家电需求量大：一是厨房家电产品，包括电冰箱、电热水壶、微波炉、抽油烟机、电磁炉、电饭煲、消毒碗柜、榨油机等。二是家居电器产品，主要包括收音机、电视机、电风扇、空调机、吸尘器、饮水机等。三是个人生活小家电产品，主要包括电吹风、电动剃须刀、电熨斗、电子按摩器等。缅甸的进口食品机械，啤酒与饮料罐装成套设备，方便食品生产包装成套设备，屠宰及肉类加工与包装机械，中、小型家禽家畜屠宰加工包装设备，分割加工技术设备，包装设备，粮食及食用油深加工及包装设备，需求量都很大。自行车在缅甸很受欢迎，尤其是在缅甸中、北部城镇，可以说大部分人以自行车为主要出行工具。

表5-9　缅甸主要进口商品（2004—2009）（单位：百万缅币）

序号	商品	2004—2005	2005—2006	2006—2007	2007—2008	2008—2009（4—5月）
1	炼乳	102.0	129.2	164.4	166.4	23.2
2	脱水牛奶	14.50	14.10	6.3	3.5	
3	奶粉	22.3	12.20	28.1	30.80	
4	麦乳精	6.7	9.20	14.6	13.8	1.3
5	香料	6.2	9.2	9.2	13.8	0.3
6	食用植物油	474.0	571.1	478.2	1 057.7	469.5
7	药物	314.8	362.1	554.9	635.6	83.5
8	水泥	22.1	53.3	115.6	152.7	21.1
9	染色材料	40.1	36.1	51.0	49.5	5.9
10	化学原材料	134.3	146.3	158.3	185.4	22.5
11	化肥	20.1	26.1	71.7	52.0	0.6
12	科学实验仪器	128.7	108.2	148.6	139.8	31.1
13	金属及制品	899.3	1 164.0	1 183.6	1 206.2	297.2
14	机械及交通设备	2 164.9	1 786.2	2 718.2	4 161.7	556.5
15	电子设备	874.4	645.8	707.6	861.1	214.9
16	纸及制品	314.6	295.8	302.8	292.3	52.4
17	橡胶及制品	171.1	140.3	210.7	287.3	36.5
18	煤和焦碳	17.2	33.7	30.0	28.0	0.1
19	成品油	1 361.0	1 560.9	3 966.6	2 034.0	418.1
20	烟草及制品	121.9	113.2	101.8	66.8	20.0
21	棉布	66.5	74.6	51.0	72.0	3.76
22	化纤布	823.2	917.2	1 059.7	1 168.5	130.5
23	编织物	147.1	143.5	165.5	134.5	22.3
24	塑料	457.4	574.3	719.7	857.0	105.0
25	其他	2 626.60	2 584.10	3 809.7	4 735.7	867.7

资料来源：缅甸商务部网站。

在进口方面，中国缅甸最大的进口来源国之一。而且，从1999年以后，几乎每年都增加1亿美元以上，2003年达到了9.985亿美元，占了当年的缅甸进口总额（34.56亿美元）的29%。新加坡、泰国、马来西亚和韩国则分别为缅甸的第二到第五位的进口来源国。值得注意的是，在1970年代到1980年代一直在缅甸进出口贸易中占有重要地位的日本，现在在进口国中已落到韩国后面，被挤出了前五位。而且，日本在缅甸的出口对象国中也仅居于第五位，缅甸对日本的出口额在这5年中平均每年还不到1亿美元。2003年虽然有1.24亿美元，但仅占缅甸对泰国出口（8.32亿美元）的15%。

表5-10 缅甸商品进口主要来源地（2004—2009年）（单位：百万缅币）

序号	进口来源地	2004—2005	2005—2006	2006—2007	2007—2008	2008—2009（4—5月）
1	中国	2 818.96	2 716.01	4 185.75	5 472.54	1 174.75
2	法国	62.70	40.30	68.21	70.71	28.53
3	德国	155.38	122.82	175.10	166.01	32.07
4	中国香港	129.52	118.98	134.98	115.59	38.13
5	印度	480.08	465.18	916.51	954.7	109.15
6	印度尼西亚	188.72	336.09	539.77	1 139.86	400.68
7	日本	920.42	610.65	896.3	1 335.04	109.09
8	韩国	514.6	498.62	486.85	590.78	125.63
9	马来西亚	666.07	810.83	634.45	635.79	115.87
10	新加坡	3 471.46	3 240.18	5 928.03	4 489.83	762.92
11	泰国	1 054.24	1 376.24	1 749.4	2 110.66	318.57
12	英国	31.08	30.74	38.83	114.71	13.96
13	美国	165.70	478.43	248.09	121.64	15.43

资料来源：缅甸商务部网站。

突出问题 缅甸对外贸易中的一个较为突出的问题是进出口商品单一，结构不合理。缅甸长期以来一直是东南亚对外贸易水平最低的国家，对外出口的主要是资源性商品，最大的出口商品是天然气和石油，这是缅甸主要的创汇来源。此外，农产品、林产品和水产品以及珠宝玉石也是缅甸传统的出口创汇商品。然而，由于经济发展水平低下，缅甸主要的进口产品是交通和机电设备、食品、药品等。可见，缅甸对外贸易的商品结构是相当不合理的。

对外贸易的最新发展　自1977—1978年度开始，缅甸在对外贸易中开始连年出现逆差，1993—1994财政年度逆差达6.02亿美元，1999—2000年度逆差增至14.13亿美元，占国内生产总值（GDP）的10.13%。然而，随着缅甸政府对外贸易采取先出口再进口的“以出量入”贸易方式，以及天然气的出口有大幅度的增长，自2002—2003财年至2011—2012财年，缅甸一直保持较大的对外贸易顺差。2006—2007财年顺差约为20亿美元，2007—2008财年缅甸对外贸易顺差超过了30亿美元，2009—2010财年缅甸对外贸易顺差又创新高，达到34.06亿美元，占该财年国内生产总值（GDP）316.75亿美元的11%，对外贸易对缅甸经济的贡献程度可见一斑。2010—2011财年，由于受汇率波动的影响，缅甸对外出口增长速度慢于进口，顺差规模有所下降，为24.49亿美元。2011—2012财年受利好政策的影响，缅甸对外贸易继续保持良好的增长态势，外贸总额比上年同期增加了近30亿，达到181.71亿美元，其中出口91.36亿美元，进口90.35亿美元，进口额增长更快，已经超过去年64.13亿美元的水平，出口增加的主要是农产品、来料加工产品及水产品。2012—2013财年，受缅币升值和政府放松进口限制的影响，缅甸对外贸易出现了自2003年以来顺差后的首个逆差。

（二）缅甸主要贸易伙伴

在国际贸易中，缅甸的对外贸易90%都是与亚洲国家进行的，主要方向在东南亚、东亚和南亚三个区域，其中东盟国家占据缅甸对外贸易的半壁江山。2008—2009财年，缅甸出口东盟34.93亿美元，其中，泰国是缅甸最大的贸易出口国，达24亿美元，主要出口产品是：天然气、柚木、玉石、铜矿、硬木和农产品等。缅甸进口贸易也主要来自东盟成员新加坡、泰国、马来西亚和印度尼西亚。从东盟国家的进口贸易占全缅进口贸易的50%。2008—2009财年，从东盟进口共18.56亿。其中，从新加坡进口最多，达10亿美元。

缅甸与印度的双边贸易近几年来取得了较大的发展，印度是缅甸第四大贸易伙伴。印度实施“东向政策”后，改变了与缅甸的对立关系，两国在政治、经济和外交等领域展开合作，并取得明显成效。2007—2008财年两国贸易额为9.95亿美元。2008—2009财年，两国贸易额由于金融危机而略有下滑，为9.51亿美元，2009—2010财年缅印两国贸易额增至11.94亿美元，较2008—2009财年增长25.6%，其中缅甸向印度出口10亿美元，进口仅1.94亿美元，贸易顺差8.06亿美元。2011—2012财年缅印贸易额增至14亿美元，较上一年提高30%，预计将在

2015年达到30亿美元。缅甸主要向印度出口木材、豆类和玉米，从印度进口不锈钢、水泥、化肥和药品等。

缅甸与中国的双边贸易自2010年以来得到飞速发展，中国是缅甸第一大贸易国。2008—2009财年，中缅贸易额为26.26亿美元，2009—2010财年已达29.07亿，同比增长10.7%；2010—2011财年，两国双边贸易额达到53亿美元，较上一财年增长82.32%，中国取代泰国成为缅甸最大的贸易伙伴国。2011—2012财年，中缅贸易额达65亿美元，同比增长22.64%，居缅甸对外贸易首位。2012—2013财年，中缅双边贸易达69.74亿美元，为缅第一大贸易伙伴。中国对缅出口主要是投资项下带动的原材料和设备出口，机电产品、电子产品、食品和日用消费品等，缅甸出口中国的主要是木材、农产品、矿产品、水产品、珠宝等初级加工品。在中缅双边贸易中，缅甸一直处于逆差地位，贸易不平衡状况较为突出。中缅贸易快速增长的主要原因在于，从进口贸易来说，一是中缅之间交通运输方便，二是来自中国的商品丰富，适合缅甸不同阶层；从出口贸易来说，中国的工业发展领域广泛，缅甸所有工业原材料在中国都有市场，货币结算也很方便。

泰国原本是缅甸最大的贸易伙伴，缅甸出口泰国最主要的商品是天然气，几乎占了缅甸出口泰国全部商品的80%左右。此外，出口泰国的还有水产品、农产品、林产品、柚木、玉石、红铜等。缅甸从泰国进口的主要商品是工业用油、树脂、食品、纺织品以及机械设备和电子产品等。由于从缅甸进口大量的天然气，泰国还是缅甸最大的贸易顺差来源国，与泰国的经济关系对缅甸的经济发展有着重要的作用。2008—2009财年，缅泰双边贸易额为30.5亿美元，其中缅甸向泰国出口26.55亿美元，从泰国进口3.98亿美元。2009—2010财年缅甸与泰国贸易额达到43亿美元，2011—2012财年缅泰双边贸易提升到45亿美元。自2009年以来，由于受美国金融危机的影响，缅甸与泰国的双边贸易增长趋缓。从泰国商务部和海关的统计数据来看，2008年泰国从缅甸进口33.76亿美元，2009年降为27.82亿美元，2010年略升至28.14亿美元，2011年继续增长为32.68亿美元，但仍没有达到2008年的水平，各年增长率分别为46.7%、-17.61%、1.16%、16.15%，占泰国进口总额的比重分别为1.88%、2.08%、1.54%、1.43%；而泰国向缅甸的出口则保持连年增长，2008年为13.31亿美元、2009年为15.45亿美元、2010年为20.73亿美元、2011年达到28.46亿美元，增长率分别为38.99%、16.08%、34.2%、37.29%，占泰国出口的比例分别为0.75%、1.01%、1.06%、1.24%。由于缅甸丰富的自然资源以及廉价劳动力，泰国商家一直将缅甸视为具有高潜力的生产基地。为了进一步促进双边的贸易往来，2010年2月，泰国工业联合会、泰国商会及泰国银行协会共同设立泰缅贸易委员会。与此同时，缅甸也重视发展与泰国的双边贸易，于2010年4月成立了缅泰贸易委员会。

（三）边境贸易

边境贸易在缅甸对外贸易中占有相当重要的地位。缅甸与邻国中国、印度、泰国、孟加拉国已开设了16个边境贸易口岸，其中主要的口岸有木姐、拉扎、清水河、甘拜地、大其力、妙瓦底、高东、实兑、丹老、孟都、达武、梯客、叶等。缅甸通过边贸口岸向邻国出口农产品、畜牧产品、水产品、矿产品、林产品等，从邻国进口原料、日用品等。边境贸易的开展对缅甸国内经济带来了重大的影响。据缅甸官方资料报道，1991—1992财年政府有关部门发放的通过边境口岸进行的常规外贸进出口许可证共1 361份，金额1.96亿美元。1993—1994 财年，所发放的边境贸易进出口许可证共75 139份，金额10亿美元。2001—2002财年，缅甸边境贸易口岸进出口总额5.5 583亿美元。2003—2004财年，缅甸边境贸易总额为5.11亿美元，占缅甸对外贸易总额的11.2%。2004—2005财年，缅甸边境贸易总额为6.37亿美元，2005—2006财年缅甸与周边国家的边境贸易进出口总额比2004年增加了近1.3亿美元(其中进口增加超过了1.12亿美元)，除与中国边境贸易的减少超过了0.92亿美元以及与孟加拉的边贸略有减少外，与其他国家的边贸都有所增加。增加最大的是泰国，进出口总额增加超过了0.89亿美元，与印度的边贸增加超过了0.4亿美元。2012—2013财年，缅甸边贸总额已达到34亿美元，较上一财年增加约1亿美元。2013—2014财年头6个月（2013年3月至2013年9月）缅甸边贸额为22.97亿美元，其中边贸出口14.27亿美元，边贸进口8.7亿美元。

表5-11　缅甸边境贸易额（2003—2013年）(单位：亿美元）

财政年度	边境贸易出口额	边境贸易进口额	边境贸易总额	全年贸易总额	边境贸易占全年贸易%
2003—2004	3.00	2.11	5.11	45.70	11.18
2004—2005	3.85	2.52	6.37	49.01	13.0
2005—2006	4.29	2.82	7.11	55.42	12.8
2006—2007	6.47	4.45	10.92	82.59	13.2
2007—2008	7.47	5.83	13.30	97.52	13.64

续表

财政年度	边境贸易出口额	边境贸易进口额	边境贸易总额	全年贸易总额	边境贸易占全年贸易%
2008—2009	6.57	6.91	13.48	113.22	11.91
2009—2010	6.64	7.19	13.83	117.68	11.75
2010—2011	11.14	10.16	21.30	152.74	13.94
2011—2012	20.28	13.40	33.68	181.71	18.54
2012—2013	20.51	13.83	34.34	182.42	18.82

资料来源：中国商务部网站，http：//www.mofcom.gov.cn/article/i/jyjl/j/201303/20130300067934.shtml

缅泰边境贸易　缅泰两国的边境线，穿越了缅甸的1个省、3个邦，泰国的10个府。其中泰国有7个府与缅甸发展边境贸易。缅甸在缅泰边境共设有5个口岸，分别是大其力、妙瓦底、高东、丹老、梯客。大其力在掸邦境内，距离东掸邦首府景栋约150千米；妙瓦底位于克伦邦境内，与泰国的湄索毗邻；丹老、梯客位于缅甸南部的德林达依省；高东位于克耶邦境内，缅甸主要通过这5个口岸与泰国开展边贸。自2003年以来，缅泰边境贸易迅速发展，2002—2003财年缅泰边贸总额为1.45亿美元，2003—2004财年缅泰边贸总额为1.71亿美元，较上一财年增长0.26亿美元，缅甸向泰国出口1.23亿美元，其中能源原材料产品出口额达到了1.1亿美元；缅甸从泰国进口0.48亿美元，缅甸处于顺差态势。2006—2007财年缅泰边境贸易总额为2.14亿美元，2007—2008财年缅泰国边境贸易总额为3.05亿美元。2009—2010财年，缅甸边境贸易额达13亿美元。尽管缅泰之间主要边境口岸之一的妙瓦底自2010年7月关闭，但双方边贸未受太大影响。2010—2011财年的头8个月，通过该口岸的边境贸易额超过1.91亿美元，较上一财年增长了11.05%，其中缅方出口1.02亿美元，进口0.88亿美元，缅方顺差0.14亿美元。2011年12月5日，缅甸与泰国边境的重要贸易城镇妙瓦底的边贸口岸及友谊大桥重新开放。2013—2014财年头3个月里（2013年4月初至6月底），缅泰边贸口岸边贸额约达1.7亿美元（进口1.1亿美元、出口6 000万美元），其中大其力边贸口岸的边贸额约为0.1 764亿美元、妙瓦底边贸口岸0.8 377亿美元、高东边贸口岸0.2 316亿美元、丹老边贸口岸0.4 130亿美元、梯客边贸口岸0.04亿美元。

缅中边境贸易　缅甸与中国有着漫长的边境线，缅中边境贸易在缅中贸易中占有着非常重要的地位和作用。1988年8月5日，缅甸军政府首先同中国签订边贸协定，并于同年10月3日宣布全面开放缅中边境贸易，11月底又宣布将登尼以北140平方千米的地区划为边境贸易区。1991年10月24日，缅甸贸易部又颁布《缅甸—中国边境地区木姐、南坎、九谷、滚弄、户板、清水河边贸须知》将滚弄、户板和清水河设立为与中国进行边境贸易的口岸。到1994年1月，政府又将八莫开放为与中国进行边贸的口岸。不过，因受交通设施、地方政治经济状况、区位条件及中国主要口岸所在位置等因素的影响，当前缅中边境最为重要的口岸有木姐、清水河、甘拜地、雷基、拉扎等。自2000年以来，缅中边境贸易在缅甸边境贸易中占绝大多数。2002—2003财年，缅中边境贸易额约为3.31亿美元，2003—2004财年，缅中边境贸易额约为3.87亿美元，2004—2005财年，缅中边境贸易额约为5.5亿美元，较上一年度增长42.1%。2010—2011财年头11个月缅中边贸额为17亿美元，其中缅甸对中国出口近8亿美元，分别是农产品5.3亿美元、水产品7 000万美元、矿产品1.97亿美元；缅甸自中国进口近8亿美元，分别是投资项目物资4.5亿美元，项目用原材料2亿美元，生活日用品1.2亿美元。2011—2012财年，在缅中边境贸易中，缅甸进口额达10.23亿美元，比上财年增长43.1%；出口额16.96亿美元，比上财年增长96.1%。2012—2013财年，缅中木姐、甘拜地、清水河和拉扎口岸的边贸额约为29亿美元，约占缅甸边贸总额的83%。

木姐口岸是缅中边贸中的主要贸易点，也是缅甸最大的边贸口岸，贸易额占全缅边境贸易额的70%。据缅官方统计数字，1999—2000财年，木姐口岸的贸易额为1.82 706亿美元，其中分别为：出口9 236.8万美元，进口9 033.8万美元；2000—2001财年，木姐口岸的双边贸易额达到2.18 086亿美元，其中分别为：出口1.20 855亿美元，进口9 723.1万美元。2001—2002财年，双方的贸易额为2.44 105亿美元，分别为：出口1.3 001亿美元，进口1.14 095亿美元，原计划为2.423亿美元，完成计划的100.75%。2004—2005财年，木姐口岸进出口贸易额约为3.4亿美元。2005—2006财年，木姐口岸的进出口贸易额已达4.5亿美元，较上一财年增长了32.4%。2008年受世界金融危机影响有所下降。2011—2012财年，在缅中边境贸易额中，缅甸进口额达10.23亿美元，比上财年增长43.1%；出口额16.96亿美元，比上财年增长96.1%。其中，木姐口岸贸易占中缅边贸额的70%。2013—2014财年的头3个月（2013年4月1日起至6月底止），边境贸易总额已超过了8.9亿美元，分别为：出口额4.52亿美元，进口额4.42亿美元。其中，与中国的木姐口岸贸易额最多，占到了边境贸易总额的1/3。

二、外国投资和经济援助

（一）外国投资

1. 外国投资发展历程

独立以后，由于担心外国资本损害缅甸的主权和缅甸人的经济利益，历届政府在吸引外资问题上，总的来说都是比较谨慎的，甚至采取了禁止外国私营资本投资的政策。1947年7月，缅甸制宪会议通过的《缅甸联邦宪法》确立的缅甸对外国投资的基本政策是限制外国资本。《缅甸联邦宪法》规定，开采自然资源的公司，外国资本的最大份额不超过40%。1950年代初期，缅甸政府对殖民统治时期在缅甸建立和发展起来的一批外国企业实行国有化，对英资伊洛瓦底江轮船公司、仰光电力公司、孟买缅甸贸易公司等十多家较大的外国公司实行了国有化，并把缅甸石油公司等重要外资企业转为由外资与缅甸政府合营的企业。1950年代后期，吴努政府对待外资的政策有了较为积极的转变，但由于缅甸国内的投资环境等因素的影响，外国资本对缅甸进行直接投资一直是顾虑重重。私人直接投资数额很小，直到1961年仍不超过2 000万英镑。1962年政变上台的奈温为首的军人政权强调要自力更生，赶走在缅甸的所有援缅外国经济专家，禁止诸如亚洲基金会、福特基金会之类驻缅外国经济机构的活动，终止与其他国家间的经济技术合作，不接受附有条件的经济援助，禁止引进外国私人资本和直接投资。进入70年代以后，缅甸政府较多地接受外国和国际组织的援助和贷款，但因缺乏切实可行的外资政策而收效甚微。1985年，缅甸的工业公司同德国的菲力茨·瓦纳公司签订了联合组建公司的合同，此后直到1988年以前，缅甸没有与其他任何国家有合作项目，没有外资进入缅甸，也没有国际的先进技术和管理方法引入缅甸。在这段时期，缅甸经济停滞不前，在某些领域甚至出现了倒退的景象。缅甸面临独立以来的最深刻、最严重的经济危机。

1988年9月军人执政后，提出了积极欢迎外国在缅甸投资的政策。1988年11月30日，缅甸政府颁布了《缅甸联邦外国投资法》。12月7日，缅甸政府成立了由全体部长组成的“外国投资委员会”作为负责处理外国投资问题的领导机构，同时公布了《缅甸联邦外国投资法实施条例》。1989年5月30日，外国投资委员会颁布第一号令，列出了允许外国投资的具体领域和众多的项目，欢迎外国资本在 8个领域即农业、畜牧水产业、加工制造业、能源、矿业、服务业、交通运输和房地产业投资，并给予免税等方面的优惠。缅甸经济政策与先前有了极大的转变，制定了与其他东南亚国家相差不大的外资政策，这使这个开发潜力巨大的国家对外资有了很大的吸引力。从此，开始有外国资本进入缅甸进行直接投资。

外国对缅甸投资在1988—1997年之间得到较快的增长，1997年金融危机之后，外资入缅大幅下降。从1998—1999财年到2003—2004财年的5年中，一共吸引4.93亿美元，平均每年不到1亿美元。其中1998—1999财年仅0.29亿美元，1999—2000财年为0.582亿美元，2000—2001财年上升到2.18亿美元，但2001—2002财年又跌落到0.19亿美元。截至2001年3月底，缅甸共批准外资项目355个，金额达74亿美元，投资者来自25个国家和地区。2002—2003财年和2003—2004财年分别为0.87亿美元和0.912亿美元。截至2004年3月31日，缅甸已吸收来自全球25个国家及地区的投资，已批准的投资项目共379项，总额达75.919亿美元。其中居首位的是新加坡，为72项，15.72亿美元；英国其次，为38项，14.31亿美元；泰国居第三位，为53项，13.12亿美元；马来西亚为第四位，33项，6.60亿美元；美国居第五位，为16项，2.67亿美元。截至2007年6月30日，缅甸吸引外资总额为145亿美元，投资国家和地区29个，投资项目409个，80%以上的外资来自东盟，泰国名列外国对缅投资首位，占外资总额的53%；其次是英国，主要投资石油与天然气；第三位是新加坡；第四位是马来西亚。2010—2011财年受缅甸大选和预期未来国内政策趋好的影响，流入缅甸的外资大幅增加，是缅甸自1988年实施外国投资法以来，吸引外资最多的一年。据EIU公布的数据显示，2009—2010财年缅甸吸引外资仅为3.02亿美元；2010—2011财年，缅甸吸引的外资飚升至194亿美元，较上一财年增长了64倍。从外国直接投资的存量来看，截至2011年3月31日，外国对缅投资总额累计为360.54亿美元，到2011年12月底，缅甸的外资总额已达404亿美元。2012年12月底缅甸投资委员会累计批准了529个外资项目，投资额414.9亿美元，在缅外资公司达1 290家、缅甸公司24 050家、合资公司72家、股份公司1 072家及商会43家，共计26 527家公司在册。外国投资带动了当地就业，至2012年12月底外国投资解决了缅甸国内近16万人和国外近1.6万人的就业。截至2013年6月，外国对缅甸的投资额为429亿美元多，其中，居首位的是中国，205.59亿美元，占外资总额的近48%；泰国其次，95.68亿美元；韩国居第三位，29.79亿美元；英国为第四位，29.77亿美元；新加坡第五位，21.66亿美元。外国对缅甸的主要投资领域为：电力、石油天然气、矿产业、制造业和饭店旅游业，其中电力占40%、能源30%、矿业7%。

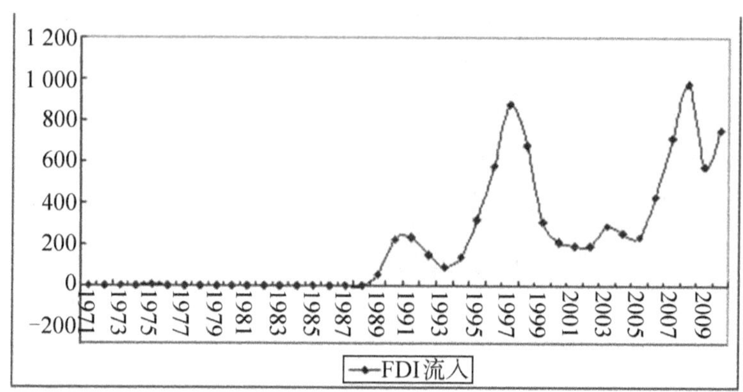

资料来源：联合国贸易和发展会议（United Nations Conference on Trade And Development）数据

图5-3 缅甸历年利用国际直接投资（FDI）流入（百万美元，美元现价）

2.对缅投资主要国家和地区

1988年以来，对缅甸投资的国家大多来自于东盟国家、亚洲地区和一些欧美国家。其中，东盟国家主要有：新加坡、泰国、马来西亚、印尼、菲律宾；亚洲地区有：中国、日本、韩国、中国香港；欧美国家有：英国、美国、荷兰、法国。据缅甸投资委员会统计，1989—2007年间对缅甸投资最多的十个国家和地区分别是泰国、英国、新加坡、马来西亚、中国香港、中国大陆、法国、美国、韩国和印度尼西亚。而在此期间，泰国是东盟国家中对缅甸投资最多的国家，超过东盟国家对缅甸投资总额的50%。2010年，根据缅甸国家计划与经济发展部提供的数据表明，中国（含香港）首次跃居外国对缅投资首位，总额达123亿美元，占缅甸外资总额34.4%，而泰国仅占23.3%。2012年，中国对缅投资总额达141亿美元，居外国对缅投资首位。

表5-12 各国对缅投资统计（截至2012年12月31日）（单位：百万美元）

序号	国家（或地区）	投资项目		百分比（%）
		项目数	金额	
1	中国	41	14 167.943	34.15
2	泰国	61	9 568.093	23.06
3	中国香港	43	6 374.36	15.36

续表

序号	国家(或地区)	投资项目		百分比(%)
		项目数	金额	
4	韩国	74	2 976.73	7.17
5	英国*	54	2 799.185	6.75
6	新加坡	78	1 858.83	4.48
7	马来西亚	43	1 031.285	2.49
8	法国	2	469.000	1.13
9	越南	5	349.796	0.84
10	印度	8	273.500	0.66
11	日本	31	259.860	0.63
12	新西兰	7	249.136	0.60
13	美国	15	243.565	0.59
14	印尼	12	241.497	0.58
15	菲律宾	2	146.667	0.35
16	俄罗斯	2	94.000	0.23
17	澳大利亚	14	82.080	0.20
18	奥地利	2	72.500	0.17
19	巴拿马	2	55.101	0.13
20	阿联酋	1	41.000	0.10
21	加拿大	15	40.791	0.10
22	毛里求斯	2	30.575	0.07
23	德国	2	17.500	0.04
24	利比里亚**	2	14.600	0.04
25	丹麦	1	13.370	0.03
26	塞浦路斯	1	5.250	0.01
27	中国澳门	2	4.400	0.01
28	瑞士	1	3.382	0.01
29	文莱	1	3.040	0.01
30	孟加拉	2	2.957	0.01

续表

序号	国家（或地区）	投资项目		百分比（%）
		项目数	金额	
31	以色列	1	2.400	0.01
32	斯里兰卡	1	1.000	0.00
总计		528	41 493.393	100.00

* 包括在英属维尔京群岛、百慕大群岛和开曼群岛注册的企业。

** 名称、创始人和主要组织从新加坡改为了利比里亚。

资料来源：美国国务院网站，www.state.gov

主要投资领域　缅甸拥有丰富的自然资源和人力资源，其中矿产资源和河流资源尤其丰富，这导致缅甸绝大多数的外来投资都投在和这些资源相关的领域，主要集中在电力、石油和天然气、制造业、房地产、饭店和旅游业。近年来外资入缅增长速度很快，尤其是能源领域吸引了越来越多的外国投资，电力、石油与天然气业项目吸引的外资数量最大。缅甸吸引外资的主要领域仍然集中在资源型产业，很多在缅甸的FDI都是资源导向型的，对能够切实拉动国民经济增长的农业、制造业等产业的投资仍然较少。2010—2011财年，外资主要集中于缅甸资源型行业，其中油气是缅甸吸引外资的第一大部门，达到了102亿美元，水电及矿产部门分列第二、第三位，吸引外资分别为82亿美元和9.97亿美元。而对于缅甸70%的人口赖以生存的农业领域、能提供更多新的就业机会的制造业、交通运输业、饭店旅游业、水产业等领域几乎没有新的投资。如表5-13所示，截至2012年12月31日，电力、油气、矿业、制造业、饭店与旅游业是缅甸吸引外资的主要部门，该五大部门共吸引外资393.55亿美元，占缅甸吸引外资总额的94.8%。电力部门为第一大投资领域，吸引外资达190.67亿美元，占缅甸外资总额的45.95%；其次为油气部门，吸引外资为141.82亿美元，占缅甸外资总额的34.18%；矿业居第三位，吸引外资为28.30亿美元，占对缅投资总额的6.82%，电力、油气和矿业等资源型行业吸引的外资已占外资总额的86.95%。这一外资格局令缅甸政府十分担忧。政府非常期望外资加大对缅甸的农业、养殖、制造、林业、旅游业等生产型和服务型行业的投资力度，以促进经济的平衡发展和改善国内就业问题。但是，当前缅甸基础设施十分落后，并不利于这些行业吸引外资。

表5-13　各部门外国投资统计（截至2012年12月31日）（单位：百万美元）

序号	部门	批准外资项目		百分比（%）
		外资数	金额	
1	电力	5	19 067.498	45.95
2	油气	113	14 181.972	34.18
3	矿产	67	2 829.694	6.82
4	制造业	216	1 910.778	4.61
5	酒店和旅游	46	1 364.811	3.29
6	房地产	19	1 056.453	2.55
7	畜牧、渔业	26	329.958	0.80
8	交通、通讯	16	313.906	0.76
9	工业园区	3	193.113	0.47
10	农业	9	182.751	0.44
11	建筑业	2	37.767	0.09
12	其他部门	7	24.692	0.06
总计		529	41 493.393	100.00

资料来源：美国国务院网站，www.state.gov

3. 外国投资政策与法律环境

缅甸投资委是主管投资的部门，其主要职能是：根据《缅甸联邦外国投资法》《缅甸联邦公民投资法》的规定，投资委对申报项目的资信情况、项目核算、工业技术等进行审批、核准并颁发项目许可证，在项目实施过程中提供必要的帮助、监督和指导，同时也受理许可证协定时限的延长、缩短或变更的申请等。缅甸投资委员会由相关经济部门领导组成，自2007年以来，由畜牧水产部长貌貌登准兼任投资委主席，国家计划与经济发展部副部长都迎佐上校兼任秘书长，商务部长、交通部长、建设部副部长为投资委员会成员。缅甸国家计划与经济发展部下属的投资和公司管理局主管公司设立及变更登记、投资建议分析及报批、对投资项目的监督等日常事务。2011年9月12日，缅甸投资委员会进行重组，由7人组成，缅甸工业发展委员会主席、第一工业部兼第二工业部联邦部长吴梭泰任主席，国民经济与计划发展部联邦部长吴丁乃登任秘书长，联邦副部长都亚吴岛伦任副秘书长，其他成员有：铁道部联邦部长吴昂敏、第一电力部联邦部长吴若敏、财政与税务部联邦部长吴拉通、联邦总检察长吴通兴。2011年9月，总统作出了关于“重组的缅甸投资委员会对国内外投资者的投资事宜，应在两周内办结”的指示。根据该指示，投资委员会主席吴梭登表示，将大力提高投资委对外资项目的审批进度，以快捷的一站式服务方式，在短期内办结外资审批。为提高工作效率，吸引外资，2013年5月3日，缅甸投资委员会又再次进行重新改组，重组后的缅甸投资委员会成员为：财政和税收部长吴温兴（主席）、国家计划和经济发展部长甘佐博士（秘书长）、吴温吞（成员）、吴泽亚昂（成员）、吞欣博士（成员）、昂吞德博士（成员）、吴纽丁（成员）、吴温凯（成员）、杜妙独萨（成员）、杜凯凯尼（成员）、杜拉吴当伦（助理秘书长）。同时，为提高工作效率，缅甸国家计划与经济发展部已于2013年4月10日在仰光开设国内外投资注册等业务的一站式窗口。

缅甸政府欢迎外国企业到缅甸投资，其允许投资的范围广泛，包括农业、畜牧水产业、林业、矿业、能源、电力、制造业、建筑业、交通运输业和贸易等。2011年1月27日，在缅甸首届议会召开前夕，政府颁布了大选后的第一部有关经济改革的法律——《经济特区法》。主要内容包括：在规定的期限内使用外汇可免税，项目实施第一个五年计划实施完时，缅甸国民工程技术人员比例不得少于25%，除特殊情况，必须聘用缅甸公民，投资项目周围尽可能环保达标等。

2011年8月初缅甸财税部下属证券交易法制委员起草《证券交易法》，该法经联邦检查院审查和联邦议会投票通过后将生效，对缅甸构建投资市场和股市起着非常重要的作用。2011年11月30日，缅甸又通过了《缅甸小型金融业法》，支持民间成立小型金融企业，以减少基层民众的贫困，扶持小型经济企业发展。此外，缅甸总统吴登盛于2011年9月29日签署5项法律修正案，即利润税法取缔案、缅甸印花税条例修正案、贸易税法修正案、所得税法修正案及公务税条例修正案等。2012年8月31日，吴登盛总统签发《社会福利法》、《农用地法》，9月7日签发《缅甸进出口法》。2012年11月2日，吴登盛签署了《缅甸联邦共和国外国投资法》。新投资法较以前的投资法更加灵活，包括取消外资在合资企业中最高占50%股份的限制，投资比例将由外资企业和缅甸合作伙伴决定。允许外资投资电力、石油和天然气、矿业、制造业、饭店和旅游业、房地产、交通运输、通信、建筑和其他服务业。农业、畜牧水产业虽然列入限制投资领域，但允许外资与缅甸企业按法律规定组建合资企业。新法还包括外资与缅甸企业组成的合资企业可享受5年免税待遇等优惠政策。

2013年3月，缅甸颁发《外国投资细则》，其中“外国投资行业分类规定”中规定，禁止投资的行业种类21项，包括军工企业、天然林维护、电网管理及电力贸易、珠宝玉石勘探及开采、印刷及广播业等；与国民合作经营的行业种类42项，包括杂交种子生产销售、糖酒副食品、塑胶产业、造纸、建材、房地产、国内航空服务、私人医院及旅游业等；特许行业115项，包括种植业、淡水海水养殖、原木出口、大型金属矿生产、烟草业、水电及火电开发、空港建设、网络服务、石化产业、公私合营医院、工厂建设、电影业等；其他特批行业27项，包括肉类动物生产、零售及批发行业等；需进行环评的行业34项，包括矿业项目、油气项目、大型电力项目、油气管道及输电铺设项目、大型种植业项目、水泥厂、大型房地产开发、大型林业种植、生态区项目等。2013年7月12日吴登盛签署《缅甸中央银行法》并即日生效。法律明确缅甸央行行长的职权，赋予央行独立干预货币市场、稳定汇率、建立符合国际管理的支付系统、独立建立和运行货币政策、设立金融监督机构和资本市场的自主权，同时开展海外支付和结算等。

（二）外援

外国经济援助对缅甸的经济发展有一定积极意义。在1948—1961年间，缅甸政府积极争取外援，接受日、美、德、中、苏、印度、以色列等国和世界银行等国际组织的援助，总额估计约6亿多美元，平均每年约5 000万美元，先后有数百个外国专家在缅甸帮助实施援助计划。1962—1972年，由于实行“缅甸式社会主义”，过分地强调自力更生，缅甸人为地削弱了同外部世界的联系。在这10年间，缅甸一共才接受了不到3亿美元的外援，平均每年不到3 000万美元。从1973年起，缅甸调整它的国内经济政策和对外经济政策，开始较大量地接受外国和国际组织的援助。到1988年，缅甸已接受了日本、澳大利亚、奥地利、比利时、加拿大、丹麦、芬兰、法国、德国、英国、意大利、荷兰、新西兰、挪威、瑞典、瑞士、美国等10多个国家的35.44亿美元的援助，以及亚洲开发银行、世界银行、欧共体、欧佩克等国际组织的11.79亿美元的援助，接受外援总额达47.23亿美元，平均每年接受的援助额达3亿美元。1988年9月缅甸军政府执政后，宣布实行对外开放政策，希望得到国际社会的援助。但是，以美国为首的西方国家却借口缅甸国内的“人权”和“民主”问题，停止了对缅甸的双边援助。此时世界银行货币基金组织、联合国开发计划署等国际机构，也停止了对缅甸提供多边贷款、双边贷款和经济援助。缅甸得到的外援，绝大部分是一些国家（如日本）和国际组织的非官方援助，其中大部分是人道主义援助(包括禁毒援助)，数额也不大。据日本外务省统计数据，1969—2007年，日本累计向缅甸提供了29.91亿美元援助，居所有对缅甸援助国家之首。2008年5月，缅甸遭受百年不遇的纳吉斯强热带风暴袭击，中国政府立即向缅甸政府提供的人道主义紧急援助物资价值50万美元。中国政府还向缅甸政府提供了50万美元的现汇援助，后中国政府决定再向缅甸政府提供价值3 000万元人民币的援助，用于支持缅甸政府和人民的救灾与灾后重建；截至2008年9月底，美国向缅甸捐献的救灾物资也高达5 000万美元；英国的捐助达到了6 700万美元，欧盟在灾后先捐助了1 700万欧元，2008年12月又宣布向缅甸提供4 050万欧元人道主义援助，用于帮助遭强热带风暴"纳尔吉斯"袭击的灾民以及缅甸国内急需救助的其他民众。

外国经济援助缅甸的主要模式：

1. 多边援助信托基金

缅甸最早的多边援助信托基金是"三防基金会"(3 Diseases Fund)。2005年，全球基金会(Global Fund)因政治原因撤离缅甸。2006年，"三防基金会"成立，但2012年6月以后停止援助新项目。该基金会专注于防治艾滋病、肺结核和疟疾。它由6个双边援助方和欧盟提供资助，共投入约1.4亿美元。

2012年末，"三防基金会"被"三个千年目标基金会"(3MDG Fund)取代。这不仅意味着全球基金会重返缅甸，还说明它渴望为吴登盛政府推行的改革提供快速、实质性的支持。该基金将关注范围扩大到除上述3种疾病外的母婴健康领域。它还是由原来的援助者提供资金，计划在首个4年投入3亿美元。

"多边援助教育二期基金"(Multi-Donor Education Phase II Fund)建立在一期基金基础之上，关注小学教育。它由4个双边援助者、欧盟和联合国儿童基金会共同资助。这些援助方计划在4年内(2012—2016年)投入约6 500万美元。

"生计和粮食安全信托基金"(Livelihoods and Food Security Trust Fund，LIFT)成立于2009年，致力于通过为200万人增加食品供应和创收机会，帮助缅甸实现到2015年根除极度贫困的千年发展目标。该基金为期7年，最初由7个双边援助方和欧盟提供资助，计划至少投入1.7亿美元。2012年末，美国国际开发署和法国援助机构宣布加入该基金。

2. 多边援助机构

联合国1948年以来一直在缅甸开展工作。过去40年来，联合国处于对缅外援的中心。主要有联合国国际开发署及十多个专门机构活跃在缅甸。2011年，联合国是缅甸最大的援助方，其各个机构以总共为缅甸提供了1.5亿美元援助，全部是捐赠。

世界银行从1956年开始为缅甸提供贷款，用于重建第二次世界大战中受损的基础设施。1988—2012年，缅甸从世界银行贷款累积达4.36亿美元。2013年1月世界银行清除了缅甸的欠款，并向缅甸提供了1.65亿美元贷款用于发展缅甸的电力、通讯产业和银行业。2014年1月，世界银行行长金墉访问缅甸，宣称世界银行计划向缅甸投入20亿美元，援助缅甸电力与医疗事业。

亚洲开发银行积极参与对缅甸援助工作。2012年底，缅甸拖欠亚行的欠款达5.17亿美元。2013年1月亚洲开发银行全面清除缅甸欠款，并随即宣布为其发放5.12亿美元新贷款（“特殊分配”），有效进行资金重新募集。未来3年，亚行将每年从技术援助专项基金中为缅甸提供300万美元援助。在此期间，亚行还将利用信托基金和联合融资安排为在缅甸的发展活动提供支持。

欧盟是给予缅甸人道主义援助最多的地区组织。欧盟委员会自1994年以来通过人道主义援助署（Humanitarian Aid Department）已向缅甸提供了1.445亿欧元的人道主义援助，其中2010年提供了800万欧元的援助，2011年提供给缅甸925万欧元的援助。2011年11月3日，缅甸渔业总会宣布，欧盟拟援助缅甸1.33亿欧元，用于在伊洛瓦底省、丹那沙林省和若开邦省执行水产业发展3年规划，以发展缅甸水产业，其中5个项目将在2012年内完成，包括淡水虾、软壳蟹等合作养殖、技术改造及加工出口。欧盟委员会高官皮耶巴尔格斯（Andris Piebalgs）在2012年2月12～14日访缅期间表示，为鼓励缅甸的政治改革，欧盟决定再追加对缅人道主义援助，援助金额将增加1.5亿欧元，主要用于卫生和教育领域，帮助缅甸的农村人口及难民改善医疗卫生和教育条件。2012年欧盟为缅甸提供了总额为2亿欧元的经济支持。2013年2月25日到3月8日，吴登盛总统对欧盟成员国挪威、芬兰、奥地利、比利时和意大利访问期间，欧盟委员会主席巴罗佐还向总统吴登盛承诺，将继续为缅甸提供经济上的支持，并将研究签署双边投资协议的可能性。

3. 双边援助机构

（1）日本

日本是缅甸独立以来最大的外援来源。自20世纪80年代后期至2012年底，

（据IMF数据）缅甸拖欠日本的欠款约66亿美元。2012年4月，吴登盛总统访问日本期间，日本政府宣布将分3个阶段免除缅甸5 000亿日元（60亿美元）债务。首笔1 990亿日元欠款通过缅甸向日本进行短期商业贷款的搭桥模式偿还，日本随后提供等额长期优惠贷款。第二笔将取消的1 270亿日元债务日本早在10年前就已同意免除。第三笔1 760亿日元欠款包括延期偿还利息，将在日本和缅甸联合对2013年缅甸的经济政策和体制改革进行督察后免除。

日本的对缅援助有三类。第一类是日本国际协力机构（JICA）提供资金的无偿援助和技术合作，由大批日本机构和组织实施，几乎涉及缅甸所有领域。2010年，这类援助总计约3 200万美元，且上升趋势明显。第二类是日本国际协力机构提供的官方发展援助。2012年11月，日本首相野田佳彦宣布免除缅甸债务后，将实施总额约500亿日元（6.5亿美元）的一揽子对缅贷款计划，用于重建发电厂、发展农村、减少贫困和开发迪拉瓦港经济特区（Thilawa Special Economic Zone，SEZ）。第三类是通过区域组织间接向缅甸提供的援助，包括研究缅甸全面发展愿景的东亚东盟经济研究所、曼谷研究中心、GMS和下湄公河倡议。2013年3月22日，缅甸计划发展部副部长杜钦山依与日本驻缅大使Mr.Mikio Numata在内比都签署7项日本援助缅甸项目换文，总金额约158亿日元。具体项目为农业及培训项目10.08亿日元；克伦邦公路改造及设备7.59亿日元；建自然灾害监测站项目38.42亿日元；缅甸国内机场安全升级项目12.13亿日元；布努桥水电项目改造66.69亿日元；仰光、曼德勒医院医疗器械项目11.4亿日元及仰光河客运船改造项目11.68亿日元等。

（2）韩国

韩国国际协力团（KOICA）自1991年开始为缅甸提供援助。韩国国际协力团的援助模式有4种：与缅甸政府合作开展项目、资助NGO、派遣志愿者和培训政府官员。它在4个领域开展活动：农业/农村发展、工业推广、经济和行政治理以及人力资源开发。韩国国际协力团援助惠及的其他领域包括卫生、环境、林业以及信息通讯技术。自1991年以来，韩国国际协力团的年均对缅援助为300～400万美元。2012年，它对缅援助增长到560万美元，2013年的初步援助计划达1 000万美元。

（3）中国

中国的援助机构设在商务部下，称为对外援助司。中国的对缅援助可以分为

8类：基础设施建设和资源项目、商品、技术援助、培训、医疗援助、人道主义援助与救灾、青年志愿者服务以及削减债务。

1960年初，周恩来总理访问缅甸时承诺对缅援助，但由于奈温政权（1962—1988）的孤立主义和反共，中国为奈温政权提供的援助很少。20世纪90年代中期，中国成为丹瑞政权的主要支持者，尤为明显的是2007年中国否决了联合国安理会谴责缅甸违反人权的决议。2000年后，在中国“走出去”战略的实施下，中国与缅甸的经济关系得到加强。该战略鼓励中国企业到世界各地投资开发自然资源。20世纪80年代，中缅高层互访慢慢恢复，随后越来越频繁。互访常常会签署经济技术合作协议。2010年9月11日，中国对缅甸提供300亿元人民币的无息贷款，以资助其水电项目、公路和铁路建设以及IT业发展。

（4）英国

英国对缅甸的援助主要是通过设在缅甸的民间组织和联合国提供给缅甸。2011年3月1日，英国政府表示，为帮助缅甸的发展，在未来4年内，英国对缅援助资金将增加两倍。当前，英国政府已向缅甸提供了3 200万英镑的援助，到2015年援助总额将增加到2.24亿英镑。英国增加这笔援助后，将成为对缅最大的援助国。

（5）国际NGO

国际NGO的历史可追溯到100多年前，如1863年成立的红十字国际委员会。然而，它们直到20世纪80年代才成为全球重要的援助者。

在社会主义和奈温孤立主义时期，缅甸很少有国际NGO存留下来。1988年政权更迭后，它们开始进入缅甸。随后的20年，除了缅甸军政府对国际NGO活动的严格限制外，美国和其他西方国家对缅甸的政治和经济制裁对大部分国际NGO也是一个主要障碍。

2008年5月，缅甸遭遇了纳尔吉斯风暴。对受灾区伊洛瓦底三角洲的救援和重建使缅甸的国际NGO数量从40个左右激增到100多个，创造了历史新高。此后，陆续有国际NGO撤出缅甸。2011年初，吴登盛政府成立时，缅甸境内约有65个国际NGO。2011年8月，吴登盛总统与昂山素季举行突破性会晤后，情况发生了巨大转变。据缅甸信息管理机构（Myanmar Information Management Unit，MIMU）统计，活跃在缅甸的国际NGO有87个。这个数字远低于实际数目，因为它的列表中有些国际NGO被漏掉了。绝大多数国际NGO主要是开展人道主义援助，尤其是健康和社区发展项目。

三、经济特区建设

缅甸从1990年代开始设立迪洛瓦自由贸易区，由于投资法不足以解决特区需要法律保障的问题，经济特区无论是规模还是给予的优惠条件都受到很大局限。2011年1月《缅甸经济特区法》和2月《土瓦经济特区法》的颁布，标志着政府真正下定决心推动经济特区建设。缅甸有土瓦、迪洛瓦、妙瓦底、毛淡棉、帕安和皎漂等6个经济特区。

（一）土瓦（Dawei）经济特区

1. 建立的背景

2008年5月19日，在新加坡举行的东盟外长会议上，泰国和缅甸外长签署了一份建设土瓦深海港备忘录。2010年11月，泰国最大的建筑公司意泰开发公司（Italian-Thai Development Plc）与缅甸交通部港务局签署有效期60年的《建设土瓦深水港、工业区及通往泰国公路、铁路项目框架协议》，宣布将联合在土瓦建设经济特区。

为保证经济特区建设，缅甸国家和平与发展委员会颁布第2011/8号法律《缅甸经济特区法》后，又颁布了第2011/17号法律《土瓦经济特区法》。土瓦经济特区内划分为9个区域，分别是：高技术工业区、信息通讯区、出口产品生产区、港口区、后勤运输区、科技研发区、服务区、二级贸易区、政府临时指定的区域。

2012年5月，根据媒体报道，由于该项目十分重要，单一企业恐怕无法胜任，泰国恢复和重建国家战略委员会已经向政府建议，由泰国政府代替原先的意泰开发公司直接与缅甸政府合作开发土瓦海港和工业园计划。2012年7月23日是，泰缅两国重新签订了谅解备忘录，把该项目上升为两国政府间的合作项目，并邀请日本参与项目开发。2013年9月27，缅、泰、日在仰光召开了3方会议，推进土瓦经济特区建设。

2. 地理位置

土瓦是缅甸南部德林达依省的首府，当地人口约为10万。它地处沿海，与泰国接壤，历来都是缅甸从事对外贸易和海洋经济的重要区域。土瓦经济特区占地面积约为6.4万公顷，包括德耶羌、耶漂、龙龙和土瓦4个镇区，距离泰缅边境的泰国北碧府300千米。

3. 投资及产业定位

根据意泰公司公布的文件，框架协议有效期为60年，在双方都同意的情况下还可再延长。这项预算投资134亿美元的工程将采取BOT（建设—运营—移交）模式实施，将在10年内分3个阶段完工：

（1）土瓦深水港包括南港和北港，共22座栈桥，可同时供25艘2万至5万吨轮船停靠，年处理货物1亿吨。

（2）建立东南亚最大的工业园区，用地250平方千米，投资约13亿美元，包括港口和重工业区、油气区、上游化工区、下游化工区、中轻型工业区等6个区，用来建设钢厂、化肥厂、发电站和其他服务设施以及住宅区、商业区和一个旅游、观光、休闲区。

资料来源：缅甸港务局。

图5-4　土瓦规划图

（3）建设一个能满足整个项目用电的400万千瓦发电站、一个满足供水的蓄水量达2.19亿立方米的大坝、一个日处理97.5万立方米的净化水厂。不过，迫于舆论“环境污染”的压力，2012年1月9日，缅甸政府叫停了土瓦经济特区的火电厂，缅甸政府单方撕毁合约，不遵守商业信誉，这种潜在的投资风险是存在的。

（4）修建土瓦港通往缅泰边境长约170千米的公路、铁路。该路经曼谷—柬埔寨诗梳风市可以到达越南头顿市和归仁市，从而与GMS南部经济走廊连接。沿路平行铺设输变电线及石油和天然气管道。

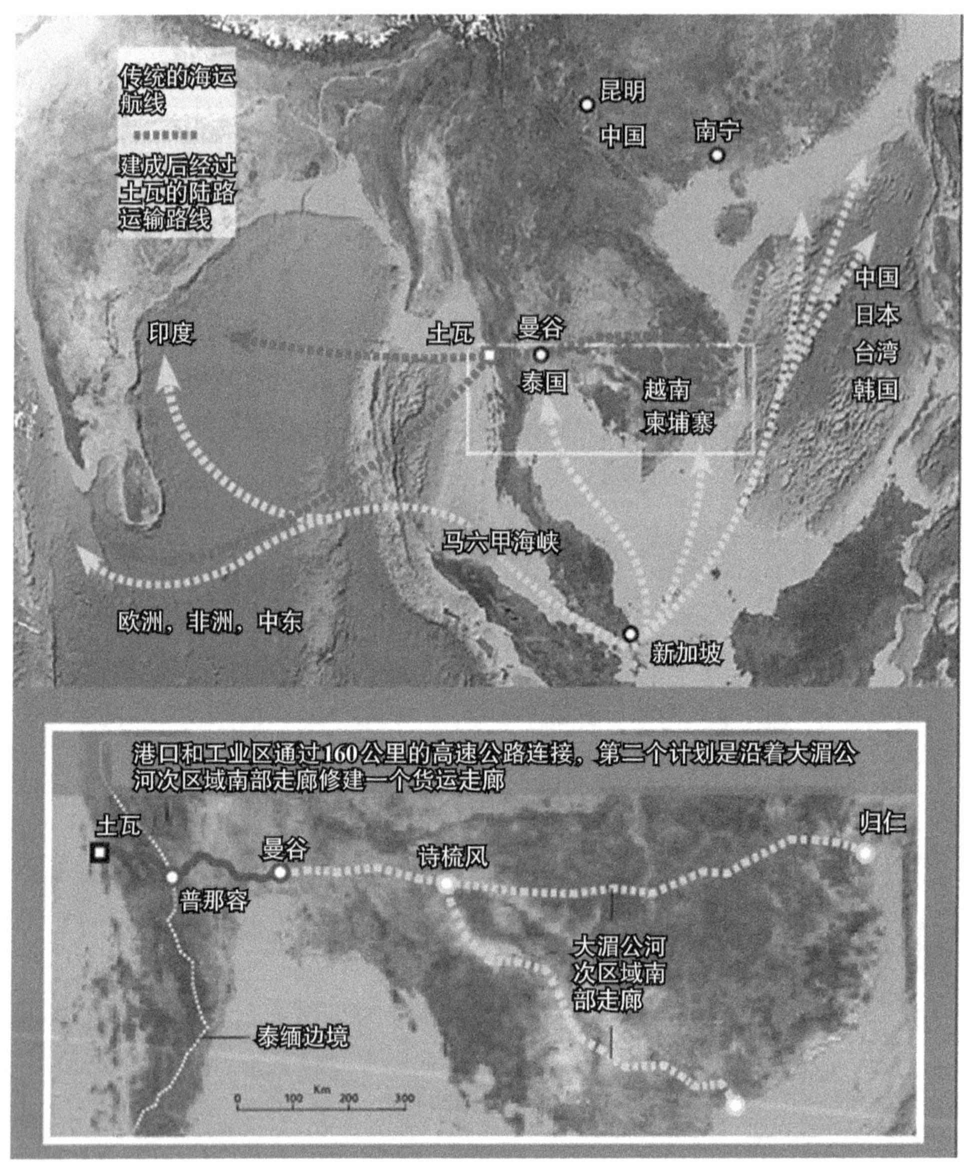

资料来源：缅甸港务局。

图5-5　土瓦的交通枢纽地位

首期投资（310亿泰铢，约合10亿美元）已经获泰国政府批准。该特区建成后，将拥有10万吨级的深水港、钢厂、发电厂、船厂、炼油厂、纸浆厂和石油化学厂等。

意泰公司还计划推动丹老群岛的旅游业发展，该地区以未受污染的海滩和海产品而闻名。土瓦特区建成后将成为东南亚最大的经济特区，据称面积将10倍于泰国春武里府林查班工业区，并成为联结东南亚和印度洋、欧洲、中东和非洲的贸易中心，从而推动整个东南亚地区的经济发展。

4. 交通基础设施

土瓦特区的交通设施已经开始建设。根据框架协议，特区开发的3阶段的第一阶段为基础设施建设阶段，从2010年到2015年间由意泰公司联合其他4家公司（日本钢铁、泰国PTT公司、泰国电力局和马来西亚Petronas公司）组成合资公司承担。其中最重要的项目是修建土瓦经济特区到泰国的160千米8车道高速公路和铁路。高速公路项目又被称为西门路桥工程，共投资6 600万美元。2011年4月，意泰公司完成了从土瓦特区到北碧府Phu Nam Ron检查站的跨境公路，以便运输原材料到建筑工地。特区内的基础设施建设也在紧张进行之中，主要包括港口、公路和上游钢铁项目，日本钢铁已经作为意泰公司的合作伙伴开始在土瓦一期项目中投资。各类投资项目预计将于2016年起陆续进驻经济特区。

5. 外国企业入驻情况

为了落实土瓦经济特区项目，意泰公司已经专门成立了一个“土瓦开发公司”，注册资金为1亿美元，由于意泰公司不是一个投资型公司而是一个开发公司，而投资成本巨大，这意味着它无法独占这一项目，因此意泰公司也在积极寻觅合作伙伴来共同开发土瓦。已有来自日本、韩国、印度的公司表达了投资意向。有消息称，土瓦经济开发区60%的项目将分包给缅甸公司，缅甸麦克斯（Max Myanmar）公司已签署相关工程协议，成为首个获得该经济特区工程的分包商。

（二）迪洛瓦（Thilawa）经济特区

1. 建设的背景

1988年新上台的缅甸军政府制定了一系列市场经济政策，海运贸易迅速增长，进出缅甸港口的大型轮船对港口条件提出了更高的要求。迪洛瓦港的优点是基础设施较完备，通航能力大且能提供大型集装箱船和客船需要的停泊水域。迪洛瓦港是缅甸唯一的国际轮船能够停泊的深水港，也是一个需要升级改造的港口。在这种情况下，缅甸政府建立了迪洛瓦特别经济特区，它承担了几乎全国1/3进出口产品贸易的任务，成为缅甸进出口贸易的枢纽。

2. 地理位置

迪洛瓦经济特区位于仰光市以南25千米处，丹林—皎丹特别工业园内，距出海口约20千米，距仰光老港区8.6海里，属于仰光河航道下游，是缅甸港船舶进出的主要航道。总面积为12.8平方千米。迪洛瓦港泊位长1千米，水深10米，集装箱起重机2个，RTG起重机3个，仓库面积2万平方米。

资料来源：缅甸港务局。

图5-6　缅甸迪洛瓦国际港平面图

3. 规划

2005年，按照中缅两国经济技术合作协定和相关协议，在中国政府的资助下，上海金桥公司和有关专家根据上海金桥出口加工区的经验，结合缅甸的具体国情，经过10个月的努力，制定了仰光迪洛瓦工业特区总体规划，其中包括相关法律建议方案。2005年12月20日，中方将规划方案正式提交缅方。根据该公司负责人透介绍，规划设计的指导思想是“立足迪洛瓦、服务全缅甸、面向东南亚、发展工业化”，规划方案的目标是努力建成一个缅甸对外开放、引进外资、扩大出口、发展经济的示范区。采用了“总体规划、分期实施”、“先立法、后开发”、“境内关外、一线放开、二线规范、区内自由”等中国已经成熟的特区开发理念。引进包括中国在内的愿意投资缅甸特区的所有外资，没有排他性。

但在中方向缅方提交方案之后，缅甸官方媒体对此没有作任何报道，试图保持低调。这也从侧面反映了当时缅甸政府对迪洛瓦经济特区还没有下定决心。

4. 投资

1990年代新加坡曾在这里设立工业园区，后因投资制度不透明而撤资。近年为吸引外国企业来缅甸投资，缅甸政府计划重启迪洛瓦经济特区项目，设立日本、韩国和面向其他国家的3个区域，还准备在特区附近建设国际机场。

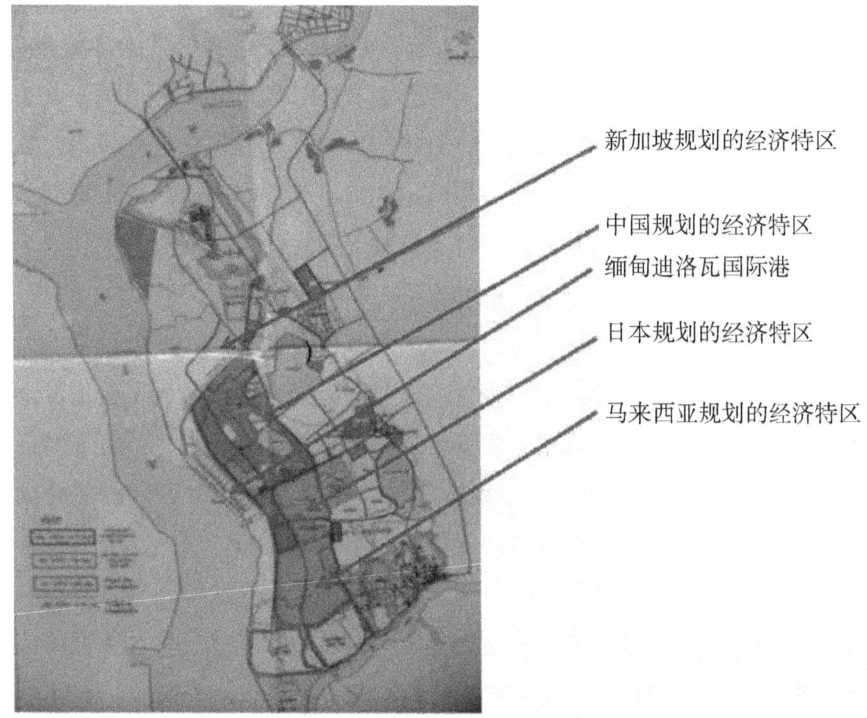

资料来源：缅甸港务局。

图5-7　丁茵—皎丹经济特区图

迪洛瓦项目是继皎漂港和土瓦港之后外国在缅投资建设的第三个深水港和经济特区项目。

2011年10月，缅甸交通部宣称，韩国将投资50亿美元在迪洛瓦深水港地区建设经济特区。经济特区被命名为“Myanko新城”，由韩国Hana国际公司建设。项目内容包括升级改造迪洛瓦港口以达到国际轮船能够停泊的标准，建设工业区、城市基础设施、酒店、学校、医院、体育馆、会议中心、港务和进出口贸易相关政府机构等。同时，为了保护环境，特区建设将以绿色城市的模式进行规划。

日本也对迪洛瓦特区表示出浓厚的兴趣。2011年12月26日，日本外相玄叶光一郎在仰光举行的新闻发布会上透露，将就缅甸仰光迪洛瓦港的投资事项进行考察和分析，这也是缅甸总统吴登盛特别希望并提出的要求，吴登盛总统表示日方在这个项目上给予帮助非常重要。2013年10月29日，缅甸财团和日本财团在东京签订合作协议，一期400公顷基础建设项目开始实施，计划2015年开始商业运行。

5. 特区的优惠政策和局限性

在迪洛瓦经济特区，2011年1月颁布的《经济特区法》有待具体落实。优惠政策包括土地可租用50年，并可续租25年；出口税为8%，进口税为零；土地可转租和质押。在区内可设立国内和国外银行机构，可提供兑换外汇和转账服务。

特区局限性：电力供应不稳定，基础设施水平有待提高，政策不透明，经济特区法尚待落地，一些经济法规需要修改，缺乏技术熟练工人。

（三）妙瓦底（Myawaddy）经济特区

1. 建设的背景

据2006年缅甸官方媒体《缅甸新光报》报道，缅泰两国签署了合作计划，把缅甸妙瓦底工业特区建成带有试验性质的经济特区。而在此前，妙瓦底特区的土地招租已经开始，外资租用特区土地期限可以长达75年，外商和居住在国外的缅甸公民可以租用特区土地，当地政府提供优惠税收政策。

2. 地理位置和基础设施

妙瓦底之所以建立经济特区，主要是因为它临近泰国达府的湄索。特区位于克伦邦缅泰交界处，园区面积为4平方千米。

妙瓦底缺乏必要的公共基础设施，电力和交通便利均由泰国湄索提供。妙瓦底与湄索之间的主要交通枢纽是一座横跨湄河的友谊桥，特区缺乏自来水供应系统，且所需电力由泰国湄索使用155 KV高压线输送提供。湄索有一个小型机场和空运设施，可供运输妙瓦底生产的消费品。

3. 产业发展方向

由于临近泰国，妙瓦底的投资主要来自泰国。妙瓦底经济特区着重发展技术密集型产品，包括消费电子产品、陶瓷和玻璃产品、化工和农业机械。泰国投资者雇佣缅甸劳工生产农业机械，然后销售到泰国市场。缅甸政府还鼓励外国企业投资于农业，转让种植、收割和加工技术等。此外，泰国湄索的摩托车和消费电子产业较发达，妙瓦底可以发展摩托车组装和消费电子类产业。缅甸劳动力资源比泰国便宜很多，在比较优势的作用下，泰国投资者很容易将此类生产配件的技术转移到妙瓦底。该地区农业、渔业和畜牧资源丰富，手工业也较发达。多数技术熟练工人都在在泰国湄索培训和工作，那里有良好的培训机构。妙瓦底非技术熟练工人比较多，容易接受培训，这对投资者是一个有利条件。

4. 局限性和关注的问题

妙瓦底的局限性在于基础设施非常薄弱，因此缅甸政府需要大力创造适宜环境来吸引外来投资。此前对妙瓦底特区的规划研究也表明，如果要发展妙瓦底经济特区的话，基础设施的加强必不可少。缅甸政府从以下方面入手解决这一问题：向妙瓦底经济特区提供电力和通讯服务，修建从缅甸妙瓦底经济特区到泰国湄索经济特区的高速公路，以方便运输产品、劳动力和原材料；两国合作把湄索机场建设成为国际机场，使运输功能辐射到地区；建立一个标准工业区，以方便投资者进行投资；在妙瓦底经济特区设立技能开发中心，推动人力资源开发和管理培训，加强制度建设和能力培训。

此外，缅甸政府还可以从软环境上下功夫，设立一整套特区规章制度。即：加大投资保护力量，以吸引泰国和外国投资者；实施管理透明程序，为投资提供良好的环境；为外国投资提供更多的优惠条件；建立一站式和一窗式服务，以提供贸易投资和海关便利条件；提供包括国际业务的保险服务和银行服务。由于外国投资者在缅甸遇到的最主要障碍是国际业务困难，为解决这一问题，妙瓦底经济特区应设立提供国际业务的商业银行和保险公司，以服务于投资者。

（四）毛淡棉（Mawlamyine）和帕安（Pa-an）经济特区

1. 地理位置和基础设施

毛淡棉是孟邦首府，也是缅甸农产品主要产地。毛淡棉经济特区面积约3平方千米。园区南部是一块低地，与阿特兰河相邻，该河在季风季节常发洪水。毛淡棉交通方便，有一个国内机场和一个港口，毛淡棉和莫塔马之间新建了一座大桥，该桥连接8号公路，可在7小时内到达仰光。但该公路只有5米宽，如果要适应特区发展的需要，应加以扩宽。当地电力供应不足，每天只能保证12小时供电，有研究报告建议建立一座11 KV变电站解决供电问题。毛淡棉劳动力资源丰富，日本投资建立了一个汽车配件厂。

帕安是克伦邦首府，自然资源丰富，农业仍是当地最主要产业，它与妙瓦底距离较近，有公路相通。园区坐落在一个石灰岩平原上，附近有5个自然村，建立了一个水泥厂。

2. 产业发展方向

从短期来看，由于自然资源丰富，毛淡棉和帕安经济特区应大力发展农产品和食品加工业、畜牧产品和木品加工业等。此外，帕安和毛淡棉地处建筑原材料产地，还可以发展水泥生产等建材业。两个经济特区都有大量非熟练和半熟练劳动力资源，而这些劳动力很容易培训为熟练劳动力。因此可发展非技术熟练劳动密集型产业如成衣、鞋袜、皮革、玩具和家具产业。同时，毛淡棉交通运输条件较好，投资者可考虑生产高附加值产品销售到地区和国际市场。毛淡棉特区还可以发展各种产业所需的人力资源培训产业。

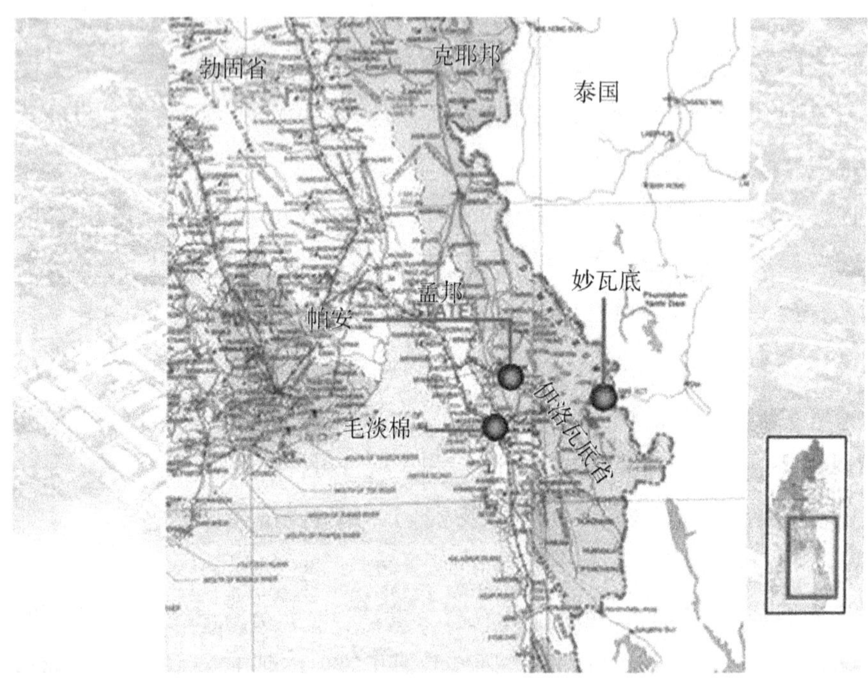

资料来源：缅甸民主之声网站，www.dvb.org

图5-7　3个经济特区的地理位置：妙瓦底、毛淡棉、帕安

从长期来看，经济特区应依靠优惠政策，吸引来自中国、日本、泰国、韩国、马来西亚和新加坡的投资者，投资重点可放在摩托车和轻型卡车配件和组装、消费电子、计算机周边设施、塑料、橡胶、化肥和化工下游产业等，借助当地便利的交通条件将产品运往亚洲和欧洲市场销售。

（五）皎漂（Kyaukpyu）经济特区

1. 总体规划情况

皎漂是缅甸若开邦的主要城镇之一，位于缅甸西海岸东部、兰里岛西北端，位于仰光西北约400千米。皎漂半岛西邻印度洋，岛西北端至东部航道是优良的天然避风避浪港，自然水深约24米，可航行、停泊25万～30万吨级远洋客货轮船，是未来缅甸最大的远洋深水港。

根据中信建设有限责任公司2011年5月完成的《缅甸皎漂临港工业新城初步可行性研究》，皎漂临港工业新城是中国中信集团在2009年12月习近平（时任副主席）访问缅甸期间，同缅甸计划和经济发展部签署了《中国中信集团与缅甸国家计划和经济发展部关于缅甸皎漂经济技术开发区、深水港、铁路项目合作备忘录》后规划建设的一个综合性工业新城。该项目的目标是，经过30～50年的协调发展，最终建设成为一座以重化工业和港口物流业为经济主体，第三产业相对发达，文化繁荣、生态宜居的现代化港口工业城市，成为缅甸区域性工业、科技、金融及文化中心城市，成为缅甸经济发展和城市化进程中的典范。

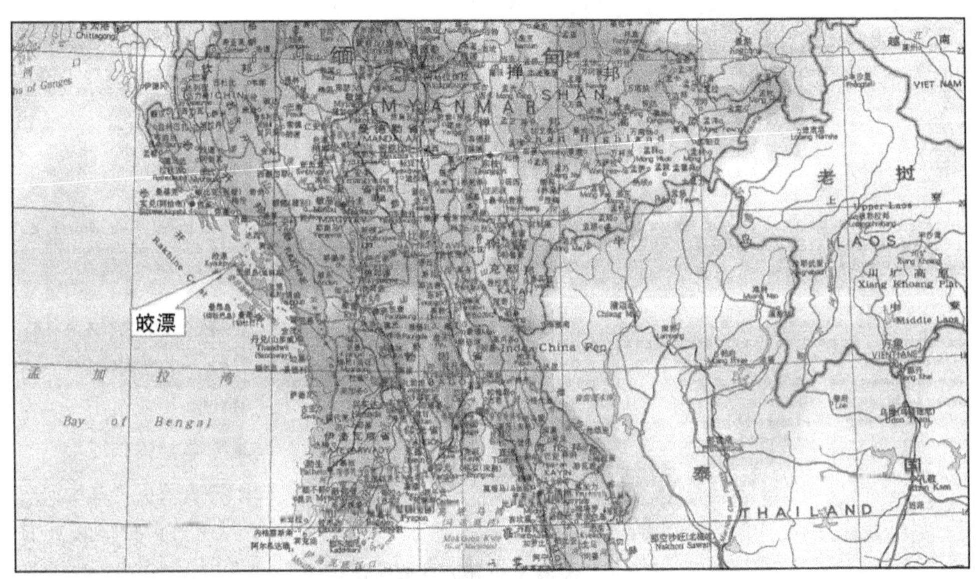

资料来源：世界地图册。

图5-8　皎漂区位图

根据这份报告，皎漂工业新城项目土地总规划面积350平方千米，水域规划面积70平方千米，其中起步区规划面积13平方千米，规划建设1个5万吨级通用码头、石化产业基地及物流园区，并建设配套设施。园区产业体系主要应结合中方和缅方产业发展需求，同时充分发挥和利用资源和市场两大要素，即依托条件优越的深水大港、拟建的铁路资源和缅甸及周边国家的市场资源，规划建立以现代港口物流业、石化工业、加工制造业、装备制造业四个产业为主导产业，以精品钢铁产业、综合配套产业等为关联产业的现代产业体系，走协调发展、科学发展、可持续发展之路。

规划的四大主导产业发展重点为：现代港口物流业重点建设完善的仓储和综合运输系统，打造整体高效的信息服务系统，拓展港区的综合服务功能和保税物流功能。石化工业首先建设炼油厂，然后依托炼油厂重点发展乙烯产品以及乙烯下游产品的生产，逐步发展成为缅甸一个重要的炼化一体化的石化基地。加工制造业重点选择市场前景较好，生产规模又比较容易做大的摩托车组装、空调、冰箱等家电产品生产、农用机械生产等的企业。装备制造业重点发展船舶维修及海洋装备制造、港口机械、大型电力设备、矿山机械等。

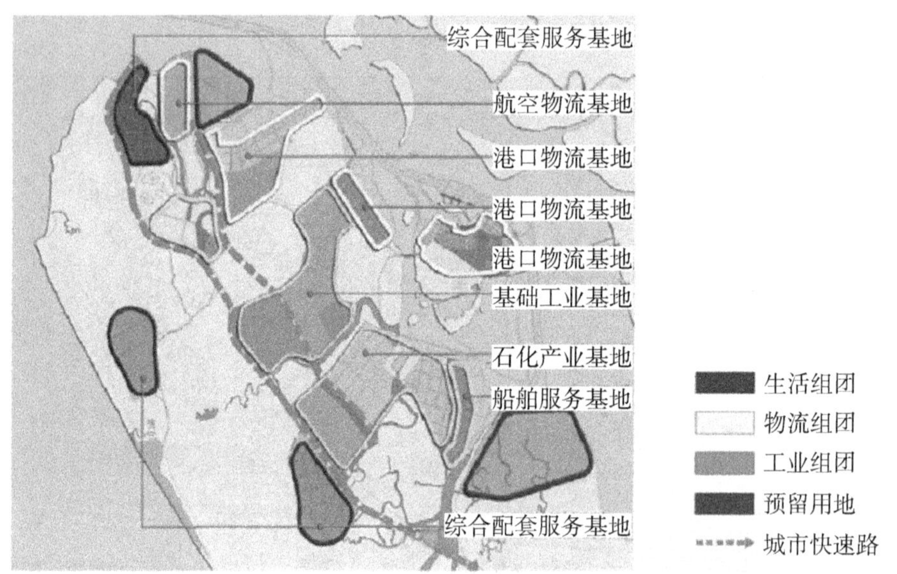

资料来源：缅甸计划和经济发展部。

图5-9　皎漂工业新城功能分区图

2. 物流业规划

（1）选择依据

皎漂拟建的港口，水深24米，是孟加拉湾最好的深水良港，可停靠30万吨级大型远洋货轮，港区可建深水泊位91个。如果全部建成并运营，可形成年2.5亿吨的货物吞吐能力。建设深水大港的同时，需配套建设现代物流服务网络；依托大港建设的现代临港产业，具有大进大出的特点，也需要完善的现代物流网络为之服务；随着内比都—马圭—安村铁路、公路的建设，皎漂至内比都、马圭的交通得到改善，内比都首都经济的发展，也会给港口物流业提供一定的货源。

（2）发展方向

通过加强物流资源的全面整合，提高物流综合服务效率和降低物流营运成本，积极采用世界上先进的物流管理经验、技术，加大物流管理、服务和技术创新力度，力争伴随着港口的发展而成长，逐步成为缅甸最重要的现代化物流基地之一。

（3）发展重点

现代港口物流的特点主要表现为：①大物流——物流产业内部的合作与整合；②高科技——物流系统智能化、柔性化；③信息港——统一的港口物流信息平台；④一体化——高增值物流园区。因此，本项目的港口物流产业，应本着高起点、高标准、先进实用的原则，建设完善的仓储和综合运输系统，打造整体高效的信息服务系统，拓展港区的综合服务功能和保税物流功能，如通过物流系统提供增值服务等，以形成开发式、复合化、智能化的服务格局。

3. 目前进展情况

2009年12月，中信集团同缅甸计划和经济发展部签署了《中国中信集团与缅甸国家计划和经济发展部关于缅甸皎漂经济技术开发区、深水港、铁路项目合作备忘录》。备忘录签署以后，国家商务部、外交部相关部门多次组织有关人员研究、考察项目，提出指导性意见。中信集团与缅甸计划部、交通部、铁道部、工业发展部多次沟通，先后向缅方提交了《缅甸皎漂经济技术开发区概念规划设计方案》、《缅甸皎漂经济技术开发区合作模式构想》、《缅甸皎漂经济技术开发区初步经济分析》，并得到了缅方的认可。根据中信集团初步研究，经贸合作区规模巨大、开发周期长、涉及行业众多、经济效益存在很大不确定性，且缅甸政府表示既不会投资也不会借贷支持经贸合作区。

2011年1月，中信建设与合作伙伴缅甸图（HTOO）公司高层举行会议，就项目进展情况及未来计划进行沟通，双方同意将首先启动港口项目。3月初，中信建设工作组赴缅，与合作伙伴图公司就启动港口项目相关事宜进行磋商。双方就《中信建设与缅甸港务局港口项目合作备忘录》进行协商并达成了初步共识，将上报缅甸交通部，争取于5月份签署。5月，缅方交通部提交《皎漂深水港项目备忘录》到缅甸内阁审批。10月5日，缅甸投资委员会主席组织发展计划部、交通部、铁道部和能源发展部召开了关于皎漂深水港项目的专题会议，会议内容主要为：缅甸港务局将作一个皎漂深水港项目的总体规划；总体规划报政府批准后，将邀请感兴趣的投资商，通过吸引外资的形式进行港口建设。2013年9月8日，缅甸财政部副部长吴貌貌登宣布，政府将继续建设皎漂经济特区，力图把皎漂建设成环境友好型经济特区，着重吸纳雇佣当地民众的轻工业企业。与前两个经济特区由政府间签订开发协议不同，总投资额80亿美元的特区开发工程面向各国企业公开招标。

四、财政与金融

(一)财政

缅甸的国家财政主要由中央政府财政、国营企业财政和城镇财政三大块构成。中央政府财政收入主要由各种税收组成，如商业税、利得税、所得税、关税和印花税等；同时还包括国营企业上缴利润、国库券、政府彩票、对外借贷等财政收入。国营企业财政收入由经常性收入、资产出售收入、外国贷款及援助三部分组成。城镇财政收入则由城镇发展委员会所征收的地方税和管理费等构成。主要有财产税、车辆税、道路通行费、执照费等。在三级财政中，国营经济企业财政所占比重最大，其次为中央政府财政，城镇财政规模最小。

从国家财政的总体运行态势来看，近年来国家三级财政的经常性费用及资本支出中，对大多数部门的支出均有不同程度的增加。其中经常性费用支出比重上升的部门主要为：农业、矿业、电力、建筑业和商业贸易，对其他经济部门的经常性费用支出的比重则有相应的下调。在三级财政的经常性费用支出中所占比重的大小依次资为：商业贸易、农业、行管机构、建筑业、加工制造业等。在资本支出方面，在三级财政的总资本支出中，所占比重由高至低依次为：行政机构、农业、交通与通信、建筑等。2008—2009财年，缅甸政府财政赤字约8.15亿美元，占当年国内生产总值的3.6%。2008—2009财年，缅甸政府外债达77.4亿美元，负债率为34.2%，已经超过警戒水平。2010—2011财年，缅甸联邦政府和省邦政府财政收入共57 000亿多缅元，支出79 000亿多缅元，预算超支22 000亿缅元。截至2012年2月，缅甸政府外债总额达110.23亿美元，其中1988年之前，缅甸政府未偿还的债务总额为84.08亿美元，1988年之后，缅甸政府未偿还的债务总额为26.15亿美元。2012年2月24日，缅甸总统吴登盛签署“财政支出补充法”，在2011—2012年财政预算法基础上，追加2011—2012年政府部门财政支出共计逾13 243亿缅币。其中，追加总统经费1 770.5亿；负责议会补选的选委会追加3 040

万。中央政府部门中追加排名第一的是建设部，追加2 811.75亿；第二位的是邮电通讯部，追加1 771.24亿；第三位的是能源部，追加999.58亿。此外，国防部追加910.69亿；教育部追加3.8 182亿；卫生部追加11.86 777亿等。2013年3月21日，联邦议会通过2013—2014年新财年国家预算，总预算为167 322.85亿缅元（约为196.85亿美元），赤字为29 268.98亿缅元（约为34.43亿美元）。2013—2014财年的国内生产总值为（GDP）592 489.53亿缅元（697.05亿美元），财政赤字占国内生产总值（GDP）的4.94%。在新的财政年度里，缅甸的国防预算开支为22 448.34亿缅元（26.41亿美元），卫生预算开支为4 764.41亿缅元（5.61亿美元），教育预算开支为9 079.76亿缅元（10.68亿美元）。

财政赤字使政府举借大量外债。据经济学人信息部（Economist Intelligence Unit，简称EIU）统计，2010年缅甸到期未偿外债总额为79.93亿美元，2011年增至83.13亿美元。2012年1月31日，缅甸财税部部长吴拉吞在国家经济研讨会上首次提及缅甸外债时表示，截至2012—2013财年时，缅甸外债总额已达110.2亿美元，2012年12月31日到期未还的外债总额达75.399亿美元，其中大部分为1988年以前的贷款。2013年1月28日，缅甸新政府宣布，多个债权国和机构同意免除缅甸将近60亿美元的国债，这相当于缅甸所欠外债的一半。此举在缅甸正快步进行的改革开放历程中标志着另一个里程碑。同一天，亚洲开发银行和世界银行也同时宣布借贷9.52亿美元的低息贷款给缅甸，用于建造道路、桥梁、灌溉系统、学校、诊疗所和农村市场。

缅甸政府采取四个方面的措施，解决财政上的困难。一是通过扩大贸易、搞活经济，增加财政收入。二是加大对资源特别是天然气、石油、玉石、宝石等资源的开发力度。三是放宽对私人经济的限制，动员掌握在私人手中的资金。四是争取外援。但是，由于经济发展水平低，国有企业缺乏活力，能带来滚滚财源的产业很少，缅甸财政上的困难在短时期内还难以摆脱。

（二）银行

1. 缅甸银行业发展历程

银行业是关系国家经济金融发展的重要支柱产业，货币政策对国家经济的调整具有重要的作用。自第二次世界大战以来，缅甸政局十分不稳定，来自国内和国外的影响不断，使得经济发展缓慢，缅甸银行货币体系政策也极其不稳定。

1948年1月4日，缅甸脱离了英国的殖民统治，获得独立。当时缅甸国内面临种族分裂、社会主义改革等政治问题，经济秩序混乱。为恢复经济，政府决定建设民主社会主义，并通过国家的一系列政策行动，包括建立起国有农业银行、国有商业银行、由政府统一管理的当铺体系以及各种相关的辅助机构，实现增加存款，大力发展经济的目标。然而，由于本身经济的缺陷以及政治统治的变化，虽然建立起较为完善的银行体系，但是信贷表现却差强人意。

1962年3月2日，奈温发动军事政变推翻吴努政府，开始实行全面的一党执政的军政统治。民主时期建立的银行体系被全面推翻。奈温政府首先废除了1947年订立的宪法，之后在1963年2月15日，宣布禁止私营工业。1963年2月23日，奈温政府再次宣布将所有银行进行社会主义化。此时，缅甸共有24家私营银行，其中14家来自国外，10家为缅甸民间私营银行。缅甸政府宣布以“人民银行”的名字将这24家银行进行编号，成为社会主义银行。1970年，缅甸政府再次调整银行体系。将已有的24家人民银行同已经存在的国有银行、借贷银行以及保险公司合并，建立“缅甸联邦人民银行”。“缅甸联邦人民银行”执行包括订立货币政策、管理文件、提供政府借贷等职能，成为集唯一商业银行、农业银行、外汇银行和储蓄银行为一身的垄断性社会主义金融机构。然而，过度垄断的银行体系，使得缅甸经济在这段时间陷入闭塞而无法发展的境地。根据国际货币基金组织对缅甸消费指数的统计，1971年时缅币的真实价值只达到1961年的60.9%。而在农业存款信贷方面，由于政府的强势政策，农业信贷发展十分困难。存款率低，贷款困难成为农村信贷发展最大的障碍。因此，大部分的农民都选择民间信贷，也就是所谓的“黑市交易”。而由于货币政策与现实的不协调，缅甸通货膨胀严重，银行信用得不到民众的信任，存款极少，大部分国民宁愿用货币进行交易和存储，也不愿将资金放入银行。

1988年9月，缅甸军人集团发动政变，国家恢复法律和秩序委员会建立，并成为缅甸的实际统治机构。委员会期望能够通过改变政策，挽救已经处于极度低迷状态的缅甸经济，并从1990年开始对金融业进行一系列改革。1990年7月颁布了《缅甸中央银行法》，将缅甸联邦银行改名为缅甸中央银行。1991年4月又颁布了《缅甸中央银行法实施细则》，旨在稳定缅币，建立完善的金融体系，促进经济社会的发展。1990年7月，缅政府又颁布了《缅甸金融机构法》，1992年5月颁布了《缅甸中央银行金融机构章程》，以促进缅甸金融市场的发展，使国家、国内外私人都能广泛参与建立商业银行、投资或发展银行、金融公司、储贷信用社。

1990年7月颁布《缅甸农业与农村经济发展银行法》，以使银行业有效地促进缅甸农村经济的发展。1992年6月颁布了《储蓄银行营业法》。这些法律的颁布对建立新的金融体系和经营机制起到了积极的作用。银行业方面，新的政策允许建立私营银行。20世纪90年代，近50家外国银行在缅甸设立代表处，但是由于政府在某些方面仍然存在管理和限制，这些银行并没有得到很好的发展。奈温政府时期被高度垄断和社会主义化的政府银行，被重新命名，并分化了职能。1990年7月2日，缅甸中央银行建立，其职能为：通过控制微观经济与宏观经济，建立有效的支付体系，保证资金流动性，培养健康的货币、信用和金融环境，推进有秩序、平衡和可持续的经济发展。1990年重新建立缅甸外贸银行，其职能为企业和个人提供外汇兑换工作。1989年建立缅甸投资商业银行，为个人提供投资和商业贷款。另外，在这一时期重建缅甸农业银行和缅甸经济银行，建立缅甸小额信贷公司，银行业体系较奈温政权时期有了较大的发展，无论是存款或者是贷款额都增长明显。但这一时期，在私营企业迅速扩张和振兴之下，私营银行洗钱活动变得日益猖獗。

2003年，亚洲金融危机爆发，缅甸私营银行面对更大的挑战和困难。许多私营银行因为从事洗黑钱行为，以及投资房地产等高风险行业造成资金链断裂，现金储备缺乏等后果。部分私营银行发生的货币挤兑潮蔓延到缅甸全境内的银行机构。国家银行在面对危机时，采取了强制要求回收贷款的政策。私营银行纷纷倒闭，这使得国民对银行信心骤减，缅甸货币再次失去流通和储存功能。但是中央银行依旧坚持原有的货币印刷政策，缅甸通货膨胀率持续升高，经济混乱的现象直到2006年才基本得到控制。2005年后，亚洲金融危机的影响逐渐消退，缅甸小额信贷产业发展迅速。团组借贷以及小额信贷公司成为解决贫穷地区农业借款困难的重要方式。

2011年新政府上台，开始了以市场为导向的金融体制改革。2011年11月25日，缅甸政府首次批准部分私营银行从事外汇业务，其中包括甘波扎银行、合作社银行、吞方登兴银行、缅甸工业发展银行、缅甸东方银行、苗瓦底银行、亚洲绿色发展银行、缅甸先锋银行、伊洛瓦底银行、联合阿玛拉银行及茵瓦银行等11家私营银行在缅甸开展与国外银行间的贸易以及汇兑业务。2012年4月1日，缅甸政府在国际货币基金组织的技术支持下，实施有控制的汇率浮动制，并建立了中央银行能够介入并影响汇率的银行间外汇市场。外汇交易基准价被定为820缅元兑1美元，上下浮动幅度为2%。同时，政府使用800缅元兑1美元的汇率对公共账目进行重新计算，这样有利于外汇市场整合、调控及国际结算和汇兑业务。

另外，缅甸以纸币为主的结算的方式也开始发生变化。2011年9月15日缅甸支付联盟由3家国有银行和14家私营银行共同建立，2012年9月14日，缅甸支付联盟开设数据中心，开始在缅甸国内实施运营借记卡。目前，缅甸支付联盟在缅甸国内共有198台自动取款机和465台POS设备。2013年1月1日开始，中国银联卡可以在缅甸合作社银行的ATM机上取款，一天可以取三次，每次限额30万缅元，每次收取手续费5 000缅元。2013年2月22日，美国财政部宣布解除对缅甸四家银行的经济制裁，包括缅甸经济银行、缅甸投资与商业银行、亚洲绿色发展银行以及伊洛瓦底银行。美国政府从此允许美国企业以及个人与该四家银行进行交易，其中包括美国公司、金融组织以及美国公民与缅甸之间的汇款和货币服务。2013年7月12日吴登盛签署《缅甸中央银行法》并即日生效。法律明确缅甸央行行长的职权，赋予央行独立干预货币市场；稳定汇率；建立符合国际管理的支付系统；独立建立和运行货币政策；设立金融监督机构和资本市场的自主权，同时开展海外支付和结算等。

2. 主要银行

1988年前缅甸仅有4家国有银行，分别为：缅甸中央银行（1948年成立，1965年改称为缅甸联邦人民银行）、缅甸农业银行（1953年成立）、缅甸经济银行（1967年成立）、缅甸对外贸易银行（1967年成立）。

现在缅甸的银行所有制有国营、国家和私人联营、私营与外国经营等形式。国营金融机构主要有缅甸中央银行、缅甸经济银行、缅甸投资与商业银行、缅甸外贸银行、缅甸农业与农村发展银行、缅甸小额贷款公司、缅甸保险公司。私人银行主要有妙瓦底银行、甘波扎银行、合作社银行、伊洛瓦底银行、亚洲绿色发展银行、佑玛银行、环球银行和东方银行等19家。近些年，缅甸政府开始允许外国银行在缅设立代表处，2012年5月止，已经有包括日本、中国、孟加拉、英国、韩国、马来西亚、法国、美国、泰国和新西兰等国在缅甸设立了30个代表处，其中日本银行共设立了6个代表处。2012年8月16日，日本银行业巨头三井住友银行宣布已经在仰光开设了营业点，这是对1996年建立的代表处的升级，该营业点将为与其合作的缅甸最大民营银行介绍企业客户。2012年12月2日，中国工商银行在缅甸开设办事处，这是中国银行系统中首个在缅甸开设代表处的银行。

2013年8月，缅甸财税部副部长貌貌登表示，年内将允许外国银行与缅国内银行合作开设分行。其中，将优先考虑在缅开设有办事处的外国银行。根据规定，前来缅甸开展银行业务的外国银行，第一阶段是准许外国银行在缅开设办事处，第二阶段是准许同国内银行合作开设分行，第三阶段是准许在缅成立公司，第四阶段是准许在缅开设分行。

金融体制改革以后，由中央银行发挥国家银行的作用，即唯有中央银行可以印制钞票，管理国家财政，指导、监督和调控银行体制。中央银行还对国有企业和私营企业开展贷款、储蓄等各种业务。中央银行之外有四个国营银行，即缅甸经济银行、缅甸外贸银行、缅甸投资与商业银行、缅甸农业和农村发展银行。

缅甸经济银行成立于1976年，主要服务对象是国内工商企业，主要职能是接受定期的和其他形式的存款，向各类企业提供贷款，对于由银行给予财政资助的项目提供管理和技术方面的服务。缅甸经济银行在全国各地设有数十家分行。

缅甸投资与商业银行是在1989年新建立的。它的主要职能是向国内外的投资者、企业、合资企业和商业性组织提供投资和其他的金融方面的服务，处理与外国投资有关的国内和国外信贷方面的事务。

缅甸外贸银行成立于1976年4月1日，当时接管了缅甸联邦银行外汇处的业务。它的主要业务是处理国际银行业务，为发展外贸向国内外借入资金，处理外贸业务中的外汇，对非贸易外汇进行管理，缔结或签订有关外汇收支方面的合同，并代表缅甸中央银行控制外汇的收支。

缅甸农业和农村发展银行的前身是1953年成立的国家农业银行，1975年正式改名为缅甸农业和农村发展银行。缅甸农业和农村发展银行是为向农业部门提供资金而建立的，它的主要作用是向农村信用社、合作社和农民提供季节性贷款和长期贷款。它在国内已经形成广泛的金融网，有14个省（邦）一级的机构、141家支行和66个代办机构。

1988年以后，由于新的银行法，缅甸的私营银行业和外国银行得到一定发展。截至2000年底，缅甸共有19家私人银行和46个外国银行驻缅办事处。缅甸最大的几家私营银行如下：

（1）亚洲经济银行。亚洲经济银行是目前在缅甸经营额最大的一家私营银行，建立于1995年。截至2002年，亚洲经济银行拥有价值1.7亿缅元的资产，3 000员工以及39家支行，1 000台计算机，同时宣称在缅甸贷款市场的份额为45%。

1996年亚洲经济银行成为缅甸第一家向个人提供信用卡服务的银行，截至2002年，亚洲经济银行的个人信用卡数目达到了15 000张。2001年亚洲经济银行成为缅甸第一家提供网上银行服务的银行。

（2）佑玛银行。佑玛银行由华族商人于1993年8月建立，到2002年止，拥有私营银行中最多的43家分行，其中主要集中在仰光的15家以及在曼德勒的5家，资产达到1.6亿缅元，放出的贷款为8 500万缅元，存款额为1.28亿缅元。佑玛银行的存款按照每月户口结余的最低额计算，而贷款利率按照所谓的“每日结余方法”来计算。银行的支付和收取的利率都要与缅甸中央银行保持一致，但是对贷款收取的利率大多会增加1%～2.5%的强制贷款接受费用。佑玛银行还利用其他的费用来加快贷款的回收额。与亚洲经济银行一样，佑玛银行开始发行信用卡“Yoma卡”，到2003年持卡人达到25 000人。佑玛银行还推出的关键业务是向企业提供自动发放薪水的业务。曾经在一段时间里，佑玛银行为联合国发展计划中的“干燥地带”小额信贷项目提供资金。到该项目停止时，佑玛银行向其提供了333万缅元。佑玛银行承认加入该项目的目标是改善公共关系，但是之后这个目标更倾向于利用该项目提高获得进行农业信贷资格的可能性。佑玛银行为仰光的房地产项目提供了大量的贷款。

（3）通用银行。通用银行是最活跃的私营银行之一，已开设了10多家分行，该银行在缅甸中部地区的经营很成功，并已在泰缅边境缅方一侧的景栋和妙瓦底开设了分行。

（4）缅甸五月花银行。缅甸五月花银行由华族商业家于1994年6月建立，主要针对缅甸的个人银行业务，其中最大的创新是在缅甸引入自动取款机。1995年11月，第一个自动取款机在缅甸开始使用。在它的巅峰时期，缅甸五月花银行是缅甸第三大的银行，在2003年经济危机之前，资产达到1.567亿缅元，存款达到5 090万缅元，贷款额达到1.291亿缅元。缅甸五月花银行的投资组合主要集中于向缅甸民族领袖提供贷款。

除了上述金融机构，1952年缅甸成立了一家非金融保险机构——缅甸保险公司，隶属于联邦财政和税务部，其主要业务范围是社会保障（社会保险）以及商业保障（商业保险），为全国各地的企业和个人提供各种保障产品。2012年9月，缅甸保险业实行私有化，缅政府向12家民营企业颁发了保险营业执照，这12个保险公司是顶峰保险公司（Apex Insurance Company，属于亚洲绿色银行）、I.K.B.Z

保险公共公司（属于甘波扎银行）、大未来国际保险公司（Great Future International Insurance Company）、资本生命有限保险公司（Capital Life ltd Insurance）、环球标准保险公共公司（Global Standard Insurance Public Company）、绿色亚洲保险公司（Green Asia Insurance Company，属于亚洲世界公司）、玉王和玉后服务公司（Jade King and Jade Queen Service Company）、妙瓦底保险公司（Myawaddy Insurance Company）、真实之柱保险公司（Pillar of Truth Insurance Company）、公民商务公司（Citizen Business Company）、埃亚缅甸保险公司（Ayeyar Myanmar Insurance Company）和敏摩明保险公司（Myintmo Min Insurance Company）。私营保险公司于2013年5月开始营业。在41种保险业务中，私营公司被允许经营人寿保险、火灾保险、汽车保险、资金运输保险、资金安全保险等6种业务，其中3家经营人寿保险业务，9家经营综合保险业务。此外，日本财险公司、三井住友保险公司、东京海上保险公司等三家日本保险公司已在缅开设办事处，美国友邦保险公司也已获批在缅开设办事处。为推动保险业的发展，2013年11月，缅甸财政部副部长貌貌登在与私营保险公司的协调会上称，为了推进缅甸保险业的发展，缅甸保险（国营）公司与私营保险公司将共同成立非政府性质的保险业协会。

第四节　旅游业的发展和布局

一、旅游业发展历程

缅甸有着极为丰富的旅游资源，但旅游业并不发达，远远落后于世界上大多数国家。缅甸旅游业经历了一个从无到有、从完全被忽视到受重视的发展过程。1950年代中期，旅游业开始发展，一系列旅行社建立。1954年，吴貌貌建立旅游代理公司，1955年奥运会旅行社建立，1958年曼德勒旅行社、缅甸旅行社相继组建，1960年缅甸经济发展公司（Burma Economic Development Corporation）成立缅甸旅游有限公司（Tourist Burma Ltd.）。至1962年，缅甸已有15个国际旅游业私人公司。1962年因奈温军事政变，缅甸政府取消了私人旅游业，旅游业由政府来主导。1978到1989年缅甸旅游有限公司在贸易部属下负责管理国际旅游业，旅游业完全是由国营的缅甸旅游公司独家经营的。

1961年前，入境游客过境签证停留期为10天，旅游签证的停留期为30天。

当时仰光仅有6个宾馆可以接待国际游客。来往缅甸的航班有缅甸航空公司，英国海外航空公司、荷航、泛美航空公司、国泰航空等共计12家航班公司。1962年后，缅甸政府对入境游客只发给24个小时的入境签证，到1969年改为3天签证，到1970年增加到7天，到1989年又增加到14天。因此，1988年以前，政府长期实行闭关锁国的政策，忽视旅游业发展，旅游资源长期得不到好的开发，再加上政局不稳、经济落后、旅游设施差、旅游签证难、入境时间短的原因，到缅甸旅游者甚少。1970年代平均每年到缅甸的外国人仅2万人左右。进入1980年代以后，缅甸的国际旅游业又开始缓慢发展，外国旅客逐年增多，在1987年达到了4万多人，外国游客花费的外汇为8 735.8万缅元(约合1 380万美元)。1988年缅甸国内发生动乱后，国际旅游业大受影响，外国旅客急剧减少。

1988年后，缅甸政府开始实行市场经济体制，认识到开发旅游资源、吸引旅游者对发展缅甸经济的重要性，于1990年6月20日颁布了《旅游法》，该法规定了缅甸旅游业的基本原则、执照的申请、执照者的义务和经营权、检查与处罚等。同年12月颁布《缅甸旅游法实施条例》，允许和鼓励私人公司经营各项旅游业务。为了推动旅游业发展，1992年9月24日成立了饭店与旅游部，该部下属机构有缅甸饭店与旅游管理局、缅甸饭店与旅游公司、饮食店及饮料公司。1993年10月颁布《缅甸饭店与旅游法》，1994年4月27日，缅甸政府设立了“旅游业发展管理委员会”，由国家和平与发展委员会第一秘书长钦纽任主席，委员由来自中央旅游、内政、交通、通讯、商业、宗教等25个部和政府机构的25名部长、副部长或机构负责人及仰光市、曼德勒市市长组成。该委员会下设有12个附属委员会:(1)旅馆、饭店及小客栈规范管理委员会;(2)运输委员会;(3)新闻宣传委员会;(4)市政委员会;(5)古代文化遗迹维护与修缮委员会;(6)生态旅游委员会;(7)旅客出入境协助委员会;(8)通讯委员会;(9)纪念品生产与销售委员会;(10)曼德勒地区开发委员会;(11)民族事务委员会;(12)保护外国游客的安全委员会。并规定从1994年开始把入境签证增加到28天。1995年缅甸政府制定出未来旅游发展计划，即在1996—1999年陆续举办“缅甸观光旅游年”等活动，大力宣传发展旅游事业。2001年4月1日成立了“缅甸旅游业企业家协会”。2002年10月24日，组织成立了“全缅旅游业主协会”。2003年开始实行团队旅游落地签证。2010年实施落地签证政策以促进旅游业发展。在缅甸政府的鼓励下，私人旅游公司渐渐发展起来。经过多年努力，缅甸旅游业已形成一定规模并取得了较好的成绩。2012年，外国到缅甸的游客数达到了106万人，2013年外国游客到缅人数达204万，2014年底预计可望达到300万。到缅甸的外国游客中，泰国游客人数最多，占第一位，中国为第二位，日本和韩国分列第三和第四位。

二、旅游业发展现状

（一）旅游服务设施得到极大改善

旅行社：据缅甸宾馆与旅游部数据统计，2012年缅甸全国注册的旅行社有1 026家，其中缅甸旅行社有1 008家，合资旅行社有17家，外国独资旅行社有1家，该外国独资公司是由总部设在韩国汉城的KOMY TOUR投资经营的。

导游：据缅甸宾馆与旅游部数据统计，2012年缅甸持证导游员3 353名，其中，英语导游2 058名、日语导游350名、法语导游246名、德语导游230名、中文导游139名、泰语导游108名、西班牙语导游110名、俄语导游40名、意大利语导游48名、韩语导游24名。

酒店与客房：到2012年，缅甸全国共有注册酒店总数823个，客房总数35 057间。其中，耗资828.419万美元修建的30家外资酒店已投入使用。正在修建之中的外国酒店有5家，其总投资额达288.5万美元。以签署BOT合同的酒店1家，投资额达300万美元。此外，缅甸还有私营旅社、饭店787家，共有客房28 291套。

交通：为改善落后的旅游交通条件，除加速公路、铁路建设外，现正在积极改善落后的空运业务。缅甸开通的国际航线有：仰光—曼谷、仰光—清迈、仰光—新加坡、仰光—香港、仰光—吉隆坡、仰光—昆明—北京、仰光—广州、仰光—达卡、仰光—加尔各达、仰光—台北、仰光—维也纳、曼德勒—昆明、曼德勒—清迈、曼德勒—曼谷以及不定期的旅游包机。

此外，缅甸宾馆与旅游部公布2012年从事旅游营业的注册各类交通工具198（辆/艘）。具体数据有：

表5-14 缅甸已注册旅游交通工具数量统计（单位：辆）

交通工具	数量
大巴（26～50座）	61
中巴（13～25座）	27

续表

交通工具	数量
小巴（5～12座）	16
小车（4座）	23
机动船	22
普通船	17
游艇	31
热气球	1
总数	198

资料来源：缅甸宾馆与旅游部，《缅甸旅游统计》，2012年。

（二）入境游客与外汇收入大幅提高

自1988年11月第一个外国投资法颁布至2012年9月底，缅甸共吸引外国投资约310亿美元。赴缅游客有较大幅度的增加，1994—1995财年为13.23万人次，1995—1996年度为17万人次，1996—1997财年为31万人次，1997—1999财年为35万人次，1999—2000财年为43.49万人次，2000—2001财年为39.27万人次。旅游业的外汇收入1995—1996财年为3205万美元，2000—2001财年为3 400万美元。2004年缅甸共接待了65万多游客，同比增长了17.4%，2005年接待66万游客。据缅甸宾馆与旅游部发布数据显示，2008年、2009年、2010年的旅游收入分别为1.69亿美元、1.96亿美元、2.54亿美元，2011年赴缅甸旅游的外国游客明显增长，约81.6万人次，旅游收入总计达到3.19亿美元，入境外国游客平均每人每天消费120美元。2012年赴缅甸游客近106万人，比2011年的81万增长29.72%，旅游收入则达到5.34亿美元，创下67%的增长记录。

（三）边境地区旅游发展迅速

1988年10月13日，缅甸旅游业发展与管理委员会作出决定，准予从缅甸边境口岸入境的外国游客直接到仰光、曼德勒、蒲甘及其他旅游景点观光旅行。如持有护照者可不必由原来的入境口岸离境，可安排直接从仰光出境。

外国游客不仅可以从仰光、曼德勒、蒲甘、良宇、海河、景栋、土瓦入境，还可以从边境地区入境。现在有从瑞丽到木姐、南坎一日游，从瑞丽到腊戌、八莫三日游及从瑞丽至曼德勒、仰光旅游活动。与泰国开展从泰国到大其力短期旅游也取得了成功。后来又开辟了泰国—大其力—景栋的三日游活动。在德林达依省南端的高东市区开展高东一日游活动。此外还在克伦邦开发了妙瓦底三单佛一日游活动。由于边境旅游政策的逐步放宽，从各边境口岸入境旅游人数逐年增长。

根据缅甸饭店与旅游部统计，近年来通过边境进入的游客统计如下：

表5-15　缅甸边境游客统计（1993—2010年）（单位：人次）

年份	东北地区	东部地区	东南地区	合计
1993—1994	62 034	26 217	5 396	93 647
1994—1995	48 811	42 108	6 813	97 732
1995—1996	67 327	—	4 018	71 345
1996—1997	66 542	40 281	251 600	358 423
1997—1998	55 882	26 807	219 647	302 336
1998—1999	43 430	33 120	201 197	277 747
1999	52 963	21 166	161 421	235 550
2000	37 284	24 619	146 776	208 679
2001	38 337	60 595	171 312	270 244
2002	38 156	89 494	142 628	270 278
2003	45 054	154 428	191 923	391 405
2004	52 487	151 276	211 209	414 972
2005	50 010	146 452	231 526	427 988
2006	42 237	148 984	175 326	366 547
2007	51 941	268 942	147 475	468 358
2008	76 676	309 152	152 083	537 911
2009	65 591	295 337	158 341	519 269
2010	67 531	265 588	147 698	480 817

资料来源：缅甸饭店与旅游部，《缅甸旅游统计》，2002年和2010年。

三、主要旅游城市

仰光　仰光是缅甸的前首都兼仰光省的省会，也是缅甸全国的政治、经济、文化中心和交通枢纽。古时仰光是一个渔村。1755年，贡榜王朝创立者雍籍牙在此击败孟族军队，遂改称仰光（缅语意为“敌人完了，战争胜利了”）。1852年第二次英缅战争后，英国殖民主义者占领了缅甸，以仰光为首府。1885年缅甸沦为英国殖民地后，仰光便成为殖民当局政府的所在地，逐步取代古都曼德勒成为缅甸最大的政治经济文化中心。1948年缅甸独立后仰光定为首都，现在它已成为拥有600多万人口的缅甸最大的城市。

仰光地理位置优越，地处缅甸最富饶的伊洛瓦底江三角洲、仰光河下游东岸，有12条内河航运线可以连通伊洛瓦底江中、上游和该江三角洲各地，构成缅甸全国最繁忙的内河航运网。仰光港距出海口仅有34千米，水深港阔，终年可泊万吨远洋巨轮，是缅甸吞吐量最大的海港。全国的铁路和公路干线都汇集于此。仰光也是全国航空枢纽，有34条航线沟通全国主要城市，北郊19千米处的敏加拉洞机场是缅甸最重要的航空港。

仰光是一座热带花园城市，风景如画、景色宜人，在一片绿树丛中，有两个清澈如镜的大湖——皇家湖和茵雅湖。市中心广场有素丽塔，在茵雅湖畔登构德拉岗上，耸立着举世闻名的金光灿烂的仰光大金塔，市北有世界和平塔和吉祥山大窟。

素丽佛塔是仰光市中心班都拉广场上著名佛塔。“素丽”一词来自孟族语，意为“祀奉一根圣发和遗物”。据说，此塔建于佛历225年（公元前318年），塔内藏释迦牟尼的一根圣发和其他遗物。塔高48米，因塔身洁白淡雅，华侨称为“白塔”。

仰光大金塔历史悠久。相传2 500多年前缅甸商人德波陀兄弟从印度带回释迦牟尼的8根佛发，献给国王奥加拉巴。国王下令在此建塔，珍藏佛发。初建时，佛塔只有约20米高，后经历朝历代修缮扩建，成为缅甸规模最大的佛塔，是仰光也是缅甸文化的象征。

仰光大金塔用砖砌成，形似巨钟倒置。塔身高112米，塔基为1 150平方米，周长433米，相当于一个足球场的边长；塔身贴满重达7吨多的纯金箔，宝伞上悬挂有金铃1 200枚、银铃14 200枚，风吹铃响，悠扬悦耳的声音远播四面八方。塔顶用黄金铸成，上有重1 260千克的金属宝伞，顶端的钻球上镶有4 350颗钻石、664颗红宝石、551颗翡翠、1 600多颗美玉，其中最大的一颗钻石达76克拉，举世罕见。整座佛塔金碧辉煌，璀璨夺目，蔚为壮观。塔有东南西北四个大门，门前各有一对高大的缅甸式守门石狮，与中国寺庙前常有的守门狮子相似。门内长廊式的阶梯两旁有用木、竹、骨、象牙雕刻的佛像和人像。阶梯上面是用大理石铺成的平台，平台中间是主塔，主塔的四周环绕着64座形态各异的小塔，有木制的，也有石砌的。在这些小塔的壁龛里都设有佛像，塔上四角均有一个较大的牌坊和一座较大的佛殿。塔下四角均有缅式狮身人面像。仰光大金塔建筑精湛、气势宏伟，是世界上价值最昂贵的佛塔，也是世界建筑艺术的杰作，充分显示了缅甸人民的高超技艺和创造才能。按照缅甸的宗教习惯，人们进入佛塔，必须赤脚，即使国家元首也不例外。

世界和平塔在仰光市区北部茵雅湖东北11千米的斯里孟加罗山岗上。“斯里”是巴利文“至尊”之意，“孟加罗”的意思是“吉祥”。因此，和平塔也称为“至尊吉祥大千世界安宁宝塔”。世界和平塔是缅甸政府为1954—1956年在仰光举行的第六届世界佛教大会而建，于1950年奠基，1952年建成。与一般古塔不同的是，世界和平塔全部用钢筋水泥建筑而成。塔高、台坛都是36米，周长90多米。全塔有6个门，每个门内都供奉着一尊佛像，象征第六次结集。

仰光的著名博物馆有国家历史博物馆、文化博物馆、珠宝博物馆和国防博物馆。

曼德勒　曼德勒是缅甸的古都和曼德勒省的省会，缅甸的第二大城市，现有人口100多万。它因背靠曼德勒山而得名，又因缅甸历史上著名古都阿瓦就在近郊，旅缅华侨称它为“瓦城”。曼德勒的巴利语名称为“罗陀那崩尼卑都”，意为“多宝之城”，系敏同王于1856年迁都到此命名的。

曼德勒位于缅甸中部平原干燥地带，坐落在伊洛瓦底江中游东岸，水陆交通四通八达，是缅甸内陆的交通枢纽，也是缅甸中部进出口货物的集散地，郊区有千妙达西机场。市内有纺织、锯木、食品、碾米、船舶修理、机器、化学等工业，是全国重要工业区之一。

曼德勒的王宫和王城系1857年由敏同王迁都后所建。城为正方形，每边长2千米，城墙都用砖砌成，高7.9米。城墙四角各有一座柚木结构的屋檐塔顶的城楼，每隔169米有烽堡一座。王城有主门四座，边门八座，城中心为王宫所在地，城墙外有护城河，宽60米，深3米。王宫面积约1 400多平方米。内有精制的栅栏，金碧辉煌的金箔漆柱，华丽的缅王狮子宝座。王宫内的宫殿被毁于第二次世界大战的炮火之中。现在的建筑是由缅甸政府在1990年代根据建筑图样重建的。护城河、四方形王城、城楼则为原有的建筑物。

曼德勒及其附近地区历史上曾是缅甸的政治、经济、文化中心，其建筑和雕刻艺术等保存着浓厚的缅甸传统文化的特色。曼德勒还是著名的佛教圣地，有大佛塔和寺庙231座，小寺院1 011座。距旧王城东门2 000余米处便是著名的曼德勒山，海拔326米，是缅甸佛教圣地之一。山上有许多寺庙，山下四周点缀着无数的白塔。山麓左侧有一片雪白的塔林，由无数小塔亭组成，这就是著名的“鸠道陀”千塔寺。千塔寺旁有“古道陀”石经院，由729座雪白的藏碑小塔亭组成，亭中各有一方石碑。每方石碑高152厘米，宽106厘米，厚15厘米，上刻佛典，729方石碑镌刻南传佛教经典三藏经，系1877年缅甸国王敏同举行第五次佛经结集后组织僧侣和工匠用了5年多时间镌刻而成，被称为“世界上最大最厚的书”，也是佛教文化的稀世珍宝。曼德勒城南的摩诃牟尼大佛寺里有高达3米多的摩诃牟尼大佛像，是18世纪末孟云王时从阿拉干搬运来的。

曼德勒附近的阿瓦是缅甸著名古都之一，建于缅历726年（公元1364年）。阿瓦、良渊和贡榜等王朝的33代缅王曾四度以此为都城，历时423年，是缅甸历史上建都时间最长的古城。位于上缅甸曼德勒西南的伊洛瓦底江南岸，该江和密额江汇合处。阿瓦的古城墙至今依然可见，宏伟壮观，分内外两层，外城墙周长6.5千米，内城墙为1.6千米。两道城墙外围都有护城河，因城北濒临天然屏障伊洛瓦底江，护城河只绕城的东、西、南三面。

阿瓦与古城实皆市之间的伊洛瓦底江面上横跨着缅甸著名的第一大桥——公路铁路两用的阿瓦大桥（亦称实皆大桥）。阿瓦大桥最早建于缅历814年（公历1452年）。英国殖民当局于1927年开始将该桥扩建为公路铁路两用大桥，1932年竣工通车，二次世界大战期间遭到破坏。缅甸独立后，缅甸政府于1953—1954年间重新修复。曼德勒还有传统风格的吴炳木桥（也称蒲甘王朝情人桥），长达1.6千米，是世界上最长的木桥之一。

实皆　实皆是缅甸的古代都城之一，现为实皆省的省会，地处缅甸中部平原干燥地带，伊洛瓦底江中游西岸，是缅甸中部水路、铁路和公路交通枢纽。实皆古称泽耶补罗，意为“胜利之城”，始建于缅历684年（公元1322年），为当时实皆王朝的京都。实皆附近名胜古迹颇多，寺塔到处可见，是缅甸古代文物保护的重点地区之一。明宫（敏贡）大佛塔位于曼德勒以北11千米处，与曼德勒市隔江相望，佛塔设计高度为152米，但塔未建完，国王孟云驾崩。现仅存已建成的塔座，高49米，周长138米。塔旁筑有一口红铜大钟，高3.36米，钟口直径为4.95米，重87吨，是世界第二大钟。坐落于实皆市西北8千米处的恭慕陶塔，是他隆王（1629—1648）时按照斯里兰卡摩哈悉提佛塔的风格所建的著名佛塔。始建于

1636年。塔为隆起的半圆形，塔身为白色，塔高65米、直径61米、周长244米。塔内有7个密室，珍藏有809座小佛塔和各种佛像2 095尊。

蒲甘　蒲甘是缅甸历史上著名的蒲甘王朝（1044—1287）的都城，位于曼德勒西南129千米的伊洛瓦底江东岸，是缅甸古都和著名的佛教圣地之一，以“万塔之城”著称，现为缅甸旅游胜地。俄罗斯学者莫日依科认为，“蒲甘是最令人惊奇的人类文化遗产之一”，但是“蒲甘远远没有它应有的那样出名”。

蒲甘古称阿利摩陀那补罗，意为“驱敌城”，最初是19个村落汇集之处。近年来缅甸考古工作者在遗址附近发掘出不少骠国时期的文化遗存。1044年，蒲甘国王阿奴律陀在这里创建了缅甸历史上第一个包括缅、掸、孟和若开等民族的统一的封建王朝，史称“蒲甘王朝”，延续240多年。因蒲甘王朝虔信佛教，上自国王下至臣民都参拜了大兴佛塔和寺庙，在蒲甘时期至少建造了4 000多座佛塔（迄今较完好地保存的仍有2 217座，平均密度为每平方千米138.5座），蒲甘也因此而被誉为“万塔之城”。大小佛塔，千姿百态，形状各异，素有“缅甸古代艺术的荟萃”之称。瑞喜宫佛塔是蒲甘地区最古老的佛塔之一，也是最为典型的缅甸式佛塔。公元1031年阿奴律陀王始建，1090年由其子江喜陀王完成，是一座全部用巨石块垒成的佛塔。塔院建有1960年周恩来总理访缅时捐的凉亭。佛塔有三层塔基，塔基壁上镶嵌547块绘有佛教故事的雕刻。阿难陀塔是蒲甘地区最美的佛塔，也是研究蒲甘历史和缅甸佛教、绘画、雕刻和建筑艺术的宝库。塔为缅甸式的寺、塔一体的建筑，高51米。塔底座呈十字架形，塔内有两道环形通道，中央是一个印度式的四方形大佛窟，四面各有一大拱门。拱门内各有一高约9.5米的独木雕成的佛像，分别用檀香木、柚木、松木和玉兰木雕成，形态生动、栩栩如生。佛窟和佛塔外壁上共有1 034尊小佛像和1 183块反映佛本生经故事的浮雕。阿难陀寺里还有1 500幅壁画。高65米的他冰瑜陀则有“蒲甘望塔”之称，是蒲甘最高的佛塔，也是观望蒲甘全景和日落的最佳之处。

勃固　我国古籍译作白古、摆古，明史称为古刺，是古代孟族国家的首都，巴利文名称为“罕礁瓦底”，意为“鸳鸯城”：现在是勃固省省会，缅南的交通枢纽，距仰光80千米。市区横跨勃固河两岸，有大铁桥贯通，全市人口将近30万。市内有蝴蝶湖，环境清幽。勃固历史悠久，名胜颇多，市东北有著名的瑞慕陶佛塔，初建时23米高，后经历代国王不断扩建加高，现高达114米，是缅甸第一高佛塔。主塔周围有121座小佛塔，气势宏伟壮观。古代勃固王朝的宫殿，也由缅甸政府按原图样重建。河西2千米处，有一尊瑞达良卧佛，据说建于公元994年，长54.9米，高约6米，其中脚掌长7.8米，实为举世罕见的古卧佛。

彬乌伦（眉苗）“彬乌伦”意即“第一个平原城市”。1988年之前称眉谬，现为曼德勒省眉苗镇区政府所在地，是缅甸内陆最著名的避暑胜地。位于曼德勒以东、掸邦高原北部，距曼德勒68千米，但因地处海拔1 000米的高原上，气候温和，空气清新宜人，一年中最低气温为18.6℃，最高温度为28.8℃。自然环境优美，城区四面环山，森林茂密、四季常青，草地广阔、碧绿如茵，素有花城之称，其中以翠菊（缅人称为“眉苗花”）和大丽花最为著名。彬乌伦植物园闻名于全缅甸，园里种植各种热带和亚热带奇花异草和优良果木，尤以各种名贵的兰花著称；离市区11千米处的阿尼萨卡瀑布高60多米，颇为壮观。

孟瓦　位于曼德勒西北约136千米处的钦敦江畔，1886年以后成为缅甸下钦敦地区的中心，距县城20千米处的莫英森林寺院建于1939—1952年，占地37英亩。莫英寺院中的他波达哈佛塔状似印度尼西亚的婆罗浮屠，极为壮观，内有大大小小的佛像共582 257个；附近的康塘大佛卧长93米，高18.6米，建于1991年，是现在世界上最大的卧佛。

卑谬　位于伊洛瓦底江下游及其支流纳温河汇合处的东岸，是1877年修建的缅甸第一条铁路，即仰光—卑谬线的终点。“卑谬”为缅语的译音，孟语称为“普罗姆”，意为“婆罗门之城”。卑谬负山带河，地势雄伟，风景优美。缅甸古代骠族曾在此建都，称“室利差咀罗”，意为“光荣的原野”。卑谬的旧城址，在今卑谬东南约8千米的茅娑村。现建有骠文化博物馆，附近有缅甸最古老的大佛塔——包包枝塔。

马圭　现为马圭省的省会，地处缅甸中部干燥地带的南沿，伊洛瓦底江中游东岸，交通便利。水路到曼德勒188千米，到仰光607千米。马圭省是缅甸最早生产石油和石油产量最多的地区，马圭附近有缅甸最著名的石油城——仁安羌、稍埠和全国最大的油田——敏巫地区的曼油田。耸立在伊洛瓦底江畔的金碧辉煌的妙达伦佛塔，是马圭市最著名的佛塔，也是全国著名的佛塔之一。每年缅历7月，这里都要举行盛大的庙会，吸引了全国各地的香客。

仁安羌　仁安羌位于马圭省境内伊洛瓦底江中游东岸、马圭市以北47千米处。仁安羌，意为“油河”，是缅甸最早的石油城。史载，13世纪就有人在此开采石油。1886年英资缅甸石油公司开始用现代方法开采石油。其北面有稍埠、仁安佳、新古油田，南面有仁安马、敏巫地区的曼等油田，构成了缅甸中部的石油工业区，现已成为缅甸政府发展经济中的工业区之一。

皎栖（皎克西）　是曼德勒省内一座历史名城，位于佐基河右岸，仰光到曼德勒的铁路线上，南距仰光578千米，北距曼德勒市区44千米。皎栖得名于蒲甘王朝阿奴律陀时代。当时，阿奴律陀为了引佐基河与板浪河水灌溉农田而用大量石块在这两条江上筑堰，因而得名皎栖，即石堰的意思。

皎栖是缅甸古代著名的“粮仓”，虽地处干燥地带，但自蒲甘王朝以来兴修了大量水利工程，这些水利工程迄今还在发挥作用。因此，皎栖是研究缅甸古代水利的最佳处。皎栖城东有一座高297米的瑞大良山，山上有阿奴律陀修建的佛塔，是善男信女们朝拜的圣地。皎栖一年一度的庙会叫“象会”，为阿奴律陀所创。当时阿奴律陀下令，要皎栖附近人民为大象披红挂彩，乐队敲锣击鼓，人们载歌载舞在城内游行，然后到瑞大良山顶朝拜佛塔。皎栖“象会”沿袭至今。不过，现在的象会中的大象已不用真象而代之以竹子扎制的大象了。

东枝　掸邦首府。位于掸邦南部雍会地区的一个山区盆地上，海拔约1 500米。城东有风景胜地东枝山，西有形如长蛇般的西山，市区就坐落在两山之间。东枝是掸邦的政治、文化中心，也是商业贸易中心。东枝因地处高原，寒季最冷时为14.5℃，暑季最热时为22.5℃，气候温和，与中国昆明气候特征相似，四季如春，景色秀丽，是缅甸著名的高原避暑胜地之一。东枝附近是茵莱湖，水域面积约65平方千米，是缅甸著名的高原湖泊和旅游胜地，当地居民以脚划船，以及在“浮岛”上建村落和种植庄稼，举世闻名。

巴安　巴安是克伦邦的首府，位于丹伦江（萨尔温江）下游东岸。巴安地区有许多名胜古迹，著名的有加宾山的楚东卑佛塔，相传该佛塔为缅甸古代孟族所建立的直通王国玛努哈王的一位公主所建。每年缅历12月都要举行盛大庙会。巴安附近还有许多极有历史价值的著名石窟。其中，巴安溯丹伦江13千米处的戈昆山东侧的戈昆石窟是缅甸著名的文物古迹。石窟内有1 000～1500年前的孟文碑铭，有印度教三大神之一毗湿奴的塑像以及壁画和雕刻，都具有很高的艺术水平。石窟壁上有2 000尊6英寸高、形态各异的泥塑佛像，保存至今仍完好无损，是极为珍贵的古代艺术杰作。巴安城西19千米处有一座巴因尼石窟，窟内除了颇有价值的历史文物外，还有一个奇特的泉水池，池内温泉和冷泉同时往外冒水。然而，两股泉水之间，界线分明，各流其道，从不混合在一起，成为该地的一大奇观。

毛淡棉　缅甸第三大都市，孟邦的首府，坐落在萨尔温江左岸，濒临印度洋，距海48千米，是缅甸第二大港。人口20余万。毛淡棉北部紧靠萨尔温江和阿塔兰河，东部为山脉，市区呈长条形，市东沿山一带建有不少庄严肃穆的塔刹。沿江树木葱郁，海滩平坦，风光旖旎。毛淡棉的泼水节闻名全国，每年有不少人从各个地方来此与当地人民一道欢度节日。此外，每年缅历7月举行的有千余名僧人参加的斋僧大会也十分热闹。

端低　位于端低运河南岸，水路可通仰光和三角洲其他城市。端低古名滚低，是古代孟族国王建立的城市，现在还能见到宫殿和城墙遗址。不少历史学家认为，端低古城的历史早于蒲甘。市内的瑞珊陶佛塔也是一座著名的古塔。

土瓦　土瓦是缅甸德林达依省的省会和土瓦镇区政府所在地，位于土瓦河口三角港的顶端，距河口64千米的东岸上，为缅甸主要矿区之一。土瓦周围群山环绕，是一座风景优美的海滨城市。著名的海滨疗养胜地马甘海滩，就在土瓦市西北部的海岸上。

丹兑—额不里　缅甸西部若开邦丹兑镇区政府所在地。位于丹兑河口东南24千米处，西部濒临浩瀚的孟加拉湾，市区背靠青山，依山临海，以风景优美著称于世。公元671年，由若开国王亲自督建的瑞安陀、瑞兰陀和瑞山陀3座佛塔，分别耸立在丹兑河畔的三个山冈上，是若开邦有名的佛塔。丹兑市西南7千米处的额不里海滩，细沙如银、阳光充足，岸边绿树成荫，景色优美、空气湿润、清新宜人，是缅甸最为著名的天然浴场和海滨避暑胜地。许多国家的元首、政府首脑和贵宾访缅时，大都到过额不里。中国领导人刘少奇、周恩来、邓小平、陈毅、江泽民等访缅时，都曾到过额不里海滩。

哈卡　现为钦邦首府，位于法兰和马都比两地之间。市区约7平方千米。哈卡原为钦族一小山村。英国殖民主义者于1890年占领了哈卡后，将它定为钦族地区的首府。独立后，为钦邦首府。哈卡北靠海拔2 200多米的袁当山，城南有醒塔兰山，山上树木蓊郁葱茏，翠竹婆娑，奇花异草，色彩斑斓。哈卡盛产各种水果，好似钦山区的一座花果山，满山果树，清香四溢。

八莫　八莫，华侨称它为“新街”，原名曼莫，来源于掸语，曼是村寨，莫为陶罐，即制造陶罐的村寨。现为缅北重镇，城区人口3万余人。距中缅边境约85千米。位于伊洛瓦底江上游东岸及其支流太平江汇口附近，地当水陆要冲。在中缅公路通车以前，一直是中缅两国陆路交通和贸易的重镇，向东可到中国云南的腾冲，南通中国的畹町。八莫也是伊洛瓦底江向北航运的终点，水路南通曼德勒，北抵密支那、孟拱、加迈；公路北经密支那可达片马和孙布拉蚌。八莫的旅游景点有帕觉山、森哥本兰教堂和中国远征军将士纪念碑。此外，可乘坐游船漂游伊洛瓦底江三峡。

腊戌　腊戌是掸邦北部军事、政治、经济、交通的重镇，也是缅甸北部的重要门户，位于曼德勒东北面、南马河上游谷地的一个小山脊上，海拔860米，气候宜人。距曼德勒289千米，早在1903年，曼德勒—腊戌铁路就已通车。腊戌距中国云南边境185千米，是中缅公路的终点，1939年中缅公路通车后，成为缅甸的重要城市。腊戌已开设机场，有班机抵仰光。腊戌市内的曼苏佛塔，是当地的著名古迹。城南有观音山，山腰建有观音寺，每逢观音诞辰，华人多到这里进香朝拜。这里有不少温泉，最著名的是登尼温泉。

密支那　克钦邦的首府，位于伊洛瓦底江畔，依山傍水、风景秀丽，距仰光1 166千米，距八莫217千米，距我国腾冲之猴桥152千米，是缅甸铁路南北干线的终点，中缅边境的战略要地。密支那是缅北的经济中心，有人口2万左右，其中不少是华人，他们在市区内建有华人新村。密支那的万灵塔是当地著名古迹，每年举行庙会，十分热闹。

南坎　南坎一词源于掸语，南是水，坎是金，即金水之意。海拔732米，位于中缅边境掸邦与克钦邦交界处，公路四通八达。距南坎约5千米的瑞丽江上的铁索桥是掸邦和克钦邦的交通孔道。其东为木姐，南为贵概，西为南渡，北为中国的瑞丽。南坎有人口7万余，居民以掸、崩龙、傈僳、克钦等民族为主，此外还有少量缅族和克伦族。南坎盛产茶叶，产量居缅甸第二位。南坎镇内的曼坎佛塔是一座著名的古塔，据碑铭记载，该塔始建于公元1142年，现已修葺一新，供游人参观朝拜。南坎有不少温泉，最著名的是距南坎3千米的曼温温泉。

参考文献

一、中文文献

[1]贺圣达，李晨阳.列国志·缅甸[M].北京：社会科学文献出版社，2005.

[2]贺圣达.当代缅甸[M].成都：四川人民出版社，1993.

[3]钟智翔，尹湘玲等.缅甸概论[M].广东：世界图书出版公司，2012.

[4]钟智翔.缅甸研究[M].北京：军事谊文出版社，2001.

[5]张哲，齐琳.缅甸社会文化与投资环境[M].广东：世界图书出版公司，2012.

[6]杨长源，许清章，蔡祝生.缅甸概览[M]北京：中国社会科学出版社，1990.

[7]李晨阳.缅甸国情报告(2011—2012)[M]北京：社会科学文献出版社，2013.

[8]李谋，姜永仁.缅甸文化综论[M].北京：北京大学出版社，2002.

[9]詹姆斯·林奇.缅甸交通运输业评估[J].国际研究参考，2013(3)28-35.

[10]杨先明.国际直接投资(FDI)与缅甸经济发展[J].印度洋地区研究中心，2012

[11]陈红坤.缅甸水能资源开发及投资模式研究[J].云南电业.2006(9)39～40.

[12]韦锦益.缅甸农业畜牧业现状与发展发展[J].广西畜牧兽医.2012(2).

[13]杨光祖.外国对缅甸直接投资研究(1989—2005)[D].云南：云南师范大学2008.

[14]姜永仁.对缅甸投资贸易研究与指南[M].德宏：德宏民族出版社，2000.

[15]韩德英.缅甸经济[M].德宏：德宏民族出版社，1996.

[16]陈明华.当代缅甸经济[M].昆明：云南大学出版社，1997.

[17]黄心川.世界十大宗教[M].北京：东方出版社，1988.

二、英文文献

[1]Lex Rieffel，James W.Fox. Too Much，Too Soon? The Dilemmas of Foreign Aid to Myanmar. Nathan Associates Inc. January 2013.

[2]Yolanda Fong-Sam The Mineral Industry of Burma U.S. Geological Survey，2009.

[3] Yolanda Fong-Sam The Mineral Industry of Burma U.S. Geological Survey, 2010.
[4] United Nations Economic and Social Commission for Asia and Pacific, Myanmar: Opening Up to Its Trade and Foreign Direct Investment Potencial, December 2012.
[5] Bertelsmann Stiftung's Transformation Index, Myanmar Country Report, 2012.
[6] San Thein, Industrial Readjustment in myanmar: Agri-industrial Preparedness for Integration with the AEC, 2012.

三、缅文文献

[1]《缅甸新光报》. 2006—2013年度各期.
[2] 文学宫. 2007缅甸百科年鉴. 仰光：波多黎多出版社，2007.
[3] 宣传部. 缅甸教育概况. 仰光：图书出版发行公司，1999.
[4] 宣传部. 军政府时期国家发展概况（1988—2008）. 仰光：印刷出版公司，2009.
[5] 百科全书年鉴. 仰光：文学宫出版社，1987.

四、网站

[1] 中国网：http://news.china.com.cn/
[2] 新文网：http://news-com.cn/
[3] 中国驻缅甸大使馆经商处：http://mm.mofcom.gov.cn/
[4] 中国驻曼德勒总领事馆经济商务室：http://mandalay.mofcom.gov.cn/
[5] 中国驻缅甸大使馆：http://mm.china-embassy.org/chn/default.htm
[6] 广西外事办公室：http://www.gxfao.gov.cn/index.html
[7] 中国矿选技术网：http://www.mining120.com/
[8] 中国外交部：http://www.fmprc.gov.cn
[9] 缅甸新闻网：http://www.burmanet.org/news/
[10] 缅甸官方网站：http://www.myanmar.com
[11] 缅甸新光报：http://www.myanmar.com/newspaper/nlm/index.html
[12] 缅甸经济观察：http://www.econ.mq.edu.au/BurmaEconomicWatch/

后　记

本书在编写过程中，吸收了国内外缅甸学研究的最近成果，查阅了大量有关缅甸人口地理、产业布局、投资与贸易经济的中文、英文和缅文资料，力求能全面、系统、完整地叙述缅甸经济、社会发展情况，同时也希望能够通过本书的介绍，使读者能够较为客观、准确地了解缅甸相关知识。

本书参考了《列国志·缅甸》（贺圣达、李晨阳编著）、《缅甸概论》（钟智翔等著）、《缅甸国情报告（2011—2012）》（李晨阳主编）、《缅甸交通运输业评估》（詹姆斯·林奇著）和云南大学东南亚研究所的部分研究成果，中国出版集团世界图书出版广东有限公司刘正武编辑、程静编辑付出了辛勤劳动，从而使本书顺利出版，在此一并表示感谢。

云南大学社会科学处副处长、缅甸研究中心主任李晨阳教授对本书进行了细致审阅，并修订了个别错漏，使本书增色不少，我向他表示诚挚的谢意。同时我也要感谢云南大学东南亚研究所全体教师的大力支持和帮助。

由于作者水平有限，不妥和错误之处在所难免，恳请学界同仁、各位专家不吝批评指正。

编者
2014年6月